U0494963

时代楷模 2019—2021

中国关心下一代工作委员会教育中心
时代楷模发布厅 ◎ 编

花山文艺出版社
河北出版传媒集团
河北·石家庄

图书在版编目（CIP）数据

时代楷模：2019—2021 / 中国关心下一代工作委员会教育中心，时代楷模发布厅编. —石家庄：花山文艺出版社，2022.1
ISBN 978-7-5511-6014-8

Ⅰ.①时… Ⅱ.①中… ②时… Ⅲ.①人物—先进事迹—中国—现代 Ⅳ.①K820.7

中国版本图书馆CIP数据核字(2021)第165496号

编委会

主　　任：鲁天龙　孙　岭
委　　员：邱明杰　郝建国

书　　名：	时代楷模2019—2021 Shidai Kaimo
编　　者：	中国关心下一代工作委员会教育中心 时代楷模发布厅
策　　划：	曹征平
出 版 人：	张采鑫
责任编辑：	高　瞻　王玉晓
责任校对：	师　佳
装帧设计：	陈　淼
美术编辑：	胡彤亮
出版发行：	花山文艺出版社（邮政编码：050061） （河北省石家庄市友谊北大街330号）
销售热线：	0311-88643221
传　　真：	0311-88643234
印　　刷：	石家庄联创博美印刷有限公司
经　　销：	新华书店
开　　本：	700×1000　1/16
印　　张：	32
字　　数：	330千字
版　　次：	2022年1月第1版 2022年1月第1次印刷
书　　号：	ISBN 978-7-5511-6014-8
定　　价：	128.00元（全三册）

（版权所有　翻印必究·印装有误　负责调换）

目 录
CONTENTS

2019

其美多吉 / 003

北京榜样优秀群体 / 013

八步沙林场"六老汉"三代人治沙造林先进群体 / 027

河钢集团塞尔维亚公司管理团队 / 039

杜富国 / 049

张富清 / 057

黄文秀 / 067

余元君 / 079

杨春 / 093

陈立群 / 105

陈俊武 / 117

李夏 / 129

卢永根 / 141

朱有勇 / 159

海军"和平方舟"号医院船 / 175

时代楷模 2019

其美多吉
北京榜样优秀群体
八步沙林场"六老汉"三代人治沙造林先进群体
河钢集团塞尔维亚公司管理团队
杜富国
张富清
黄文秀
余元君
杨春
陈立群
陈俊武
李夏
卢永根
朱有勇
海军"和平方舟"号医院船

002

时代楷模 2019—2021

2019

其美多吉

扫码看视频　扫码看公众号

　　中共党员，藏族，中国邮政集团公司四川省甘孜县邮政分公司邮车驾驶员，承担川藏邮路甘孜到德格段的邮运任务。他爱岗敬业，三十年如一日，驾驶邮车在平均海拔3500米的雪线邮路上运送邮件，累计行驶里程140多万公里，没有发生一起责任事故。他意志坚强，遭遇歹徒袭击时挺身而出，用鲜血和生命守护邮件安全，身负重伤后坚持康复锻炼，以坚韧的毅力重新走上工作岗位。他珍爱团结，以螺丝钉精神紧紧钉在川藏线上，将来自党中央的声音、祖国四面八方的邮件送往雪域的各个角落，用真情奉献为促进藏区经济社会发展作出了积极贡献，被群众誉为"雪线邮路的幸福使者"。

> 每当老百姓看到邮车和我，就知道党和国家时时刻刻关心着藏区。我热爱这份事业，更愿以余生驾邮车为藏区发展尽绵薄之力。

——

其美多吉

右脸上这道伤疤，是2012年7月拦车歹徒给其美多吉留下的。

当时他正开着邮车，在山路上行驶。经过雅安市天全县时，从路边窜出12个歹徒，拦截邮车。他们认为这么大一辆车，肯定拉着值钱的货。实际上，当时邮车里，装载着康定18个区县学生的新学期教材。

1 对 12，其美多吉没犹豫就冲了上去。

多吉，藏语的意思是金刚！

他的反抗，激发了歹徒的贪婪和凶残——能用生命保护的货物，得多值钱啊！

几近疯狂的歹徒，给其美多吉留下了刀伤 17 处，打断肋骨 4 根，他的头盖骨也被掀掉一块……现在头骨缺损部分，配的是钛合金骨骼，一到冬天头顶就像顶着一块冰。

这条路上，除了歹徒，还有狼群。

其美多吉曾经只身面对 8 头野狼，但是他不怕。因为他知道，只要狼群不饿，就不会攻击邮车。

而歹徒和狼群，都还不是最可怕的。

二

这就是其美多吉跑了 30 年的雪线邮路，全国唯一一条不通火车的一级干线汽车邮路。全程往返 1208 公里，海拔从

雪线邮路

2500 米一路攀升到 5000 米以上，一连十几个回头弯很常见，最高最险的就是雀儿山。

雀儿山垭口，海拔高度 5050 米，被称为"鬼门关"，常年冰雪覆盖，最窄处不足 4 米，仅容一辆大车慢行。重达 12 吨的邮车经过这里时，一边是碎石悬挂，另一边就是万丈深渊。有恐高症的人坐在车里，冬天都会吓得流汗。

其美多吉开的是名副其实的"过山车"，加速、换挡、转向，每一个动作都如同与死神博弈。

在这里，你可以不怕狼，但是要怕山；你可以不畏地，但是一定要敬天！

海上有台风，沙漠有沙尘暴，这里最可怕的是"风搅雪"。遇到"风搅雪"，汽车根本无法行驶，周围白茫茫一片，即便雪停了，道路也无法辨认，全靠一步一步摸索着探路。

在雪线邮路上，几乎每个邮车司机都有被大雪围困的经历。其美多吉运气算好的，开了 30 年邮车，最长一次被困也只有三天两夜。当时雀儿山养护公路的道班就在附近，可他宁可"挖开 1 米积雪，往前开 1 米车"这样挪着走，也没有丢下邮车去求援。

人在，邮件在！这是铁律。

往返雪线邮路的每一位邮车驾驶员都清楚，野外紧急情况下，可以烧掉任何东西保护自己，除了一样东西，那就是邮件。

只要有邮件，邮车就得走；只要有人在，邮件就会抵达。因为，他们送的，是信，是希望。

三

1954年12月川藏公路通车,雪线邮路随之开通,成为全国各省通过四川入藏的唯一邮政通路。

其美多吉记得小时候,高原上的车很少,在家乡德格县见到最多的,就是沿着雪线邮路来的绿色邮车。看到邮车,乡亲们都会挥手致意。当邮车司机也成了他儿时的梦想。

18岁那年,其美多吉花1元钱买了一本《汽车修理与构造》,开始学习修车,后来还学会了开车。

1989年10月,德格县邮电局买了第一辆邮车。其美多吉

雪线邮路

应聘成功，开上了全县唯一的邮车。

每次开车上路，其美多吉都会高兴地唱上两句："在每一天太阳升起的地方，银色的神鹰来到了古老村庄……"

他知道自己所做的不仅仅是一份工作，传递的也不仅仅是一个个邮包、一份份报纸，更是乡亲们心中殷切的期望和对美好生活的向往。而这种幸福，却在 2012 年 7 月被打断。

遭遇歹徒袭击后，经过三天三夜抢救、大大小小 6 次手术和连续一周的重症监护，其美多吉的命才算勉强保住。这个 1.85 米的康巴汉子，不得不坐上了轮椅。

刚出院时，他的手指肌腱已经重度粘连，连腰带都系不了，专家诊断复原的概率几乎为零。为此，其美多吉大哭了一场。

可是，他没认命，连山鹰飞不过的雀儿山都开得过去，还有什么坎儿过不去。

为了能够重新握住方向盘，其美多吉四处求医，最终找到一套"不是办法的办法"：用外力强行扯断粘连的肌肉组织，再让它们重新愈合。这个过程相当于把曾经受的伤再来一次。康复训练中的剧痛可想而知，其美多吉咬着牙，全都默默扛下来。

令人没想到的是，坚持两个月后，奇迹出现了——伤手的运动机能竟然恢复了，尽管不能和以前一样，但也基本无碍。伤好后，其美多吉不顾同事和家人的劝阻，立刻回车队报到。

回归车队的那一天，同事们为他献上哈达，他转身把哈达系上了绿色邮车！

其美多吉为邮车献哈达

四

历经磨难后回归,最高兴的不只是其美多吉和他的同事们,还有雪线邮路上的其他司机。

在这条路上,多吉是受人爱戴已久的老大哥!

在其美多吉的邮车里,常年备着氧气瓶、药品、铁锹和防滑链。这些东西看着不起眼,如果碰上需要帮助的人,每一样都能救命。

助人为乐,是老一辈邮政司机留下来的优良传统,开邮车这30年,其美多吉临危出手,挽救过至少上百人,他救助过的司机更是数不胜数。

特别是遇到险情,比如暴风雪、泥石流或是塌方滑坡,路上的司机会不约而同地找地方停下来,等邮车。邮车通过后,大家跟着车轱辘印儿,小心翼翼地开过去。

敬仰这位老大哥的，还有一群雪线邮路沿途的道班兄弟们。其美多吉经常会把新鲜的水果、蔬菜，最新的书报杂志，送上海拔5000米的值班点。在他眼里，这些坚守生命禁区又平凡无私的兄弟，也是自己的亲人。

曾经有朋友劝他别开邮车了，特别是受伤后。朋友劝他换个工作，哪怕去开货车，不仅轻松还赚得多。不过，其美多吉始终牢记，这辆邮车、这条邮路，承载了太多乡亲们的期盼和信任。

每到春节临近，在雪线邮路上奔波的人也都要回家。往日川流不息的运输车辆"猫冬"了，工地轰鸣的机械也收声了，甚至路两边的饭馆、商店也关门歇业了，而邮路不能停，邮车必须走。

天地间，绿色邮车穿行雪山，陪着他们的，是天上的雄鹰！

五

30年来，其美多吉6000多次往返雪线邮路，行程140多万公里，相当于绕赤道35圈。

他不仅圆满完成了每一次任务，而且从未发生过一起责任事故。

仅2017年，其美多吉带领他班组的兄弟，安全行驶43.4万公里，向西藏运送邮件13万件，运送省内邮件33万件。

这条曲折艰险的雪线邮路，是连接藏区和内地的桥，其美多吉和他的同事们，就是往返投递彼此幸福的人。

正是像他们这样普普通通的邮政职工，支撑起覆盖全国

960多万平方公里的邮政网络。

无论是无名山沟里的小村庄,还是白雪覆盖的边境哨所,或者孤悬海上的岛屿,不管你在哪里,中国邮政,都会把世界送到你面前。

信,达天下!

012

时代楷模 2019—2021

时代楷模 2019

北京榜样优秀群体

扫码看视频　　扫码看公众号

　　为深入推进社会主义核心价值观建设,自2014年以来,北京市持续开展北京榜样学习宣传活动,推出了一大批立得住、叫得响、传得开的榜样人物。北京榜样优秀群体,就是这些人物中事迹厚重、影响较大的50位年榜荣誉获得者。他们有的勇攀科技高峰,致力关键核心技术自主创新,在重大科技领域实现原创性突破;有的扎根城乡基层,服务一方百姓,办了许多暖民心、解民忧的好事实事;有的身残志坚,以永不言弃的精神拼搏奋斗,在人生的赛场上取得了骄人成绩;有的见义勇为,危急时刻挺身而出,用大无畏的行动保护了国家和他人生命财产安全;有的热心社会公益,积极参加岗位学雷锋和志愿服务,用爱和奉献帮助了群众、温暖了京城。这些源自基层、植根平凡、充满正能量的榜样人物,用实际行动深刻诠释了习近平总书记提出的首都市民"热情开朗、大气开放、积极向上、乐于助人"的优秀品质,生动展示了社会主义核心价值观建设的实际成效。

5年，50人，他们用爱和坚持，温暖了这座城。

柴米油盐酱醋茶，日子一天天过，总有一些人让你惦记。

对他们，你可能叫不上名儿来，但他们生活在你我身边，平凡又普通。

他们可能是你我的街坊邻居，是你我时常碰到的熟面孔，是你我听闻过的热心人。

他们千差万别，却为同一种精神所聚拢——"北京榜样"，讲述老百姓自己的北京故事。

说起对北京人的印象，"贫嘴张大民"的热情、"老炮儿"的仗义、"我爱我家"的幽默……你会想到一连串的形象。

然而，这座古老的"四九城"在走向新时代，生活在这里的市民们也在生发出更闪亮的城市精神。

他们见证北京成长，又推动北京发展。

一座城市的发展，离不开精神的支撑；一个社会的进步，有赖于文明的成长。

一

这里是北京丰台，这里有一条孤独的公交线——313路。

9个站，往返15公里，司机刘宝中的11年，就在这几个数字间循环往复。

因为路程短、乘客少，313路只有他一名司机，独此一辆车，一天只跑5趟。

这是沿途居民出行的唯一一趟公交车。因此，313路被称为北京最"孤独"的公交路线。

北京最"孤独"的公交线路——313路

313路是孤独的，但刘宝中这团火，把光和热传导给乘客，让孤独的车程有了不孤独的记忆。

11年里，他把这20平方米的车厢打造成"流动的四合院"。

乘客们都有他的联系方式，谁需要办点儿事、跑个腿儿，他都召之即来。在这趟车上，没有陌生人之间的互不理睬，只有常相伴的温情脉脉。

"别人都是人等车，只有我是车等人。"

2018年11月30日，75岁的郑士传赶不上最后一趟313路，他给刘宝中打了个电话，让车等等。可当他到了公交站，却不见车影。

正在这时，一辆小轿车停在了郑大爷身后。原来，那天刘宝中去开会，是别人代他出车。可接到郑大爷的电话后，他依旧开私家车赶了过来。

很多乘客都被刘宝中关照过，爱是相互的，刘宝中把他们当亲人，乘客对他也一样。

2012年5月，刘宝中得了肠溃疡住院。乘客们到病房看他，拎着水果、营养品，还有刘宝中最爱吃的羊头肉。

他温暖了一条公交线，温暖了很多人的心，他还被授予了一个温暖的名字——"北京榜样"。

在"北京榜样"里，像刘宝中这样在自己的岗位上干出了民心、干出了和谐的劳动者还有很多，比如捐献RH阴性"熊猫血"的韩冰、利用新型科技助老的张佳鑫……

是责任，让他们在平凡中找到坚持的力量。对岗位的负责，根源在于他们对职业精神的信仰，对这个时代的认可。

二

这里是北京朝阳。毗邻城市的商务中心区，挨着外国人云集的首都窗口，有着半个世纪历史的呼家楼北社区占尽地利。

可老旧小区的历史遗留问题一度让这里的居民与繁华格格不入。

小区里有一位大管家，她啥忙都愿帮，不推卸、不打官腔。她就是殷金凤，社区党委书记。

老旧小区有的是棘手的难题，到现在还有200多户居民是"合居户"，3家人共用一个卫生间。

家家有本难念的经，居民们一说起殷金凤，"书记"的前面便有了个"难"字。

殷金凤

殷金凤是下岗后才竞选上的社区干部。上任之初，有人给她支过招，要有人找，不是分内事，就说"我们几个老头儿老太太能解决什么？"用个"拖字诀"，一推六二五，时间长了，就没人找了。

那个"高招"，殷金凤没采纳，她反而公开手机号码，随叫随到。

有人打电话说煤气漏了，主人还没到家，她先到了。

为了解决居民楼下水道堵塞的问题，她带着干粮去产权单位堵厂长，人家有意躲开，她就坐在人家门口堵着。她在正门堵过厂长，在办公室堵过厂长，在停车场堵过厂长，最后在厕所门口把厂长堵住了。

为了解决老旧小区最难解决的停车难问题，她设计调查问卷，挨家挨户走访，征集停车设计方案，最后成立了社区自己的"呼北停车公司"，每辆车一个月才交100块钱。

为了让居民不再"买菜难"，她发挥党组织的统筹协调作用，将社区300平方米的自行车棚进行改造，通过公平竞争引进10多家优质服务商，不收场地费，但要求价格必须低于市场，居民在这里买菜，光1斤鸡蛋就比外面便宜5毛钱。

多少难题，就这样解决了。

这个曾经垃圾遍地的"问题小区"，成了居民认可的"高档小区"。殷金凤，被称为"解难书记"。

从下岗员工到社区带头人，她不畏难、不抱怨、不逃避。这种直面现实与问题的勇气，来自她对实干的理解，"说得好不如做得好，喊破嗓子不如做出样子"。

像她这样的社区干部，在北京榜样里还有西便门东里社区党委书记潘瑞凤、小巷管家梁萍。

正是她们，用实干诠释着为民服务的本色，用实干守护着北京的城市温度。

三

这里是北京大兴，这里有一个率众降伏病毒的医药专家。

甲流、H7N9……肆虐的疫情，一碰到他研发的新药，就没了脾气。

矢志做药，救人性命，这就是谢良志——病毒疫苗和生产领域的专家。

他曾是国外医药巨头公司的专家，可享受优越的生活并不是他的追求。为了更好地将自己所学回报同胞，回国的想

谢良志（左一）

法一直在他心头萦绕。

血友病的死亡率和致残率非常高，如果不治疗，患者平均寿命不超过20岁，大多数重度患者终身残疾。过去60多年，全球甲型血友病人过得很苦，病痛之外，临床用药的紧缺让他们求生无门。

回国后，谢良志创办公司，着手研发新药。

他跟病魔争分夺秒。6年的努力，研发出的新药有望彻底改变这型患者缺药的历史。

面对疫情，兵贵神速。2009年甲流疫情肆虐，仅用30天，谢志良便带领团队研发出血凝素蛋白，被几十个国家的疾控中心争相购买。

这些数字背后，是生存与治愈，是希望与光明，是一个又一个行业纪录。

以前，中国相关产业的上游产品全部依赖外国，如今，他不但打破外国垄断，还把高端制剂销往全球40多个国家。

在谢良志身后，越来越多的力量在接力。对刚起步的国内同行，通过出让利润，"义翘神州"施以援手的国家级科研项目已上千。

利润不是谢良志追求的目标，做药是为了救人，不是为了利润。

在"北京榜样"中，这样在新赛道为民造福的医药行业企业家还有不少，比如填补新药市场空白的康立生公司董事长程刚、研制生物芯片的程京。

在国民健康和国家任务面前，他们把利润、回报放在一边。是他们不看重经济效益吗？是因为他们明白，利字之前，企业要守信，更要心怀家国大局。

这是他们的初心，是化奇迹为现实的信念所在。

四

这里是北京朝阳，"00后"少年张少康在这里当理发师，见义勇为的他做完手术脱离危险后，想到的第一个问题是"我的医疗费上哪儿找？"每月挣3000元的他，一半工资交给家人，没什么积蓄。

他向医护人员打听医疗费时，医护人员告诉他，见义勇为人员的医药费是有相关保障规定的。

2018年6月15日，柳芳地铁站附近，一个歹徒在持刀抢劫后试图逃跑。

张少康抛下生意，飞起一脚踹向歹徒，却被歹徒挥刀扎伤倒地。此时，蔡文岁赶到，冲上去抱住歹徒。打斗中，蔡文岁脑后、脸腮等处被扎7刀，也负伤倒下。周凡凡赶到，飞脚踹向歹徒胸口，徒手夺刀。此后，多位群众联手将歹徒制服。

有人解下自己的腰带，给伤员包扎止血；路过的两位大妈气喘吁吁地赶到医院，掏出300块钱，要帮伤员交医疗费。

蔡文岁戴着结婚戒指的无名指，在夺刀时被划了一个大口子，医生把血淋淋的戒指摘下来，交给他的爱人。爱人后来说，她当时都崩溃了。

他们有理发师、足疗师、健身教练等，他们是进京务工的人员，是素昧平生的路人。

烈火见真金，在正义面前，不分来处，他们是刀口上的

"6·15"朝阳见义勇为群体

英雄，被授予同一个称号——"6·15"朝阳见义勇为群体。

见义勇为的"北京榜样"年年都有，比如见义勇为的公交司机张宏伟，刀下救人的杨帆、赵小伟。

这是一种公民精神的感召，这是一种潜移默化的共识，正是这一个个个体，撑起崇德向善的力量，呵护着这个他们共同生活的首善之区。

五

这里是延庆，北京的后花园。贺玉凤的家，在妫水河岸边，河水流淌着她儿时清澈的记忆，也流淌着她为人不解的过往。

贺玉凤爱干净，看着垃圾碍眼，见不得河水就这么给毁了。自1996年起，边遛弯儿边捡垃圾成了她的习惯。

有人说她神经病，有人以为她捡破烂卖钱是"穷疯了"，奚落她是"垃圾奶奶"。

外人闲言碎语，让家人感到脸面无光，埋怨她丢了面子。贺玉凤的环保行动压力重重。

有一次还险生意外，贺玉凤捡垃圾时落水，靠抓到河边的芦苇，才算捡回一条命。

从此，贺玉凤留下了心理阴影，看到阴天会莫名害怕。

老伴儿看在眼里，疼在心上，边责备她"没淹死就算便宜你了"，回头却给她做了一个三四米长的抄子，方便她安全捡拾。

一片痴心打动了家人，长期坚持也换来尊重。人们对她的称呼悄然从"垃圾奶奶"变成了"环保奶奶"。

贺玉凤是个土生土长的延庆农民，对于这片土地，她看得重、爱得深。她把小善举燃成一场守护家乡的行动。

信念生发力量，坚守超越平凡。

北京榜样里，这样通过公益改变周遭的人还有为北京种下防护林的廖理纯、义务教盲人学习手风琴的任士荣，是他们让我们从一个独特的视角重新认识了北京。一个大家共同

贺玉凤

热爱的家园，才是一座成就美好梦想的城市。

六

"千万人中你很平常，你我常走在同一条街巷……"《北京榜样》唱出了这样一种"平凡中的力量"。

从2014年至今，北京各级举荐的身边榜样已达26万人，被评选表彰为周榜、月榜和年榜人物的突破600人。他们的日子各不相同，却也有共同的烙印。

他们默默无闻，却用数分钟、数小时、数日、数月、数年、数十年，把最平常的"小事儿"做成伟大的善举。

他们传承着"仗义、热情"这些传统特质，又在新时代的舞台上展现着北京人的新特色。

没有勋章也一样闪亮，没有光环也一样温暖四方。他们是普通人，用凡人善举诠释着北京市民的品质，这正是"北京榜样"的生命力之所在。

一群人何以感动一座城？

因为在他们身上，彰显着大国首都的精神高度。

学习榜样，不在乎"大"而在于"小"。

正是千千万万的追随者，塑造了这座城市独特的精神气质。

附：北京榜样优秀群体名单（排名不分先后）

2014年：张佳鑫、廖理纯、郑丹娜、金汉、陈敏华、闫志国、韩冰、张鹊鸣、斯蒂芬·马布里

2015年：夏虹、张涛、谢良志、周红、肖英、任全来、任士荣

2016年：吴松航、张晓艳、张博研、童松、张宏伟、松岩、黄文祝、程京、李颖、孙晓兰

2017年：贾利民、殷金凤、高凤林、贺玉凤、王晓旌、潘瑞凤、陈旭、吴书瑞、许泽玮、张莉华、杨金锋、杨帆、赵小伟

2018年：北京市公共文明引导员总队、苑永萍、夏伯渝、郎恩鸽、宋玺、"6·15"朝阳见义勇为群体、梁萍、程刚、李东方、刘宝中、周晔、田琴

026

时代楷模 2019—2021

2019

八步沙林场"六老汉"三代人治沙造林先进群体

扫码看视频　扫码看公众号

　　八步沙林场地处河西走廊东端、腾格里沙漠南缘的甘肃省古浪县。昔日这里风沙肆虐，侵蚀周围村庄和农田，严重影响群众生产生活。为保护家园，20世纪80年代初，郭朝明、贺发林、石满、罗元奎、程海、张润元6位村民，义无反顾挺进八步沙，以联产承包形式组建集体林场，承包治理7.5万亩流沙。以"六老汉"为代表的八步沙林场三代职工，矢志不渝、拼搏奉献，科学治沙、绿色发展，持之以恒推进治沙造林事业，至今完成治沙造林21.7万亩，管护封沙育林草面积37.6万亩，以愚公移山精神生动书写了从"沙逼人退"到"人进沙退"的绿色篇章，为生态环境治理作出了重要贡献。

> 八步沙林场"六老汉"的英雄事迹早已家喻户晓，新时代需要更多像"六老汉"这样的当代愚公、时代楷模。要弘扬"六老汉"困难面前不低头、敢把沙漠变绿洲的奋斗精神，激励人们投身生态文明建设，持续用力，久久为功，为建设美丽中国而奋斗。

——习近平

千里山万亩沙，良田掠走；狂风虐沙石飞，乡土难留。

什么样的事，一干就是一辈子？什么样的人，一辈子只干一件事？

在甘肃省武威市古浪县，有这样一群人，一辈子只干一件事——种树。他们用种树来丈量大地，用种活的树来计算时间。

三代治沙人

"过去是沙子撵着人跑，现在是人把沙子赶跑啦！"

古浪县的八步沙地处腾格里沙漠南缘。

30多年前，这里黄沙漫天、植被稀少。132公里长的风沙线，犹如一条移动的巨蟒，以每年7.5米的惊人速度向南部村庄侵袭，直接威胁着当地十几个村庄和几十万亩的耕地。

1981年，县里把八步沙作为荒漠化土地开发治理试点，面向社会招标承包。

"现在是国家支持咱们去治沙，这可正是把这黄沙撵出村子的好时候呀。"在土门公社漪泉大队当主任的石满老汉第一个站出来，召集郭朝明、贺发林、罗元奎、程海、张润元等几位老汉商议。

"这是啥好时候吗？再好，你还能把那风挡住，能让咱们这沙地开花，让这沙地结果子吗？"

"这风沙要是没人治理，咱这世世代代的庄稼全都给沙子吃了，以后咱们吃啥喝啥啊？咱们娃们住哪儿？"

"治理风沙，我们共产党员不带头，让谁来干！"

…………

就这样，6位老汉在承包沙漠的合同书上按下红指印，以联户承包的方式组建八步沙林场，负责治理7.5万亩流沙。

6双手，6把锹，这就是6位老汉组成的八步沙治沙队。

没有房子，他们就在沙地里挖一块等身大小的地窝子，架上草木，和衣而睡；没有灶台，他们就在砖头上支口锅，

曾经的荒漠

馒头就着开水吃。大风一起，风沙刮到锅里碗里，吃到嘴里吱吱地响。

第一年，1万亩，沙暴来了全军覆没。

第二年，黄风刮，一半的苗子被连根拔起。老汉们不信邪，趴在沙窝上找办法，发现草墩子跟前的树苗好着呢，沙到草墩子跟前就不走了。

他们总结出"一棵树，一把草，压住沙子防风掏"的办法，树木的成活率一年比一年高。

到了第四年春天，沙窝上冒出一簇簇开花的植物，有的红，有的黄。老汉们终于成功了！

一步一叩首，一苗一瓢水，一棵树就是一个娃。六老汉头发白了，4.2万亩荒漠绿了。

树活了，人也精神起来。乡亲们奔走相告：过去是沙子撵着人跑，现在是人把沙子赶跑啦！

"我爹给我交代了，他说你死也死在八步沙！"

临近清明，正是林场最忙碌的季节。石满老汉的儿子石银山趁着休息的当口儿，静静地坐在父亲坟前，照例要和老头子念叨几句。

按照石满老汉生前的心愿，埋葬他的地方离祖坟很远，却能望见八步沙的林子。

"爹，好着呢，沙窝也给你管护得好着呢。"黝黑的西北汉子用手指了指身后的林海，"我们现在把北面的沙也治绿了，咱们的生态公益林场现在有28个人啦！"

十几岁的时候，石银山第一次去给父亲帮忙，父子俩在地窝子里守了个大年夜。"打那个时候起，感觉老爹就是为了八步沙生的，他就离不开八步沙。"

渐渐地，石满老汉的身体垮了。他把几位老汉请到家里，让儿子石银山给几位长辈端上一碗过年都吃不上的肉面条，再给各位老人一一敬酒。

就这样，石银山算是接过了父亲治沙的担子。

六位老汉不约而同，把种树的任务交到儿子们手中。

八步沙林场第二代治沙人石银山（右）在育苗基地察看云杉的长势

八步沙林场第二代治沙人贺中强

八步沙林场第二代治沙人郭万刚

  贺老汉的儿子贺中强，原本不想应这个事。病中的父亲把他叫到床前，前后说了三回："我给你们什么都没有挣下，就挣下八步沙那几棵树。你去给我管理好，就算对得住我了。"

  郭老汉的儿子郭万刚，想着干一段时间就回供销社去工作。

  然而，一场突如其来的黑沙暴夺去了县里20多个大人孩子的生命，看着乡亲们悲痛的神情，他突然意识到：爹是对的，必须把沙治住，才能把家守住！

  可是，林场的效益很差，濒临破产。有四五年的光景，大伙儿都是吃了上顿没下顿。六老汉的几个儿子商量着，要打一口井，种庄稼把林场盘活。

1998年正月初八，马上要到水井竣工的日子，可打井设备的两根绳子拧到了一起，水泵无法正常工作。

当时，不到30岁的贺中强身强力壮，立马系好安全带下到了井里。刚刚剪开第一根绳子，意外发生了，另一根绳子缚着的50斤铁钩像脱了缰的野马，拽着他在150米深的井里上下乱窜。铁钩在水井内壁剧烈摩擦，火花四溅，差点儿带着他坠到深底。

冰天雪地，近4个小时，贺中强的生命危在旦夕。众人赶紧用绳子把郭万刚放下去，当大伙儿拼尽全力把两个人拉出来的时候，贺中强已经快要失去知觉了。

没过几天，井里的水像树上绽放的花一般，喷涌而出。

八步沙机井出水了，治沙人开心地笑了

六老汉中还健在的三个人和几个小伙子，兴奋得都喝高了。

贺中强笑着笑着又哭了。他想起在井下最危险的时候脑子里闪过的念头："老爹爹，我对不住您了，我连命都保不住了……"

越来越多的树种活了，糟心的事并没有减少。在这片广袤的林场上，"三分种，七分管"是个难题。

有个羊倌每天到林场放牧，程海老汉的儿子程生学见到了，就把他的羊往外赶。羊倌抄起手里的棒子，一棒又一棒打到程生学头上，程生学躺倒在地，忍着剧痛拖住他说："就算你把我打死我也不让你放牧。"直到其他人赶来，程生学都没有放手。

那之后，有人问过他怕不怕死。程生学没犹豫，挺着胸脯说："我没怕，因为我刚进来的时候，我爹给我交代了，他说你死也死在八步沙！"

八步沙林场第二代治沙人程生学

算到今年，郭万刚已经在林场干了 37 年，贺中强 28 年，石银山 27 年，罗兴全 17 年，程生学 15 年……

人生能有多少个 10 年、20 年、30 年，就这样与荒凉的沙与无声的树为伴？

贺中强每次看到沙漠上开出的红花、黄花，都会弯下腰仔细端详一阵。

"实在觉得太好看了。越干越舍不得，越干心越能静下来。"他说，"老父亲临终前把我交代给八步沙了，我就一定不能把八步沙丢掉。"

"我就要跟这沙杠上一辈子！"

从父辈的"一把草，一棵树"到如今的草方格，二代治沙人不断探索学习新的治沙方法。

2003 年，六老汉许诺的 7.5 万亩治理任务终于在二代治沙人的手里完成。

如今的八步沙，已经是一片树草相间的绿洲。梭梭、沙枣、红柳等沙生植物郁郁葱葱，勾画出一条绿色隔离带，阻挡着黄沙侵袭的脚步，环抱着 10 万亩井水滋润的农田。

是逃离一片荒漠，还是种下一片林海？是向贫瘠的土地低头，还是向贫困的堡垒宣战？

在治沙人心中，家园就是坐标，种树就是信仰。

八步沙第二代治沙人没有停下治沙的脚步，他们主动请缨，向腾格里沙漠风沙最为严重的黑岗沙、大槽沙、漠迷沙三大风沙口进发。

八步沙林场第三代治沙人郭玺

这一次出征，郭万刚把他的侄子郭玺带上了。穿过葱葱郁郁的八步沙，指着茂密的林海，大伯自豪地对侄子说："你看，没想到寸草不生的沙漠，我们栽了这么多的树，还能在这个地方生活下来！"

那是郭玺从外面打工回来，第一次认真打量家乡的林场。那成片成片的黄颜色的小花映着阳光，一下子打动了这个"85后"青年。

"南方的大海我没见过，但是我能在我们的沙漠里看见花海，是多么高兴的一件事呀！"

后来，郭玺又跟着张润元老汉去了一次林场。一场大雨过后，沙枣树、榆树苍翠碧绿。老汉站在一个沙丘上，落泪无语。

听着六老汉的传奇长大，郭玺知道，老人一定是想起了那些逝去的战友，那些在地窝子里度过的冰与火的岁月。

2016年5月，郭玺正式来到林场，成为八步沙第三代治沙人。每天，他开着大卡车在沙漠里送水送草，浇树浇花。"开着挖掘机，在沙海中平田整地、开山修路，我心里充满了自豪。"

从一棵树到一片林，从无边荒漠到成荫绿洲，38年如风而过，八步沙从此换了人间。

38年来，八步沙三代人累计治沙造林21.7万亩，管护封沙育林（草）37.6万亩。

奋斗者，天不负！

从最早的6个人到现在的28个人，农民联户组建的八步沙生态公益林场已成为带领当地群众脱贫致富的重要基地。

六老汉曾说：我就要跟这沙杠上一辈子！

如今，他们的故事仍在继续，他们的后人对家园的热爱与守望还在传承。八步沙人相信，有树的地方就有家园，有汗水洒下的地方就会萌发绿色的希望。

"八步沙的精神一定能让更多的沙丘变绿。"带着子辈、孙辈参观展览的张润元老人说。

三代治沙人合影

038

时代楷模 2019—2021

2019

河钢集团塞尔维亚公司管理团队

扫码看视频　扫码看公众号

  中国河钢集团与塞尔维亚斯梅代雷沃钢厂合作运营项目启动3年来，河钢集团塞尔维亚公司管理团队9名工作人员勇于担当、忠诚履职，把发挥中方企业营销服务网络优势与挖掘塞方企业内部潜力结合起来，使企业扭亏为盈、重获新生，成为塞尔维亚就业人数最多的企业和第一大出口企业。他们面对跨文化企业整合难题，因地制宜、善作善成，创造性提出用人本地化、利益本地化、文化本地化的海外经营策略，营造了中塞员工通力合作、共同奋斗的良好局面，促进了"中塞一家亲"。他们扎根异国他乡，自觉把个人追求融入党和人民的事业之中，艰苦奋斗、敬业奉献，展现了国企党员干部的责任担当和中国人民的良好形象。

> 全力打造'一带一路'建设样板工程!

《瓦尔特保卫萨拉热窝》《桥》《啊,朋友再见》,遥远国度的故事曾感动过一代中国人。"救活一座厂,改变一座城",如今9个中国人的管理团队,在故事的发源地,带来友谊与希望。让我们听听这"一带一路"的故事。

曾经的塞尔维亚骄傲

一纸令人意外的调令,让他们的命运从此与万里之外的钢厂联系到一起。

"你的岗位调动定了。"2016年,时任河钢集团炼铁部部长赵军接到电话,被通知调往塞尔维亚。消息突然,赵军非常震惊,他根本没有想过去国外工作。领导说:"你去就行了,这是河钢天大的事情。"同样收到调令的还有时任河钢唐钢副总经理的宋嗣海。宋嗣海的同事对他说:"你上那儿去，这不跳火坑了吗？"

当时的河钢集团是世界第二大、中国第一大钢铁集团，"领先"已经成了河钢人的习惯，而9位收到调令的河钢精英并没有想到，他们被推上了一条充满挑战的赛道，即将接手一个老大难——斯梅代雷沃钢厂。

2003年起，这座钢厂接连遭遇坎坷，破产、出售、他国钢铁公司经营不善、政府1美元回购、产量急剧下滑、连年亏损等问题让所有员工忧心忡忡。

曾经的"塞尔维亚的骄傲"，变成了这座城甚至是这个国家的心病。一个靠救济、补贴苟活的企业，它还能有未来吗？2015年，时任塞尔维亚总理诚恳地希望由河钢集团接手钢厂。

"希望您救救我们，救救我们的企业，救救5000名员工，他们的子女需要上学、需要就业。"塞尔维亚现任总统、时任塞尔维亚总理武契奇对河钢集团董事长于勇说。

希望从中国来

2016年4月，河钢集团以4600万欧元收购斯梅代雷沃钢厂，成立河钢集团塞尔维亚公司。当地政府官员见到河钢董事长于勇就问："你们中国人来，能给我们带来多少钱？"于勇明白，给钱和挽救一个企业不是一个概念，这个企业需要的是先进的理念。

"我们为此熬了无数次夜，全体内阁成员付出许多辛劳。过去3年，一个个希望变成失望，最后，中国的合作伙伴给我们带来了真正的希望。"武契奇如是说。

刚进驻工厂时,厂里的现状泼了管理团队一头冷水:钢厂整体状况老旧、几近停产,大部分是20世纪70年代的旧设备,员工精神状态低迷。面对病入膏肓的钢厂,他们该开出怎样的药方?

同时面临的最大问题是信任。5000多名职工想:这个工厂已经连续亏损7年,来了几个中国人,就能起死回生吗?塞尔维亚人心中充满了疑惑。

要让5000名职工有饭吃,首要任务就是恢复正常生产经营。有一座高炉废弃多年,中方团队组织人力在短时间内修复并运转。高炉运转后,当月产量就提高到12.9万吨,比当年上半年月均产量增长了近一倍。

在与塞方合作时,当遇到建议不被采纳、理念不被理解时,中方团队没有贸然命令塞方服从,而是把沟通工作摆在了第一位。

块矿是一种天然的炼铁原材料,可以在一定程度上替代高品质原料,降低成本。中方管理团队发现工厂还在按照几十年以前的工艺和流程进行生产时,提出能否在原料铁矿石中使用一定比例的块矿,这种在国内钢铁企业已经通行的做法却遭遇了质疑。

河钢塞钢初加工部门总经理瓦拉丹有着26年的炼铁经验,他第一个提出反对。

为了让瓦拉丹改变固有思维,理解使用块矿的意图和依据,赵军把他思考的过程画出来,一点点和瓦拉丹沟通,把配比的方程写出来一遍遍解释。

"赵先生总是会先询问我的意见,他从来没有命令我说:

中方塞方同事一起工作

瓦拉丹，你这么做。"瓦拉丹这样说。

耐心的沟通和有效的尝试最终说服了塞方同事，新工艺降低成本的同时也提高了产能，创造出前所未有的效益。正是基于尊重和理解的沟通，中方团队与塞方管理层拧成了一股绳，志合心更合，山海不为远。

同时，河钢不遗余力，先后派出 11 批次、近 200 人的技术团队，深入河钢塞钢生产线对各系统、各工序存在的问题进行起底式专业诊断；全面对标欧洲先进企业，以"打造欧洲最具竞争力企业"为目标，组织河钢塞钢集团所属钢铁企业，完善技术、改造方案，制订整体发展规划；组建银团，为公司提供低成本项目融资，降低企业资金压力；发挥河钢国际的全球化优势，规模化采购铁矿石；充分利用河钢德高的渠道优势，在 110 多个国家开展商业活动，为河钢塞钢稳定原料供应、扩大产品出口提供了巨大支持。

在多方支持下，钢厂拧紧了全力运转的发条。收购不到半年，钢厂就结束了连续 7 年巨亏的局面，扭亏为盈，2017 年产钢 147.3 万吨。

中方塞方同事一起工作

中塞一家亲

相比在企业生产经营上的突破，更难的是在跨国并购中赢得人心、赢得尊重。钢厂设立特困人员救助基金，按照以往惯例，这笔资金由工会说了算。当河钢塞钢提出收回管理权时，遭到工会的强烈反对。他们非常冲动，拒绝交付管理权。中方团队在详细了解当地法律法规之后，一方面坚持收回救助基金的管理权，另一方面和工会推心置腹地沟通。

经过长时间的谈判，最终，工会代表接受了中方做法。正是通过这次马拉松式的谈判，中方团队的理念获得了塞方的认可，而理念的融合也带来员工对企业情感上的认同。

米奇是河钢塞钢采购部第二原燃料科主任。15年前他来到钢厂工作时，以为进入一家大型国企，生活就会无忧无虑，还买了块儿地计划盖一栋房子。然而此后钢厂每况愈下，十多年来，由于没有稳定的收入，没法儿向银行申请贷款，米奇始终无法完成房子的修建、装修等。巨大的生活压力让结婚9年的他甚至不敢下决心和爱人养育一个孩子。河钢集团的收购，让他兴奋不已。

"听着，我现在已经是塞尔维亚最大的雇主河钢集团的员工了，我想借一些钱，以便完成房子的装修。"米奇对银行说。

这一回，银行同意了。更令米奇高兴的是，他的女儿出生了，一切都变成了他梦想中欣欣向荣的样子。

2016年，在河钢塞钢接手后的第二个月，为了重整士气，公司为每人发放了奖金。

2018年，河钢塞钢给每名员工发放100欧元奖金。

不仅如此，由于钢厂起死回生，整座城市的面貌都明显改善，斯梅代雷沃的人口出生率已居全国第一。

中方团队创造性地提出"三个本地化"的海外经营策略，"用人本地化、文化本地化、利益本地化"。塞方员工有了归属感、安全感，才能心往一处想，劲儿往一处使。

这契合了"一带一路"倡议的"共商、共建、共享"原则。

编写公司杂志是河钢塞尔维亚公司公共关系经理米兰的工作之一，因为工厂效益不好，这本杂志处于半停刊的状态，而且内容都是管理层开会，几乎没有人喜欢。

在河钢塞钢成立后，他们决定重新编写杂志，杂志内容定位为讲述员工自己的故事，见证他们的改变和喜悦，从不刊发任何关于中国管理者的内容。

在《时代楷模发布厅》，米兰特意制作了一份特殊的礼物送给中方管理者，这是一份珍藏在心底的对中国人的信任和感激。

米兰说："你们做过的事情，点点滴滴，我们每一个人

米兰（左一）

都记在心里。"

在《时代楷模发布厅》现场，副总经理王连玺提着一件特殊的礼物上来了，这是一位塞尔维亚同事手工制作的。他用大小扳手来比喻中塞间的默契关系，这让中方团队也感受到了员工的信任与认可。

"言必信，行必果"，他们不忘习近平总书记的嘱托，三年磨一剑，打造"一带一路"的金名片，时刻与国家使命保持同步。

钢铁报国，做"一带一路"建设最坚定的践行者，做积

极融入全球化发展的先锋模范。在塞尔维亚，他们就代表着中国！

"塞尔维亚永远也不会忘记中国和中国人民的帮助。"

——塞尔维亚总统亚历山大·武契奇

048

时代楷模 2019—2021

杜富国

扫码看视频　扫码看公众号

　　中共党员，贵州湄潭人，陆军某扫雷排爆大队战士。入伍以来，他始终把忠诚和信仰刻在心中，把使命和责任扛在肩上，主动请缨征战雷场，苦练精练过硬本领，为人民利益和边境安宁挥洒热血，在平凡岗位干出了突出业绩。2018年10月11日，杜富国随队参加排雷作业时，危急时刻冲锋在前，为保护战友身受重伤，失去双眼和双手。杜富国同志曾先后获得"全国自强模范"、"感动中国十大人物"、陆军"四有"新时代革命军人标兵等称号，荣立个人一等功。

> 假如再给我机会，哪怕一千次、一万次，我也会坚守初心，做出同样的选择。

2019年5月16日，第六次全国自强模范暨助残先进表彰大会在京举行。

会上，扫雷英雄杜富国向习近平总书记敬上特殊的军礼，总书记左手握住他的手肘，右手轻拍其肩膀，向他致以亲切的问候。

面对危险，人的本能是逃离，可是却有人让别人逃离，把危险留给自己。

2018年10月11日，面对危险的爆炸物，扫雷战士杜富国对身旁的战友说："你退后，让我来。"爆炸瞬间，他用身躯向右一挡，战友安然无恙，他却永远失去了双手和双眼。

爆炸发生地在云南省东南部麻栗坡县天保口岸，这里貌似不起眼，却有一个让人闻之色变的名字——坝子雷场。

"只有把这片雷区排除掉，边境线的百姓才能过上幸福安稳的生活"

20世纪80年代之前，麻栗坡原是富庶的经济林区，种满了芭蕉、茶叶。

某次边境作战后，当地群众的承包地里留下了大量处于战斗状态的未爆品，它们威力巨大、位置不固定，边民耕种时被炸死、炸伤的事件时有发生。

2015年，扫雷大队成立了。杜富国得知消息后第一时间递交了请战书。当时，他的一名战友非常担心他的安全，劝他说："挖地雷特别危险，你要慎重考虑。"可是杜富国却有另外一番想法。这个出生在贵州遵义老区的边防战士是家中第一个穿上军装的人，他曾无数次倍感自豪地沿着革命先烈的足迹巡逻站岗，也曾十分痛心地目睹边民饱受雷患的悲惨景象。

"危险谁都怕，但我就是觉得光荣，能为百姓做些实事。"不久，他就将微信和QQ昵称改为"雷神"和"征服死亡地带"，并通过刻苦训练，以优异成绩通过考核，踏上了雷区。

扫雷大队来了，百姓争相给他们做向导；危险排除了，庄稼有了好收成。这些温暖的场面，在每一名扫雷兵心里都是一片美丽的风景。

杜富国感到，只有把这片雷区排除掉，边境线的百姓才能过上幸福安稳的生活。他在请战书里这样写道："当我了解到生活在雷区的村庄10年间被炸3次的惨痛经历时，我的心情难以平静，我感到冥冥中这就是我的使命，一个声音告诉我——要去扫雷！"

"我只是像平常一样，干了一件平常的事"

扫雷作业通常采用火烧、诱爆等办法，需要先清理山上的植被，再对未爆品进行排除或销毁。但是麻栗坡县天保口岸上方的雷区更为复杂。

这里山高坡陡，雷区下面就是人流密集的口岸，也是"一带一路"重要的交通枢纽，一旦实施爆破就会有山体塌方，而且，拆弹机器人无法攀爬作业，只能进行人工排雷。

虽然雷区只有一个足球场那么大，但是扫雷大队每天都会发现几百枚爆炸物。其中，脸盆大小的反坦克地雷可以瞬间把一辆坦克炸成碎片。

来到扫雷大队的3年多时间里，杜富国排除各种未爆品多达2400多个，堪称扫雷队的尖子。

2018年10月11日那天，扫雷大队去坝子雷场执行任务。面对一枚杀伤力极大的加重手榴弹，杜富国对战友艾岩说："你退后，让我来。"

艾岩刚走出2米，爆炸就发生了。杜富国满脸是血，双手被炸，地面上依稀可见的只有迷彩服残破的碎片。

一个多星期，杜富国昏迷不醒，醒来的第一句话却是："艾岩怎么样？"

病房里，只有战友们啜泣的声音。杜富国又接着说："你们别害怕，我没事，扫雷的工作你们替我继续完成吧。"

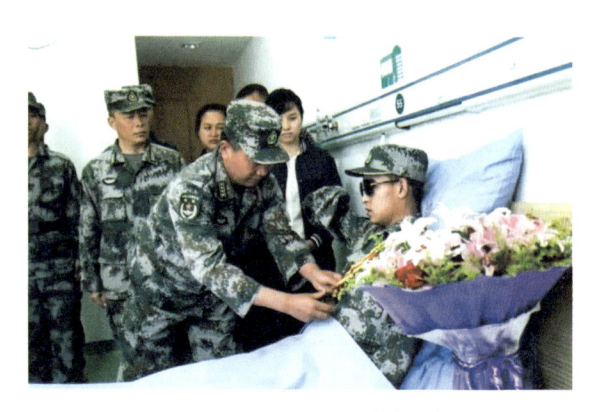

杜富国在病床上的照片

27岁,正是青春绽放的年华。在命悬一线的瞬间,这个年轻的战士为什么能发自本能地成为舍己救人的英雄?

部队从一些记录日常训练的照片中找到了答案。"当我们仔细去看这些照片,才发现富国说出那句'让我来'并非偶然。"杜富国曾经的分队长李华健说,"他平时生活和训练都是如此,什么都抢着干,什么苦活儿脏活儿累活儿都主动承担,别人搬一箱炸药,他自我加压搬两箱,这些都是他的真实瞬间。"

照片中,有一张记录的是2018年夏天扫雷大队参加泥石流灾害救援行动。杜富国发现一所学校楼顶上站着好几个孩子,他毫不犹豫地冲过去,把他们全部抱到安全地带。

另一张记录的是大队成立以来第一次遇到反坦克地雷,杜富国作为队里首屈一指的能手很自然地上前一步:"你们都退后,让我来。"照片定格,他拿着刚排除掉的地雷,满是汗水的脸上笑容绽放。

英雄的出现从来不是偶然,杜富国的身旁还站着很多像他一样的人。杜富国说:"刚刚来到扫雷大队的时候,我有很多不懂的地方,那时候老班长和其他干部骨干都会主动教

杜富国参加泥石流救援　　　　　　　　　　　　　杜富国拿着刚排除的地雷，笑容绽放

我们，在遇到危险的时候，他们也经常说，'让我来'，这句话其实就是一个口头禅，是我们扫雷大队的传统。所以我只是像平常一样，干了一件平常的事。"

"如果有机会重新选择，我还会说'让我来'"

既往没有类似病例，教科书上没有现成方案——杜富国负伤后的功能障碍曾让国内顶尖专家束手无策。亲人和医护人员一直不敢告诉他：失去双眼和双手，他今后的生活完全不能自理。没想到，得知真实情况后，杜富国沉默了一分钟，只说了一句："都这样了，还是要坚强面对。"穿衣、吃饭、走路、洗澡……以前很容易的事都变得非常吃力。他忍受着针扎般的伤口疼痛，还有千百次尝试后失败的滋味。

2019年2月，杜富国第一次用辅具吃到了第一勺蛋炒饭。这距离他第一次学习吃饭已经过去了整整两个半月。他用重达3斤的肌电假肢每天练习抓取重物，他甩着两只空荡荡的袖管同战友们跑步，他以常人难以想象的高强度训练加速康复……他又让人们看到了一个冲锋在前、永不言败的英雄形象！"我会乐观，会坚强，因为我是一名军人，是一名曾经直面生死考验的扫雷兵。"

面对社会各界对他的关心与掌声，他笑得淡然，目光坚定："请大家放心，虽然失去了双手，但是我还有双腿，还能够继续为梦想奔跑，你们的扫雷兵杜富国还在！"

扫雷大队的战友们也给富国送来了一份儿特殊礼物——2018年11月16日，他们用手拉手、徒步检验的方式，把最后一块扫清的雷场移交给当地百姓。昔日的"死亡地带"变回良田沃土，已经种满芭蕉、茶叶、玉米、草果等各类经济作物。

和平年代，奉献与牺牲更显英雄本色。战友们再一次全员递交请战书，主动申请到新的雷场执行任务，没有一人退缩、没有一人掉队。

一份份请战书，是战友们对富国的承诺。这些朝夕相处的兄弟，已经走出富国负伤后的迷茫，要替富国去完成他的心愿。

"为人民扫雷！为军旗增辉！"临行前，战友们帮助他完成了一次特殊的归队仪式，一同喊出那撼天动地的口号。双眼依旧蒙着纱布，富国的脸上，有泪，那是好男儿不轻弹的泪，无声地说出他从未更改的誓言。

他说："如果有机会重新选择，我还会说'让我来'，因为我是一名军人，一名扫雷兵！"

056

时代楷模 2019—2021

2019

张富清

中共党员，陕西洋县人，原西北野战军359旅718团2营6连战士，在解放战争的枪林弹雨中九死一生，先后荣立一等功三次、二等功一次，被西北野战军记"特等功"，两次获得"战斗英雄"荣誉称号。1955年，张富清退役转业到湖北省最偏远的来凤县工作，为贫困山区奉献一生。60多年深藏功名，一辈子坚守初心、不改本色，事迹感人。在部队，他保家卫国；到地方，他为民造福。他用自己的朴实纯粹、淡泊名利书写了精彩人生，是广大部队官兵和退役军人学习的榜样。

> 和我一起并肩作战的战友，有多少都牺牲了。他们的功劳，比我要大得多。比起他们来，我有什么资格'摆'自己啊！

有什么秘密，要对家人隐瞒 60 多年？有什么坚持，让这个普通离休干部依旧住在 30 多年前的老宿舍？

一颗感恩心，深藏功与名。60 多年的风风雨雨，从人民功臣到人民公仆，他从不愿躺在功劳簿上。时光让人老去，但在岁月面前，老兵从未弯腰。

最近几个月，湖北省恩施州来凤县，这个地处于湖北、湖南、重庆三地交界的小山城，因为一位老人出了名。他的名字，上了网络热搜。

2018 年 12 月，来凤县退役军人事务局对全县进行信息采集，在来凤县巡察办工作的张健全，记得父亲曾有当兵的经历，于是在家里的旧皮箱中寻找父亲的过往材料。

这个旧箱子，颜色几乎变了，皮扣已经断掉了，是用线

箱子

箱子内物

勉强缝起来的，里头翻出来一张报告书、一个立功证书、三枚奖章。

如果时光可以被浓缩收纳，他人生中最壮烈也最自豪的生命段落，都封存在那只旧皮箱里。如同时光宝盒打开，硝烟、战火、轰鸣……铁与血的气息从中升腾，弥漫在老兵简陋的家。当时的张健全还不清楚，这些从陈年旧皮箱里拿出来的

勋章

材料意味着什么,他只是按照要求交给了退役军人事务局。

当红色包裹打开,露出勋章,上面写的是"人民功臣"。工作人员一下子愣住了,只是一次普通的采集,他根本没想到会发现这么一个大英雄。得知这样一位战斗英雄就在身边,整座山城轰动了。然而,更令人们感到意外的是,张健全和家人也是此时才得知,95岁的父亲张富清曾经是一名战斗英雄,这个秘密,张富清竟然对家人隐瞒了60多年。

在中央广播电视总台《时代楷模发布厅》,说到这儿,张建国还记得刚知道真相时的惊讶。原来,在贫困山区干了大半辈子的父亲,还有不为人知的一面。

在战争年代打先锋、当突击队员,难道他就真的不怕死吗?在和平年代哪儿艰苦他就往哪里去,难道他就真的不怕苦吗?张建国一度不理解父亲。虽然张富清从不提起任何自己战斗的往事,但这张彭德怀签发的《报功书》上,记录了359旅718团2营6连张富清荣立的特等功,那是属于他的光辉岁月。

当时他所在的718团,4000余人中只有39人获特等功。尘封60多年的历史终于被揭开,这些凝聚着鲜血和勇气的赫赫战功,第一次曝光在世人眼前。街坊邻居眼里的张富清,是慈眉善目的,脸上常挂着微笑。整个来凤县,几乎无人知道他的战功。县巡察办主任邱克权翻阅了来凤县志,没有找到相关记载。

"如果有这么大的一位革命英雄,怎么可能没有人知道。这个事情会不会是一个乌龙事件,或者说里面会不会有误会?"第一个采访张富清的记者张欧亚产生了一连串的疑问。

闻讯而来的记者，再三核实张富清的经历是否属实。调查后，记者意识到了英雄的分量，这三枚军功章记录了他的九死一生：他多次充当突击队员，做前锋，打头阵。

永丰战役中，战斗异常残酷。因为伤亡，仅一天时间，第718团1营换了3个营长，6连则一夜换了8个连长。作为突击小组，张富清和两个战友一起，在深夜里开始行动，他第一个带头跳下4米多高的城墙，突击队就是敢死队，基本上是要牺牲的。

在双方密集的火力交锋中，他逼近敌人碉堡，把8颗手榴弹埋到地下，上边放上炸药包，手榴弹弹环一拉，把碉堡炸毁了。战斗持续到天亮，张富清炸毁了2座碉堡、缴获2挺机枪。这时他已满脸流血，一摸头，发现一块头皮被炸得很高。永丰城收复，他死里逃生，但突击组的另两名战友却已牺牲。采访时，素来平静的张富清止不住流泪，每一次流泪，都是因为提起牺牲的战友。

至今，战争的伤痕还留在他身上，被燃烧弹烧焦皮肤，被子弹划开头皮，被冲击波震落大牙——没有经历过战争的人难以想象。他一年四季都戴着帽子，不是因为怕冷，而是因为头部创伤一变天就痛。1955年，张富清退伍转业，与那段峥嵘岁月最后一次合影。

被西北野战军记"特等功"、军一等功一次、师一等功一次、团一等功一次，两次获得"战斗英雄"荣誉称号，这些功勋被他封存起来，无论顺境逆境，他淡然处之，将英雄过往就此湮没在岁月里。作为战斗英雄和中央军委培养高级干部学校的学员，他本可以有多种转业选择，留在大城市工作。

张富清戴上勋章留影

只因为一句"祖国需要你",张富清主动选择来到来凤,这是湖北省最偏远的县。

从人民功臣到人民公仆,他放下枪和功勋,默默地在最基层劳作。以突击队员的精神,他辗转在粮食局、三胡区、卯洞公社、外贸局、建设银行工作。

昔日战场的峥嵘岁月虽已远去,但军旗下许过的铮铮誓言已被他镌刻在心。1975年,51岁的张富清调任来凤县卯洞公社任副主任,他一头扎进更偏远的高洞管理区。这里不通电、不通水、不通路,山连着山,村民的物资上不去,山货下不来,不仅吃饭成问题,连日常出行都充满危险。

要致富,先修路。他四处奔走、申请报批、借钱筹款、规划勘测。白天拿着锄头和大家一起修路,晚上就住社员家的柴房,铺点儿干草席地而睡。这条长约5公里的路,有至少3公里在悬崖上,只能炸开打通。谁都没有修路的经验,炸药用不好还可能出人命,当时年过半百的张富清又是第一个站了出来。

张富清攻城拔寨打先锋,那个战场上的他仿佛又回来了,肩挑手扛，硬是在那绝壁上修出一条路。路通了，乡亲们的物资到了，日子一天天好起来。

其实，张富清的家庭当时"不成样子"，在那个年代，向组织打个欠条，缓解一下家庭困难，是非常普遍的事情。时任镇长向致春去查账，从干部到百姓，谁都有借款的欠条，可张富清没有一张欠条。在申请福利的名单里，也从没见过张富清的名字。

20世纪60年代，张富清任三胡区副区长，几十元的工资要养活一家6口人。时逢三年经济困难，国家开展精简退职工作，分管这项工作的张富清首先动员的竟然是妻子。

妻子孙玉兰在供销社上班，在吃不饱肚子的年代，那可是个好单位。

于是，孙玉兰下岗，当保姆、喂猪、捡柴火、做衣服……为了贴补家用，这个副区长的妻子只能打零工。

张富清的一生正如他的名字：富足于精神、清廉于物质。当了30年的公务员，张富清对待自己和家人十分严苛。4个子女没一个在父亲的任职单位工作过，他一家还住在20世纪80年代初建成的建行宿舍，旧白墙已呈现斑驳的青色。5层楼里唯一的旧木窗就是他的家。

很难想象一位离休干部的家是这样的：用了30多年的竹椅、木桌，陪了他60多年的满是补丁的搪瓷缸……他把生活需求压缩到极限，这个家极为朴素，但被他收拾得整洁如军营，衣物用打背包的方法整齐地捆着，好像随时出发行军。

88岁时，张富清的左腿被截肢了。医生曾估计，他的余生就在床上或轮椅上度过了。可安上义肢之后，他竟然能在如此高龄奇迹般地站起来。靠着在战场上淬炼出的意志,如今,张富清已经可以自由走动,有时还会亲自买菜下厨,给老伴儿炒几个菜。

英雄无言,深藏功名,60多年的风风雨雨,他把军人的血性与忠诚书写在了家国的历史长河中,始终坚守那颗从未改变的初心。在部队,他保家卫国;到地方,他为民造福。

青山处处埋忠骨,何须马革裹尸还。那些为了新中国而壮烈牺牲的英魂,我们不会忘;身经百战却隐藏功名的活着的英雄们,我们更不会忘。

在隆重庆祝中华人民共和国成立70周年之际,中共中央宣传部决定,授予张富清同志"时代楷模"称号。中宣部副部长梁言顺专程从北京赶到来凤,在张富清疗养的医院为老

张富清敬礼

人完成了颁奖。

中共中央总书记、国家主席、中央军委主席习近平对张富清同志先进事迹作出重要指示强调，老英雄张富清60多年深藏功名，一辈子坚守初心、不改本色，事迹感人。在部队，他保家卫国；到地方，他为民造福。他用自己的朴实纯粹、淡泊名利书写了精彩人生。

066

时代楷模 2019—2021

2019

黄文秀

1989.04—2019.06

扫码看视频　扫码看公众号

  中共党员，广西田阳人，壮族，生前是广西壮族自治区百色市委宣传部干部。硕士研究生毕业后，黄文秀同志自愿回到百色革命老区工作，主动请缨到贫困村担任驻村第一书记。她时刻牢记党的嘱托，赓续传承红色传统，立下脱贫攻坚任务"不获全胜、决不收兵"的铿锵誓言。她自觉践行党的宗旨，始终把群众的安危冷暖装在心间，推动实施百坭村村屯亮化、道路硬化和蓄水池修建等工程项目，带领群众发展多种产业，为村民脱贫致富倾注了全部心血和汗水。2019年6月17日凌晨，黄文秀同志在突发山洪中不幸遇难，献出了年仅30岁的宝贵生命。黄文秀同志被追授"全国三八红旗手""全国脱贫攻坚模范"等称号。

> 这里是脱贫的主战场，我有什么理由不来呢？共产党是为群众谋幸福的党，我是一名党员，这是我的使命。

中共中央总书记、国家主席、中央军委主席习近平对黄文秀同志先进事迹作出重要指示表示，黄文秀同志不幸遇难，令人痛惜，向她的家人表示亲切慰问。他强调，黄文秀同志研究生毕业后，放弃大城市的工作机会，毅然回到家乡，在脱贫攻坚第一线倾情投入、奉献自我，用美好青春诠释了共产党人的初心使命，谱写了新时代的青春之歌。广大党员干部和青年同志要以黄文秀同志为榜样，不忘初心、牢记使命，勇于担当、甘于奉献，在新时代的长征路上作出新的更大贡献。

2019年，是中国共产党建党98周年，今天，带你认识这九千万分之一的她——一位平凡而又伟大的青年共产党员。

年轻、漂亮、爽朗、阳光，壮族姑娘黄文秀很爱笑，她是一名活跃在扶贫一线的第一书记，有人说中国农村是"3亿人离家的世界"，可她说"走出去后，总有人要回来"。她一步步跳出农门，本有机会留京或出国，可这个北京研究生又回到大山。

她爱美、爱网购，期待恋爱、结婚、生子。她送母亲一个手镯，刻着"女儿爱你"；父亲身患重病，做完手术出院后，她搂着闺蜜哭了一场："要赶紧嫁了自己，好让父亲安心。"然而，一场灾难让她离家人远去。本以为只是一次再寻常不过的分别，可这一面竟成永别。

"晚上有暴雨，现在回村不安全，明早再回吧。"6月16日晚，父亲劝文秀别赶着回。"明天一早要开会，怕赶不及。"

黄文秀最后一条朋友圈

这是她看望病父后留下的最后一句话。她的最后一条朋友圈发的是父亲节礼物,发誓要"每年定期带家人做次体检"。

消失在雨夜

同事们的劝阻,父亲的挽留,都没留住黄文秀。连日暴雨,村里的灌溉水渠被冲断,为了尽快解决灾情,她得赶上第二天的扶贫工作会议。独自一人开车,她突遇山洪暴发。微信群里,她的一条条求助信息令人揪心:"我被山洪困住了""前面有一辆车消失了""请为我祷告吧!"……

6月17日凌晨1点,她将赶路途中拍下的山洪视频发给了哥哥。当时,交警队副大队长席道怀恰巧经过,文秀向他和其他交警求助。

席道怀将文秀安顿在警车上,他驾驶文秀的车在前头开路,当他把车开到安全地带,却发现文秀乘的车没跟上来。文秀的电话无人接听,席道怀在车上的同事也不接电话。此时,席道怀隐隐产生了不祥的预感。原路返回,他发现路面塌方、一片狼藉。救援人员在下游河道发现了文秀的遗体。

文秀妹子,一路走好

"30岁,太年轻了!"人们痛惜于她美丽而短暂的生命:"她失约了……"村民含泪送她。文秀曾和同事们约定:对脱贫攻坚这条"长征路",不获全胜,决不收兵。她无愧约定,却留给我们一辈子思念……很多人不理解她:好不容易从大山出去，何苦还要回贫困村折腾"苦差事"？为何不让自己美美的，活得舒服些？青春正盛的岁月，她放弃繁华、选择泥泞；她反哺家乡、有情有义。

因为亲身体会过艰辛，才对百姓苦感同身受，把自己深深扎进泥土，才能把理想高高举起。这一批年轻扶贫干部的时代责任，就是将自己的青春与热血，与中国最真实的基层碰撞、交叠和融合。

来不及说一声再见

蒋丹丹是文秀的好闺蜜，曾约好一起买房做邻居。文秀也喜欢长发披肩、长裙飘飘，丹丹曾陪文秀买过一条鱼尾裙。但选择驻村，意味着与这些远离。

她收起裙子，脱下高跟鞋，换上运动装、雨靴，戴上草帽，披肩长发扎成马尾，那个爱美的文秀变得"土气"了，人也晒黑了好几圈。

整理她的遗物时，蒋丹丹发现，去年买的那条鱼尾裙连吊牌都没摘，她在农村工作的这1年零82天，从没有机会穿上这条新裙子。我们能够想象，她若穿着那条鱼尾裙，会多么漂亮。

"几天前，文秀说我们村脱贫攻坚战的效果不错，全村只剩下2.7%贫困人口，过段时间我们全村脱贫了，一起开个庆功会吧。当时她还在我们一个农民家里，买了一些酒，酒买好了，可是她却不在了。"广西乐业县百坭村村支书周昌战说。

初来乍到,"我还不够勇敢"

在暴雨、闪电和山洪中,为什么这个文静的姑娘急着赶回去?这个让她一刻也放不下的百坭村,究竟是什么让她如此牵挂?百色是全国脱贫攻坚的主战场之一,百坭村是百色战场上那座最难啃的山头。

这里离市区 200 多公里,石山林立,山路蜿蜒,每逢雨季,山洪暴发,物资上不去,温饱都难以维持。工作中的苦,文秀很少向家人说。2018 年 3 月,她从市委宣传部下村,任百坭村扶贫第一书记。

对这个年轻漂亮的村里首位女性第一书记,村民们质疑声不断:"莫当真,女娃娃,'镀镀金'、走完过场就回城。"这让她心里憋屈,她搞不懂为什么自己翻山越岭、走街串户,老百姓却对她这么排斥……深夜一个人驻村形单影只,困难远超出她的想象,迷茫和困惑挥之不去。"我还不够勇敢",她在日记中反省自己。

"有一天晚上,秀给我打电话,她哭了,因为异地拆迁,老百姓不乐意,有百姓说:'我这一直住得挺好的,怎么你一来,这房子就不能住了。'秀自己特别委屈,在我这儿大哭了一场。"黄文秀同事严彬航说。

"女娃娃还真是难缠得很哩!"

扶贫不能摆花架子,如何才能消除跟村民的"距离感"?

黄文秀和老乡们打成一片

她拿出了山里人的拧劲儿，白天上门走访，村民不搭理，她就扫院子、摘砂糖橘、收玉米、种油茶，一边干农活儿一边商量脱贫计策。从不喝酒的她甚至会主动带上酒，和老乡们坐在一起叙叙家常。

为了敲开贫困户的大门，走进贫困户的心门，文秀学会了当地农民的桂柳话，端起了满是茶渍的搪瓷缸，喝上了略显浑浊的玉米酒。不少贫困户慢慢地接受她，开玩笑说："女娃娃还真是难缠得很哩！"

文秀找来技术员改造，让老乡家的砂糖橘大丰收，一年内产量由6万多斤涨到50多万斤，8户人家的那用屯，有6户靠砂糖橘年收入10万元以上。她带着大家修路、安路灯、建蓄水池，在村里走夜路不再需要打手电。村里有88户418人成功脱贫，贫困发生率从22.88%下降到了2.71%。村民亲切地称她为"文秀姑娘""文秀书记"。

留京或出国，都不是她想要的

"我心中的长征，驻村一周年愉快。"这是文秀生前的一条朋友圈，那天她的汽车里程数正好增加到25000公里。

有坚强也有乐观，有脆弱也有彷徨，她有着和所有年轻人一样的爱与追求，但当她放弃大城市回到山沟沟，她又有了不一样的执着与坚守。她本可以留京或出国，为什么要重回大山？

昨日的出发，是为了更好的归来。在老师眼里，她文静、谦和、善良，在同学眼里，她成绩优秀，任职颇多，每年暑假，为了节省车费，她很少回家，可领取贫困补助时，她总把名额让给他人。

临近毕业，她的大多数同学都留在北京当老师，她本可以有很多选择，留京或出国，然而她却与众不同，决定重回大山。她考上选调生，分配到百色市委宣传部。就在大家以为她将在市委机关稳定时，她再次做出谁都想不到的选择：到最贫困的地方去。然而所有人都不知道的是，当时的文秀母亲患先天性心脏病，父亲也身患重病。

在《时代楷模发布厅》的节目现场，中宣部副部长梁言顺为她颁发奖章和证书，请文秀的父亲和姐姐代领。文秀的父亲强忍悲伤，嘶哑地说："她坚持回到爸爸的身旁，做出来给爸爸看，给爸爸满意，今天她做到了。"

这慰问金，不能要

住在毛坯屋里，外墙裸露着红砖，二楼甚至连门窗都没安。文秀家2016年才脱贫，但仍十分困难，好不容易家里出了个大学生、公务员，可在病榻前给父亲喂药的女儿，转眼已是阴阳两隔，体弱多病的双亲难以抑制失去女儿的悲痛，却再三婉拒各级政府给予的慰问金。

在女儿的追悼会上,面对泣不成声的亲属,悲痛的老父亲声音颤抖却字字铿锵:"勇敢面对!勇敢面对!"贫困的农家却有高尚的家风,文秀靠着扶贫资助才得以完成学业,这让她心怀感恩,期待能回报这片土地。生于百色,长于百色,走出百色,回归百色,如今,她长眠于百色。

那些未曾实现的遗愿

文秀床底下有一箱羽毛球,那是她自掏腰包给村里的孩子们买的,还没来得及送出去;一把吉他放在桌旁,让百坭村的孩子们看看外面的世界,是她一直的心愿。山村的笑声越来越多,她仿若一把高高举起的篝火,点亮了山里人的未来。

朋友们发起网络募捐,善款将用于实现文秀的心愿,建幼儿园、村务服务中心;她的父母也是大家的父母,2016届广西定向选调生决定,每人每月从工资中拿出5~10元,赡养文秀的父母。

斯人已逝,但仿佛文秀并未走远,只是换了一种方式,用爱继续守护她热爱的故土。

1年零82天,她是这个时代的实干者,也是坚守初心的梦想家。她是穿行于峰丛沟壑的一列火车,送走的是迷茫,带来的是希望。"扶贫之路只有前进没有退路。""让扶过贫的人,像打过仗的人那样自豪。""到祖国最需要的地方去,脚上沾有多少泥土,心中就有多少责任。"这真切的、滚烫的、不灭的初心,在危险靠近的时候,选择向着自己牵挂的群众

年轻干部以青春之名，以党员初心，宣誓

前进，烫红了村民的双眼。

擦干眼泪，希望我们都记着她的笑，怀念她，是为了延续她的遗愿。在《时代楷模发布厅》的节目现场，文秀的小伙伴们站了出来，5名应届毕业的选调生当众宣誓，以青春之名，以党员初心，宣誓。

100年前的1919年中国共产党的创始人之一李大钊曾写下诗篇：以青春之我，创造青春之国家、青春之民族。100年后的2019年，文秀说，做人要有价值，不能光为自己活，还

要为民族活、为国家活。

一代人有一代人的担当。脱贫攻坚是一场没有硝烟的战场，在遍布大江南北的中国大地上，有千千万万个黄文秀在奔赴这个战场，他们扎根基层，远离家人扶贫，只因相信共同富裕就是"一个都不能少"。

信念与初心，热血与青春，跋涉与牺牲，对于这些人，不能忘，不可忘，不敢忘。文秀，我们想你。

时代楷模 2019—2021

余元君

1972.09—2019.01

扫码看视频　扫码看公众号

中共党员，湖南临澧人，生前是湖南省水利厅副总工程师兼洞庭湖水利工程管理局总工程师。他不忘初心、牢记使命，从事水利工作25年，为根治洞庭湖水患倾尽一生；他严谨务实、勇于创新，科学统筹生态保护与治理开发，始终保持创业激情和奋进状态；他干净办事、清白为人，经手大量资金项目，从来不谋私利不徇私情；他甘为人梯、培养青年，以功成不必在我的精神境界，带出了一支专业化水利工作队伍。2019年1月19日，因连续多日高负荷工作，殉职在水利工程施工现场，年仅46岁。

> 老一辈的洞庭人,骑单车、划小船,用双脚丈量洞庭湖,用双手绘制工程图,给我们做出了榜样。今天,守护好一江碧水的重担,历史性地落到了我们肩上……时刻记着,我们是洞庭人,要为洞庭湖谋长远。

"先天下之忧而忧,后天下之乐而乐。"我们从中学课本中学过的名句,是范仲淹在八百里洞庭湖写下的。

洪水猛于虎,洞庭湖调节蓄洪,保佑着武汉三镇、江汉平原,一次次挺过长江洪峰,这背后,有一群水利人的付出。

同事眼中,他在生活上是最好打交道的人;但他在工作上很苛刻,是大家最"怕"打交道的人。他是个"狠人",同事说,他从没请过 3 天以上的假,经常会凌晨三四点还在发文件,他总说自己是农民的儿子,身子硬、底子好、抗折腾。

生死相依,他生在洞庭湖边,长在洞庭湖边,他将一生交付给这变幻莫测的波涛,与时间赛跑,与自己较劲儿,一生为湖区筑起坚固长堤而努力,直到生命的指针停在洞庭湖

余元君（右一）

边。他是湖南省水利厅副总工程师、湖南省洞庭湖水利工程管理局总工程师余元君。

靴子还带着泥水，他倒在工棚

如果生命只剩下3天，你会如何度过？在生命的最后3天，余元君辗转六地，处理5个水利工程项目会议。2019年1月19日，星期六，他出差的第3天，他答应了妻儿早点儿回家，庆贺儿子期末考试全科得"A"。

湖南冬天降雨多，长沙又潮又冷。他急啊，迫切希望工程能够完工，他刚看过的大通湖东垸分洪闸，因为天气原因，施工进度有些滞后，闸门还没有安装，如不能赶在4月1日前安装完闸门，一旦汛期来临，洞庭湖水位上涨，垸里32万亩土地、12万百姓都有可能遇到洪水侵害。这一天，他来到钱粮湖分洪闸，天气湿冷，飘着小雨，他踩着泥塘去工地勘察项目，再回到简易工棚开会，这对他已是常态。

然而，在会议接近尾声时，意外发生了。伴随一阵剧烈

余元君（左二）在简易工棚开会

洞庭湖

的身体不适,他感觉像呛了一口气,原本笔直的身子突然一塌,手把胸口捂住,瘫下去的他扭头跟同事说:"帮我开一下窗户,我有点儿不舒服。"同事问他要不要躺着休息,他点点头说:"躺着,要得。"120救护车随即火速赶到,医生全力抢救。还是没能留住他的生命。余元君脉搏变弱,呼吸变浅,同事张彦奇一直攥着他的手,直到他的手渐渐变凉。余元君的生命定格在了46岁,脚上穿着的还是那双旧运动鞋。

"躺着,要得。"这是余元君留给世间的最后一句话。在3天满负荷运转后,他与洞庭湖仓促作别……最后3天浓缩的是他25年的工作常态,他负责洞庭湖区水利工程建设管理。

洞庭湖是湖南人的母亲湖,从明代开始就流传这样一句话:"湖广熟,天下足。"洞庭湖区有1000万人、1000万亩耕地,一旦洪水涨上来,这些都可能会覆灭。从某种意义上讲,中华民族的历史,其实也是一部治水史。潇湘百姓曾为水患所害而苦不堪言,1998年洪水,大雨倾盆,遮天蔽日。浊浪腾空,屋舍倾倒。黄洪肆虐,一泻千里。万里长江,险在荆江,难在洞庭。治水、救民,便是余元君的人生目标。

他明白，治理洞庭湖，不是政绩工程，不是短期行为，非一朝一夕之功、一人一生之劳可至。洞工局总工、省水利厅副总工、分管工程处，这三项工作过去分别由三人担任。余元君深知这些工作不仅工作量大，而且责任大、难度大，但他没有推辞。他不能退缩，因为他身后是千万百姓的安危。

18年的长厮守落空

《时代楷模发布厅》录制那天，余元君的妻子哭成了泪人。妻子眼里，他是个很浪漫的人，当年还特别花心思地去追媳妇，每天下班后都陪媳妇吃饭、逛街。后来妻子才知道，余元君分秒必争，晚上送她回家后，还经常赶回办公室"开夜车"。

婚后，他越来越忙，陪不了妻子，2003年结婚纪念日，他突然说："老婆，我带你出去走走吧。"结果他带媳妇去了常德，租了一艘船，游洞庭湖。他一直滔滔不绝地介绍，这是什么堤、哪一年修的、多宽、多深，许多数据脱口而出。妻子发现，他讲得特别自豪，整个人神采奕奕，眼睛放着光。以前妻子还会抱怨丈夫工作忙，但就在那天，妻子什么都理解了。

世间最动人的告白，不过是余生漫长的陪伴。可如今只徒留妻子那句来不及说出的"我爱你"。丈夫猝然离世后，妻子黄宇写了封信，在《时代楷模发布厅》，这封信以及两人的爱情呈现在舞台上，让人们为他们18年的厮守流泪。

元君，昨晚我又梦到你了，梦里的你瘦了，你和

孩子在篮球场挥汗如雨，孩子笑得那么灿烂……我总是忍不住想你，我总觉得你没走，你只是出了一个很长、很远的差……元君，这么多年了，咱们聚少离多，就连咱们一家三口的合影也只有10年前拍的那两张全家福。你总是说以后日子还长，不用着急。可是我万万没想到，咱们18年的夫妻情就永远定格在了2019年1月19日那一天。

噩梦般的消息突然降临，远在岳阳的你，到底怎么了？在赶往岳阳的路上，天崩地裂的消息接踵而至，迎接我的不是你的病体，居然是你的灵柩！我蒙了，泪水如奔涌的洪水，为什么？为什么？元君，为什么你说走就走，为什么你连一句话都没有给我们娘儿俩留下？

是啊，你没有留下一句话，可是你留下了那么多宝贵的治湖经验和技术，你说过你是洞庭湖的儿子，一生治湖，用一辈子保三湘四水安澜，你用生命守护着洞庭，你做到了，可是你却没有做到与我们母子相守一生。

元君，我想你啊，我多么想在你耳边再唠叨唠叨，我多么想能再和你吃一顿团圆饭，我多想听你夸我做的菜好吃，多么多么想你再抱抱我和儿子！

元君，你知道吗？在你的追悼会上，咱们儿子一滴眼泪都没掉。他说："爸爸说过，他不在家，我就是男子汉，要做家里的顶梁柱，要照顾好妈妈。"

我听到这儿，忍不住抱着儿子痛哭了一场。元君，咱们的儿子怎么那么像你啊，爱读书像你，坚强懂事像你，那要强的性格更像你。

元君，我亲爱的丈夫，我好爱你，我和儿子想你，我们永远想你！

他是洞庭湖的儿子，一生治湖，保三湘四水安澜——他做到了，可他却没做到和妻儿相守一生。他正给儿子编的奥数辅导书不可能完成了……生命定格在尚未完成的那一瞬间。

一个"土包子"的逆袭

湖南大旱，庄稼无收，百姓吃了上顿没下顿，他出生在洞庭湖旁的清贫农家，一遇到干旱或洪涝，家里就颗粒无收。1990年，他考入天津大学水利系，希望能改变家乡"靠天吃饭"的落后状况。

1996年，余元君进入洞工局工作，就此把下半生献给浩浩汤汤的洞庭湖。他给领导留下的第一印象是"像个土包子，人又黑又矮又胖"。对于憨实寡言的他的工作能力，领导一开始也画了一个大大的问号。

1998年长江流域特大洪灾，催生全国水利系统建设改革，项目法人责任制等"四制"改革开行。可是，接收到水利系统改革的指令后，相关单位在实施时都感到很为难。过去洞庭湖堤防工程质量没有控制，一张白纸，洞工局由上到下都不知道怎么干。

一旦国家的改革政策不能落实，洞庭湖的治理和保护将举步维艰。领导找到余元君之前，并没有抱很大希望，可他最终编纂出一本成果，被同事们称为"宝典"，成了当时最重要的工程建设管理指南，洞工局里几乎人手一本，项目法人制和招投标从此走向正轨。

他总是第一个发现问题、第一个解决问题的人。2002年7月3日，资水上游连续降雨，湖南益阳的烂泥湖垸发生重大险情，管涌数量从1个变成了8个，形成了棘手的管涌群。

情况危急！堤防后有72万亩耕地、70万人口，还有一个国家粮食储备库。一旦溃垸，那将是灭顶之灾。地方政府请求洞工局支援。装卵石，搭围井，这位省里来的专家有点儿不一样，余元君不在指挥部研讨方案，反而在一线干起了抢险的活儿，现场教官兵们装沙袋的新方法。

围井搭建成功，通过38小时的抢险，险情终于得到控制。随着外河水位下降，大堤保住了，垸内的百姓避免了一次洪灾。"还是省里来的专家提的意见能保堤，能保命。"这是百姓对他的肯定。他从一个科员成长为总工程师，破解了一次次抗洪抢险难题。这得益于他对洞庭湖的痴迷，每一段水系，每一个堤垸，每一处水情，他心之所想，眼之所见，都是洞庭湖的治理大业，基层的同志都称他"湖里精"。

余元君走遍洞庭湖226个堤垸，走遍3471公里一线防洪大堤。岳阳，他带队查勘一处污水自排闸，洞内污水横流、臭气熏天，大家都劝他不要进去看了，可他穿上雨靴，一头钻进漆黑的涵洞，等他走出来时，靴子里满是污水，全身散发着难闻的臭味，腿上还因污水浸泡出现大片红斑……

上百亿资金都诱惑不了的硬心肠

1998年长江特大洪水后的21年,是中国水利系统建设飙涨的21年。身为洞工局总工程师的余元君,先后主持数百个项目评审和招投标,签下的合同、经手的资金超过百亿元,在洞庭湖工程量密集的时候,他每年过手的资金就有10亿元,可谓大权在握。

可他的工作作风让不少同行望而生畏。有一次,前期勘测一个堤垸的湖泊时,设计院没发现被杂草埋没的护坡,当施工单位铲除杂草后才发现。于是施工单位提出,要拆掉老护坡、重新修盖新护坡。但他五六次反反复复实地勘查后,坚持认为没有必要修建新护坡,因为旧护坡的设计标准比新护坡还高。这里里外外,为国家省了两笔钱,至少大几百万。

他总是想着把每一笔钱都用在刀刃上,在工作上规矩得近乎刻板。面对家人提出的请求,他的态度也曾让周围人无法理解。侄子余淼,大学时选了水利工程这个冷门专业,本以为在同一行业能得到叔叔的帮助,没想到却在叔叔面前碰了壁。

提到余元君,他的九弟泪流不止;提到七弟,他的六姐将脸埋进围巾号啕大哭。终于平静下来,六姐无力地说:"人都走了,怨他有什么意义?心疼他。"手足之情,何来怨?原来9个兄弟姐妹中,他是唯一一个上大学、有公职的,直到现在,他的兄弟姐妹仍在农村务农或奔波外省工厂车间打工。

亲朋好友都以为这个有"权力"的人能够让九兄妹家里

焕然一新，可求他承包项目、推荐工作时，他一律回绝："扯这个事，免谈。"有一回，同事李三友开车送他回老家，因为路况不熟，便找路边的一个砍柴人问路，谁知余元君对砍柴人喊道："二哥！"

清白做人，干净做事，坦荡做官，这固然好，可他的决绝一度让家人觉得"无情"。

"在我们眼里，余总工是'大人物'，学历高、职务高、能力强，是湖南水利界的权威和专家。但他又非常平凡，穿得很朴素，没有一点儿领导架子，每次都和我们说家乡话。余总一个侄子大学毕业后，现在还是一家公司的临时工；他有一个哥哥现在还住着农村的土坯房，我们都觉得他有点儿'不近人情'。"余元君老家临澧、同属水利系统的湖南省人大代表黄咏梅说。

他没有一个亲戚朋友承揽洞庭湖的治理工程，也没有给老家办过任何一桩不合规矩的事。但就是在这份"无情"的背后，他却用另一种方式关心着大家。母亲患有尿毒症，需要定期透析治疗，为了减轻兄妹的压力，他独自承担母亲的医药费。家里晚辈读书，他资助学费、生活费。恋亲不为亲徇私，济亲不为亲撑腰。

2017年，余元君父亲过世，几个同事凑了三五百元去他老家悼念。"余总工半跑着追出三四里山路，硬是把钱塞还给了我们。"湖南省人大代表、县洪道站站长资程说。还有一年油菜花开的时节，资程和同事给他送了一桶30斤的菜籽油，他们把油悄悄放在他住的酒店大堂，结果余元君把他们狠狠数落了一顿。那是资程唯一一次被余元君责骂。

余元君曾对他的老师琴国佑说："老师，我知足了，我出身贫寒，一个农民的儿子，现在掌这么大的权，这么高的俸禄，我真的知足了，但是也有人告我的状。"

琴国佑："告什么状？"

余元君："他们说，我不好说话，不近人情。也就是说，在工程质量上丝毫不让，一点儿也不退步。我管理上亿的资金，只要我违心地点一下头，答应一下，就可以一夜暴富，但是这个钱我不能要，我管的是国计民生的大事，这个钱我不能要。"

"这个钱我不能要。"余元君是这么说的，也是这么做的。他克己奉公的背后，是坚定的政治定力，是清醒的底线思维。他选择用一廉如水的姿态，汇入烟波浩渺的洞庭湖中。"功成不必在我，但建功必须有我。"

人民不会忘记

人生一世，草生一秋。这一世，他初心为水利，终身献洞庭。让百姓望得见山，看得见水，记得住乡愁，是他奋斗一生的目标，更是无数水利人肩负的使命。

就是这样一种责任担当，让他扎根洞庭，奔赴基层，了却潇湘水患事，赢得一湖四水之清波。

在《时代楷模发布厅》，中宣部副部长梁言顺为他颁发的奖章和证书，由他的妻子黄宇代领。

魂归洞庭，星落君山，他留下"忠诚、干净、担当"的佳话，今生未了的水利情缘，只有来生再续！

治水半生潇湘地，一山一水总关情；洞庭竹叶湘妃泪，君山银针祭君魂。

赤子真情，守护这一江碧水，绵绵用力，涓滴不弃，可以成江河，可以入大海，大江流日夜，慷慨歌未央，人民不会忘记，祖国更不会忘记。

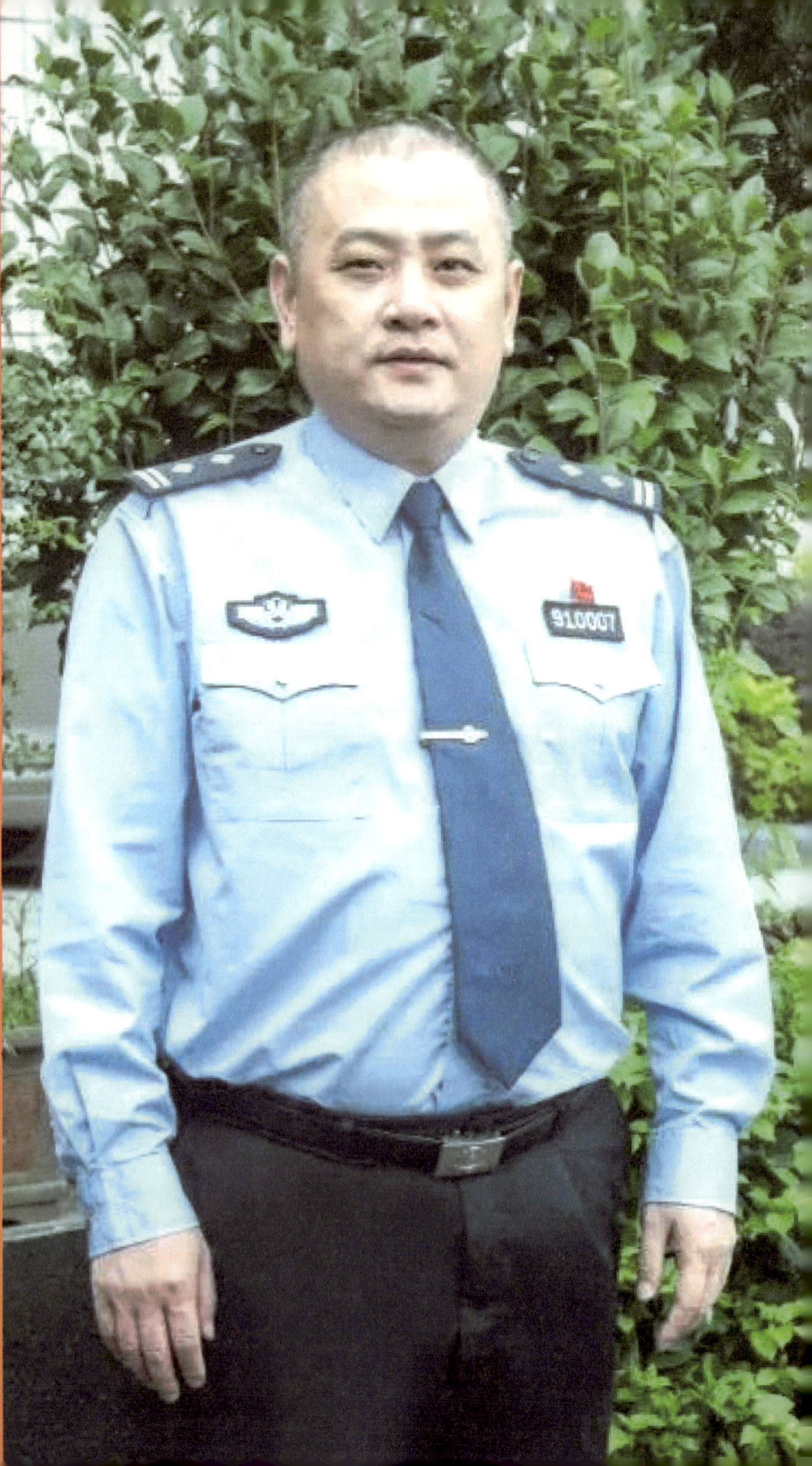
910007

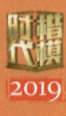

杨 春

1969.05—2019.01

扫码看视频　扫码看公众号

　　中共党员，一级警长，生前是福建省宁德市公安局蕉城分局党委委员、副局长。他不忘初心、牢记使命，从部队转业到公安机关28年，以铁一般的理想信念奋战在维护稳定、服务群众第一线，忠诚履行人民公安为人民的庄严承诺，忠实守护一方安定和人民安宁；他疾恶如仇、骁勇善战，关键时刻顶得住、遇到危险带头上，以铁一般的责任担当扫黑除恶、打击犯罪，侦破刑事案件数千起，抓获犯罪嫌疑人千余人；他勇于创新、奋发有为，爱岗敬业、精研业务，以铁一般的过硬本领实现执法办案零差错，在平凡岗位上做出不平凡的业绩；他一身正气、廉洁奉公，始终坚守崇高价值追求和良好职业操守，以铁一般的纪律作风严格要求自己，打造过硬队伍，赢得了群众广泛赞誉。2019年1月23日凌晨，因长年超负荷工作，杨春突发疾病牺牲在工作岗位上，年仅49岁。

> 扫黑除恶肯定有困难，遇到困难怎么办？
> 找我！

"昨天，一个人守护了一座城；今早，这座城送别这个人。"

宁德人朋友圈里刷屏的这句话，是对杨春最好的评价。

宁德空气清新，生活悠闲，岁月静好，但这并不是理所当然，而是有人默默负重前行。

在市民的平安背后，这位福建省宁德市公安局蕉城分局原副局长，却经历了那么多生死一线的时刻，他破获了数量惊人的大案、重案、要案、难案，打响了宁德扫黑除恶的第一枪，战绩彪炳，可很多民警平时不是叫他"杨局"，而是叫他"春哥"。

杨春究竟有着什么样的魅力？

他能记住每位民警的家庭状况，有一副热心肠，喜欢给单身民警介绍对象；可让下属念念不忘的，更是春哥像山一

杨春

样的守护。

从警 28 年,他人生剧的关键词,是"危险"。

追踪涉嫌杀人后逃跑藏匿的吸毒人员,在同手持两把大刀的嫌犯紧张对峙时,春哥伸手把新入职的蒋昌明拉在身后。

制服了嫌疑人后,蒋昌明问春哥,前面那刀砍下来怎么办?杨春说,你看我这个块头儿,挨两刀没事,你那么瘦,砍一刀就受不了了。

遇到持枪嫌疑人驾车暴力冲卡,他推开下属;他进入满是煤气的现场侦查,稍有不慎就会爆炸。

不管是担任刑侦大队长还是副局长,每遇险情,杨春总把下属挡在身后。

暖男倒在了办公室冰冷的地板上

"春哥身形魁梧,我们一直觉得,他不会倒。"

没想到，像山一样护着下属的春哥，就这样倒在了战友面前。

这是他生前最后48小时的行程，一如往常——

前一天上午，到检察院、法院协调涉黑案件；下午，慰问困难民警，督导春节前的安全防范；晚上8点，召集"8·1"涉黑案干警布置调查；晚上9点，在办公室签批犯罪嫌疑人追逃手续；晚上9点到11点，召集扫黑队民警，起草组建"8·1"涉黑案联合调查组计划。

连日超负荷工作的杨春，2019年1月23日凌晨在单位值班时突发心肌梗死，倒在办公室冰冷的地板上，年仅49岁。

就在这最后的48小时里，他还挤出时间审批了74起案件的法律文书。

杨春倒下的那天，正好是全国扫黑除恶专项斗争开展一周年。

其实，2018年夏天，同事就发现杨春的脸色似乎有些不大对劲儿，手总是不停地戳胸口。他跟同事说，老觉得胸口不舒服。同事劝他去看医生，但他实在忙，拖过了一次又一次看病的时机。杨春去世后，在整理他的遗物时，姐姐杨丽发现了一份2017年的病历。

"患者拒绝"这4个字非常刺眼，姐姐看到时，简直心都碎了。弟弟明明知道自己病得多严重，可他却一次次推迟了治疗的时间。

总觉得自己还能熬一熬，这一熬就是1年多的时间。他起码有3次生的机会：

第一次，姐姐劝他去检查心脏，可他说，扫黑除恶工作刚铺开,"我现在要是请假,那不就是撂挑子嘛"。

第二次,2018年5月,姐姐惦记他生病的事,他推脱说:"'上汽'项目工作正缺人手,下次有时间再说。"

第三次,2018年10月,姐姐催得急了,他这才答应:"姐,这次收网了,我一定去。"可谁也没想到……

杨春平常特别孝顺,只要他有时间,就会回父母家看看,陪他们说说话、去海边散散步。

后来,他忙于扫黑除恶,只好托姐姐去为父母取药,爸妈的每一种药,他都跟医生沟通好了。

虽然他看起来五大三粗的,但是心特别细,家里什么事儿都安排得特别妥帖。姐姐到现在都没办法接受弟弟已经走了的事实,她不敢想,只要一想,心就疼得没办法止住。

"春啊,我的春呢?"这是儿子走后母亲最常念叨的一句话,家人们骗她说,杨春去国外维和了。

13岁的女儿每天晚上坚持给爸爸发微信:"爸爸,今天是情人节,我替你买了玫瑰花给妈妈。"

他是个好儿子、好弟弟、好丈夫、好父亲,但他更是个好警察。

他便衣入虎穴,把涉黑团伙连根拔起

深夜路经扫黑队的人常可以看到:扫黑队队员默默注视着宣传栏上杨春的照片,或者蹲在春哥照片下抽烟。"他是我们的主心骨,生前是,现在也是。"

每当遇到棘手的案子,扫黑队队员往往会轻轻擦拭杨春

杨春与队员一起研判案情

的照片，清理一下上面的灰尘。"跟春哥说几句话，弟兄们心就安了。"

仅宁德扫黑第一案，案情卷宗就有 160 卷，摆放在地上近一人高，每一段记录都意味着他和战友们的付出。任务重，人手少，只能加班来补，杨春给扫黑组干警们定了个规矩，每周白天办案，周日到周五晚上 7:30 研判案情，只有周六晚上才留给家人。

杨春的家离单位不到 1000 米，但他总是陪着同事们一起加班，有时候甚至一周都没回过家。

他已离世半年多，定下的规矩，扫黑队队员们还在默默遵守。"加班到凌晨常有，到天亮也不奇怪。"

扫黑队民警巫迪知道蕉城深夜哪家的粥最香，凌晨 4 点哪家的包子最好吃。时至今日，战友们还保留着一个习惯，每破获一个案子，依然第一时间在工作群里 @ 春哥。

他一次次用脚步丈量大地，把一个个黑夜当成白天来用。

2017 年 12 月，一封举报信送到杨春面前。

他敏锐地察觉到，这极有可能是一起有组织的涉黑案件。这个团伙在古溪村开设赌场、打架斗殴，小混混到处收保护费、敲诈、勒索，气焰十分嚣张。有人报警就会被打击报复，这让他们臭名昭著。

为了说服举报人配合调查，杨春经常穿着便装，开着私家车夜访古溪村，50多天里，杨春带队调查走访群众500余人次；拟出调查提纲、询问提纲8万余字，文字证实材料1万余页，整理装卷50余卷；拟定的审讯计划130余份、5万余字，形成起诉意见书近3万字……

古溪村是一个典型的城中村，外来人口多、街巷逼仄、密如蛛网，地形堪比电视剧《破冰行动》中的塔寨。杨春甚至调用了无人机绘制地图，只为确保抓捕行动万无一失。

古溪村一案共计抓获涉案人员66人，破获个案33起，一举将该涉黑组织连根拔起。

这是扫黑除恶专项斗争以来，福建闽东地区破获的涉黑"第一案"，也是宁德市历年以来侦办速度最快、涉及个案最多的涉黑案。

如今，古溪村已经见不到黑社会性质的组织，村民脸上的笑容多了起来。

外表粗犷心纤细，硬汉神探破奇案

他不仅是一位铁血英雄、一位冲锋在前的雷霆汉子，在一个个天方夜谭般的探案卷宗里，我们还能看到杨春的另一面：外表粗犷、心细如发、神探刑警、屡破奇案。

2016年8月7日，宁德市民上山晨练时，发现一男子倒地身亡、脸色青紫、死因成谜。法医初步检验发现，死者手臂上的伤口疑似被蛇咬伤，中毒现象也很明显，符合蛇咬致死的特点。

这个地方经常有蛇出没，围观的群众也一直在议论可能是被蛇咬了。结合现场发现的啤酒瓶、情书和戒指等物证，民警分析该男子系为情所困，上山喝酒发泄时被蛇咬伤，属于意外死亡。周边的监控视频也证实，死者是独自上山。

一时间，所有线索都表明这是"意外"，医护人员、家属也都认为是一次意外。然而，死者是已婚，那现场的戒指是怎么回事？情书中提及的情人"茜"又是谁呢？杨春始终觉得，这件事并不像看到的那么简单。

杨春顶住所有压力，要求民警在全市和互联网上进行排查，一定要把所有疑点排除掉，才能结案。

在杨春的坚持下，一条新的线索浮出水面——民警找到卖戒指的淘宝网店，发现购买戒指的另有其人，并查实此人与死者妻子时常深夜联系，有不正常关系嫌疑。

杨春几乎是在一瞬间就确定：购买戒指的男人"就是凶手"。当民警顺藤摸瓜侦查下去，果然发现他的作案动机和作案工具。

原来，陈某是死者妻子的情人，他为了长期霸占死者的妻子，购买了蛇毒、针筒等作案工具，事发当天，陈某将死者骗到山上，持刀逼他喝酒，又对其注射蛇毒，伪造出死者为情所困、醉酒意外的现场。

现场遗留的戒指、情书，包括情书中所提及的"茜"都是伪造。杨春让这起蛇毒杀人案真相大白，这成为全国首例将蛇毒鉴定引入司法审判程序的案件。

侦破命案，是刑警的天职，也是对案件中逝去生命的最好告慰。

近 10 年来，杨春指挥、参与主侦的命案破案率达 100%。

他战绩卓著，却荣誉寥寥

洪口碎尸案、莲峰桥杀人案……从警 28 年，他这样的破案故事还有很多，可回放杨春的人生，他几乎没有接受过采访，能看到的影像都是在办案现场。

28 年来，他参与、组织侦破 3150 余起刑事案件，抓获犯罪嫌疑人 1830 余名，其中近 10 年命案破案率更是达到了 100%。

然而，当他离开后，人们却惊讶地发现，他获得的个人荣誉却寥寥无几，只有 10 年前的 1 次个人二等功、2 次个人三等功。

这位战绩卓著、荣誉寥寥的无名英雄，背后又有着怎样的隐情呢？

他不是没有立功机会，而是将太多的立功受奖机会让给了战友。

记得 2006 年 6 月，时任中队长的杨春，带领侦破一起特大盗窃小轿车案。在宾馆抓捕主犯时，杨春蹬开门，胡卫清扑向主犯时，慌乱中只觉得对方抓了什么东西，杨春冲上去，一脚踩住嫌犯的手，上铐后，胡卫清才发现疑犯握着一把已上膛的枪，有 5 发子弹。

这起案件从经营、收网、预审到追赃、返赃，所有工作杨春亲力亲为，但在报功时，他却向上级推荐说胡卫清功劳更大，将立功的机会让了出来。有许多次都是这样，分局党委研究推荐他立二等功甚至一等功，但他说底下的兄弟们干活儿最辛苦，该给他们，坚决将功让给了底下的骨干及民警。

干惊天动地事，做隐姓埋名人。

在杨春的带领下，蕉城分局刑侦业务考评连续12年全市第一。

他话语不多，却是战友们最可靠的依托。黄好雨的爸爸是一名警察，因中风残疾，住院护理、联系手术、术后康复，都是杨春跑前忙后。黄好雨结婚，从订婚到找酒店、办婚礼，都是杨春在帮忙操持。婚礼上有一段路，需要父亲牵着女儿走，坐在轮椅里的父亲沉默了。杨春就说，我牵着咱闺女走，你看行吗？哪怕婚礼上的一个细节，杨春都替小雨考虑到了。这份牵手的温暖，永远留在手心。杨春心里总是装着别人，却唯独忘了自己。

他倒下了，没能见证同事们崭新的战果，也没能留下一句对家人的嘱托。

肝胆相照，春哥一路走好

肝胆一词，福建人常用来称呼最知心、最可敬的朋友，视杨春为"肝胆"的人很多，在他离开的半年多时间里，很多人都还在用不同的方式思念着他们的"春哥"。

有人认为，信仰和忠诚很抽象，在杨春身上，你可以真实地看到信仰的力量，它比磐石更坚硬。

他是像大山一样的硬汉，关键时刻他顶得住、遇到危险他带头上，他用柔软的心照顾着身边人，像大山一样包容而付出；他守护一方安定，像大山一样护着一方水土。

在《时代楷模发布厅》的舞台上，中共中央宣传部副部长梁言顺为杨春颁发的奖章和证书，由他的妻子和姐姐代领。

生前，杨春最喜欢的一首歌叫《是否》，一些队员还将手机铃声设置成这首歌。在歌声中，让我们跟这个硬汉道别："是否这次我将真的离开你，是否这次我将不再哭，是否这次你将一去不回头，走向那条漫漫永无止境的路。"

时代楷模 2019—2021

陈立群

扫码看视频　扫码看公众号

中共党员，浙江杭州人，贵州省黔东南苗族侗族自治州台江县民族中学校长、原浙江省杭州学军中学校长。他信仰坚定、潜心育人，从教近40年，担任中学校长34年，始终全面贯彻党的教育方针，致力于培养德智体美劳全面发展的社会主义建设者和接班人。他乐教善教、思维创新，倡导宏志教育，将爱国情、报国志、强国行融入教学和管理，引导学生立德成人、立志成才。他不忘初心、至诚为民，退休后婉拒民办学校高薪聘请，远赴黔东南贫困地区义务支教，3年多来培养出一支优秀教师骨干队伍，学校办学质量大幅跃升。他心有大爱、无私奉献，始终把帮助贫困家庭孩子求学成长作为己任，支教期间翻山越岭、走寨访户，家访并资助100多户苗族贫困家庭，足迹遍布台江县所有乡镇，用义举带动更多人开展支教助学。陈立群曾荣获首届全国教育改革创新杰出校长奖、2018年"中国教育十大人物"等称号。

> 我就是一介书生，我一辈子只做一件事，就是教好书，做好我自己的教育工作，不为功利，不求功德，只为心愿，这个心愿就是有更多的苗族孩子，能够走出大山，去实现他们的人生目标。

　　杭州市学军中学校长陈立群要退休了，作为全国重点高中的校长、教育部中学校长培训中心兼职教授、享受国务院政府特殊津贴的专家，他在全国教育界广获认可，有民办高中开出 200 多万年薪挖他，但这个"名校长"却做了一个决定，让很多人看不明白。

　　2016 年，他来到贵州黔东南苗族侗族自治州台江县，当这个国家级贫困县唯一一所中学的校长。这是所高考成绩在全州垫底的"差校"，而他开出的唯一条件是：解决吃住，分文不取。

　　陈立群的自我评价是，不置一分钱房产，不炒一分钱股票，写过 16 本书，当过 5 所中学的校长。他要在这所"差校"

陈立群给孩子们上课

实践平民教育，在苗族人口占比 98% 的"天下苗族第一县"，给这些苗族孩子开启人生的另一种可能，更要影响成千上万户苗族家庭的未来。

全国名校长在小地方遇难题

来台江前，他最放心不下 90 岁的母亲，老母亲得知儿子要去支教，非常支持："我身体好着呢，不信我跟你打赌。"

而台江县教育局局长龙峰不知道，他大胆的邀请能否得到陈立群的同意。邀请说出口，龙峰自己都觉得不切实际，况且就算陈立群答应了，台江这座偏远且贫困的县城，又能拿什么招待好这位名校长呢？

然而陈校长没开条件，"解决吃住就行"。卸任浙江省国家重点高中的校长，来到距离杭州 1400 公里的贵州山区，陈立群开启了他分文不取的支教生涯。

支教绝不是一次理想的浪漫之旅，一身西服、打着领带、背着双肩包，师生都被这位空降的校长"帅"到了。但刚在学校转了一圈，陈立群的眉头就皱了起来：这哪像学校的样子啊？3000多名学生只有一个食堂，刚端出来的菜盆边上，密密麻麻落满了苍蝇。几十个人挤在一间宿舍，公共厕所气味扑鼻……

陈校长从硬件着手，改善食堂环境，从1口锅，变成3个食堂6口锅。学生搬进了6~8人、带独立卫生间的宿舍。

偏远山区硬件条件不好能够理解，可民中的教师状态和学习氛围之差，才更让陈校长感到诧异。校园本是宁静之地，可是台江民中的晚自习，吵吵嚷嚷好似菜市场，老师不管，学生不学。

刚来，他面对的便是险滩硬茬。陈校长决定从课堂氛围下手，他带着小板凳旁听了一节高三语文课。发现老师不负责任、照本宣科，把作文的开头当成了结尾去讲。还有教师迟到早退，45分钟的课20分钟讲完就走了，这让他感到诧异，并痛下决心准备改变。

不破，不立。对待"乱校"须用"铁腕"，他的"雷霆手段"接踵而来，直击学校沉疴。

随后，陈校长又将另一名老师调离岗位，因为他上课没有教案，跟着感觉走。

不到一个月，两位老师接连被撤岗，这件事震动了黔东南教育界。很多习惯松散的老师，一下子把神经都绷紧了。课堂大于天，这个理念唤醒了全县的老师。

陈校长制订新的规章制度，把这所原本涣散的学校拉回正轨。

爱与责任

"一所学校最重要的学生是老师。"他用"雷霆手段"唤醒了老师们的责任心。显然,一味"雷霆手段"也不是他的初衷,如何提振教师士气、激发教师潜能,成了陈校长急需解决的另一道难题。

新学期开学,他收到一封辞职信:"我是铁了心要走。"这突如其来的辞职信是刘明老师写的。陈校长赶到台江县人民医院,原来刘明的妻子头天晚上生了第二个孩子。

刘明坦言,3000元要养活家里6口人,难,不得已才想离开工作了15年的民族中学,去薪水更高的民办中学。陈校长听了,挽留的话实在说不出口。他何尝不知道教师收入微薄的难处?他只能说,学生们都很想你,盼你能回来。刘明听了眼睛一红,"辞职信我收回吧……"陈校长几乎每个月都要做出这样的挽留。因为待遇跟不上,台江民中每年都有十几位教师离职。为了解决教师待遇问题,他没少跟当地教育部门争取,增设目标考核奖、教学质量奖等,但当地财力实在有限,到手的补助杯水车薪。

他把20多万元奖金捐出来,那是他的国务院政府特殊津贴和杭州杰出人才奖奖金,在台江设立"奖教金",每年奖励9名教师,每人5000元。他拒绝了200多万的高年薪,来到贫困山区,分文不取,反而资助学生、奖励老师。陈校长在贵州支教3年期间,走访过100多名学生的家,资助学生家庭累计10多万元。

陈立群走访时与孩子们合影

　　他去过最远的一个孩子的家，需要先开车一个半小时，再坐烧着柴油的小船45分钟，最后走路半个小时。更让陈校长焦虑不安的是另一座横亘在人心里的"大山"——台江县至今仍然没有脱贫，群众依靠外出打工赚取微薄收入，留守在家的儿童数量居高不下。

　　当地流行的观念是"读书无用论""早点打工好"；大节三六九，小节天天有；喝酒、斗牛、打麻将；等着别人送小康。陈立群到任后召开家长会，看到有的班家长还没老师多，可见教育在当地人心中的位置。台江民中作为全县唯一的高中，过去几年，高考成绩在全州垫底。一些学生靠着国家和社会的资助，注重享受而不思进取，学生对手机的迷恋超乎想象，早恋、抽烟、沉迷游戏等现象严重，每年都有百余名学生辍学。

　　面对这样的孩子和家长，他打的第一张牌就是严格管理，宣布进入校园安静环境学习月。原先像是四处撒欢儿的野马驹的学生，突然被新校长的这根缰绳一拉，像是有一记无形的教鞭抽在了心上，一盘散沙式的学习氛围在逐渐改变。浮躁止于宁静，惊雷响于无声。

　　如果说行为习惯可以刻意培养，那么对学生精神层面进行引导才正是陈校长大显身手的时候。通过国旗下演讲、成人礼仪式，他激发学生的斗志。这些学生们从没听过的活动，给他们打开了一扇新的人生大门。经常有学生给陈校长写信："是您的到来，才让我有了走出贵州这个不平凡的想法。"

他改变的不只是这些苗族孩子

因为陈校长的到来，台江民族中学的一大批学生改变了生活的选择，改变了命运的轨迹。2017年6月，他带的首届毕业生高考，全县人都把目光投向了这唯一的高中，当揭开榜单看到成绩的那一刻，从家长到亲友无不感到欣喜——考上一本的学生从40多个长到100多个。

往年，台江中考前100名的学生中，留在台江民族中学的只有十来个人，而2018年这数字增了几倍，到了95人，全县中考第一名也第一次留在民中。2019年，全校885名学生参加高考，有561人考取了本科，本科成绩完成率达到了63%。老师们体会到了前所未有的幸福感，得到老百姓的认同，尊严感就上来了。

无论是对学生，还是老师、家长，他都重视"心灵唤醒""精神教育"，通过激发学生们的进取心和责任心，改变了很多贫困家庭的命运。尊师重教的民风慢慢形成。陈校长号召老师们走进寨子，把社会最底层撬动起来，让苗民们充分认识到教育的意义：考出一个孩子，脱贫一个家庭，带动一个寨子。陈校长的微信头像，是台江县小江小学，那是一所教室用木板钉起来、四面透风的老旧小学。陈校长以此激励自己，争取给孩子更好的求学机会，才能用教育阻断贫穷代际传递。

给钱总是要花光的，给物资总是要用完的，唯有把农民的孩子培养好，才能使家庭的贫困不会成为世袭。

——陈立群《我的教育主张》

他谢绝了省州县一切奖金补贴，也谢绝了一切宴请饭局，别人宴请时，他总以"我是来支教的"来谢绝。他要为台江培养一支不走的教师队伍。所有的帮扶总是暂时的，所有的支教总是要结束的，关键在于增强可持续发展的造血功能。台江县周边县城的小初高校长，都是他的徒弟。不仅仅是台江民中的老师受益，全县老师都受益。

一批贫困生被扭转的人生

陈校长 34 年中当过 5 所学校的校长，面对不同的生源和起点，他都把后进的学校带到拔尖的水平，成就了响当当的"全国名校长"美誉。

19 年前，陈校长在杭州长河高级中学创办了浙江省首届宏志班。2001 年，正在一个小作坊打工的董永军，突然接到电话让他回家，他还不知道，家里来的人将是改变他一生命运的人。那天下雨，他没想到眼前这位是校长，而陈校长也没有想到，这个用泥瓦搭盖、多处漏风的土屋，竟然就是董永军的家。因为父亲常年赌博，董永军家里几乎一贫如洗。

陈校长按捺着内心的诧异，把录取通知书交给了董永军。

陈校长专程送给董永军的通知书，是浙江首届宏志班的录取通知书。宏志班招收品学兼优、家庭困难的学生，为他们免除一切费用、提供补贴。"人生而平等"，带着这样的初心，陈校长摸着石头过河。为了筹集资金，他数不清敲了多少家企业的大门，走访了多少山区中学，吃了多少次闭门羹。

这些宏志生的问题逐渐显露：体弱多病，内心自卑，不愿意和外界接触。为了改变宏志生的性格，他教学生怎么生活，告诉他们不能死读书。他提议成立铜管乐队、长跑队，孩子们变得阳光、乐观、自信。陈校长对这些寒门学子的改变，不仅仅是命运上的，还有心理上、心态上的。

拥抱着这样的爱与责任，浙江省首届宏志生交出优异的成绩单，首届宏志班51人中有45人上了一本线，第一名被清华大学录取。陈校长一共带出了12届宏志班，招收的951名学生全部考上大学。相比于成绩，他更坚信一句话："教育首先是精神成长，其次才是科学获知的部分。"

在董永军看来，陈校长给他最珍贵的是"精神支柱"。有一次高中放假，陈校长送他回家，一眼看去房子没了，他家变成了一片废墟，墙全倒了，什么都没了。董永军一下子崩溃了，呆呆地站在废墟上，眼泪止不住地流。陈校长走过来拍着他的肩说，这个家没了，你在杭州还有一个家。董永军这辈子都不会忘记这句话，此后放假，校长都会带他去家里住两天，即便他的成长过程中缺失过爱，但在宏志班，他得到的全都是爱。

反哺这个时代，当年的宏志生在回报

"儿去贵州，不为功利，不求功德，只为心愿。"这是陈立群告别老母亲时的话，不止如此，他还把一个人的支教，变成一群人的勠力同心。从创办宏志班，到现在办好一所宏志校，陈立群走过这么一条路，"爱与责任"的办学理念影响到更多学生和老师。一批批宏志生已经长大成人，将宏志精神传递到更多的土地上。朱华彬和宏志班的同学一起去看望校长，看着苗族孩子身上的那种无力感和想要改变命运的眼神，直勾勾地戳进了朱华彬心里，就像看到了当年的自己。他们决心像校长那样去帮助更多的孩子，他们筹备宏志基金，以帮助更多的孩子实现求学梦。

陈校长当年用心呵护的幼苗已经长大，他唤醒的不只是孩子们的宏图大志，更是用爱唤醒了他们那份感恩的心。这样一种传递，这样一种奇妙的命运相系，跨越时间和地域，让我们看到爱的力量，人性的光芒，以及这片土地的希望。教育的最大魅力，不仅仅是锦上添花，让好的更好，而是雪中送炭。

在《时代楷模发布厅》的现场，中宣部副部长梁言顺为他颁发奖章和证书，授予"时代楷模"陈立群以国家荣誉。在很多学校都挑剔生源质量的今天，那些聚光灯照不到的贫困家庭的孩子，那些所谓的"差校学生"、基础薄弱的"留守儿童"，我们如何给他们光明的前途？陈立群用"花甲之年入深山"的行动，给了我们答案。

人，生而不同，禀赋不同，成长的环境也不同。教育的神奇，就是千百万像陈校长这样有理想、敢担当的老师创造的。

在第 35 个教师节来临之际，当年宏志班的前三届学生代表和台江中学的苗族孩子们，特意为陈校长送上节日的礼物。首届宏志班班长陈水珠，在浙江化工进出口公司任高级主管；第二届宏志班班长高坚强，在华媒控股任董事会秘书；第三届宏志班班长张巧月，在自主创业，他们代表陈校长带出的 951 名宏志班学生，为校长准备了宏志生迈向社会后的成绩单。

教人无问贵贱，育人不分优劣，让我们一起道一声：老师，您辛苦了。

116

时代楷模 2019—2021

陈俊武

扫码看视频　扫码看公众号

中共党员，福建长乐人，中国科学院院士、中国石化集团有限公司科技委顾问、中石化洛阳工程有限公司技术委员会名誉主任，我国著名炼油工程技术专家、煤化工技术专家、催化裂化工程技术奠基人。他心有大我、至诚报国，新中国成立之初就投身到党和人民的事业，与共和国同成长、共奋进，为新中国石化工业不懈奋斗70年。他敢为人先、勇于登攀，推动我国催化裂化技术从无到有、从弱到强，为我国炼油工业进步作出开创性的贡献，进入耄耋之年，仍然奋战在科研一线。他淡泊名利、甘为人梯，为国家培养一大批高水平石化专家，资助多名贫困学生和优秀青年。荣获"全国优秀共产党员""全国劳动模范""全国五一劳动奖章""全国优秀科技工作者"等称号，获得国家科技进步奖一等奖、国家技术发明奖一等奖。

> 从加入中国共产党的那一天起，我就做好以身许国、献身科学的准备了，至今无怨无悔。

年近80，有时还坐着火车上铺出差，92岁了还在刷卡上班，别人都心疼他的身体，就他不在乎，他这一辈子都是拼命三郎，他这一辈子都笃行石油报国，他是中国科学院资深院士、中石化洛阳工程有限公司技术委员会名誉主任陈俊武。

在中国，70%的汽油和30%的柴油是通过催化裂化技术加工而成，陈俊武就是中国催化裂化工程技术的奠基人。70年来，中国从依靠进口"洋油"发展成为炼油技术强国，陈俊武功不可没。

他身上有老一代科学家的特质，干的都是利国利民的大事。生活中的他不讲究、能凑合，可在工作上从来不含糊。我们不知道他是在什么样的条件下，一点点啃下科研的难题，或许是在夜深人静大家酣睡之时，或许是在差旅途中饿着肚子的时候，甚至是在工厂的废墟之上。他的人生伴随了共和

陈俊武指导工作

国的艰难,也见证了祖国的荣光。70 年,他这一生伴随着共和国的风雨兼程,在生命底色上,镌刻了新中国的时代缩影。

开国大典那个月,他从福建辗转千里来到东北

手握滚烫的北大毕业证书,他的未来本可以有非常美好的选择。但让家人和同学大跌眼镜的是,他去报到的单位有点儿与众不同。22 岁的他从福州老家出发,历时两个月,辗转 8000 多公里,来到辽宁抚顺,坐马车来到一个日本人建的人造石油厂。

他毕业于北京大学工学院化工系,为什么执意来到这里工作?大二那年,他首次参观这个日本工厂。日本依靠人造

石油造出了汽油、煤油、柴油,他们的飞机坦克屡次在侵略战争中占上风。一腔热情驱使他执意来到这所工厂,放弃大城市的舒适,来到当时条件非常艰苦的大东北。他人生的第一个重大选择,就把自己和祖国的命运联系在了一起。

足足等待了一年,他才等来人造油厂里一个日本人废弃尚未开起来的煤制油车间复工的机会。他从小事着手,第一次技术创新,就为厂里平均每天节约几百度电,成长为小有名气的劳动模范。一个北大高才生毕业后的头十年就这么度过了。然而,中国石化史上的一次重大变革正在悄然而至。

20世纪60年代初,大庆油田开发以后,他所在单位奉命转向研究天然油工厂设计,这对他是一次打击,他学了那么多东西,一下子用不上了。更让陈俊武和同事为难的是,大庆石油厚重黏稠、成分复杂,无论怎么尝试,汽油、柴油产率只能提炼到30%~40%,就像没办法把金灿灿的稻谷变成白花花的大米饭。王"铁人"他们辛辛苦苦开采的原油,很多竟然沦为烧火取暖的燃料,这让他痛心不已。

当时国际上有一种先进的技术,这种重油加工方法叫流化催化裂化,能让原油中的重油变成高品质的汽油、柴油,俗称"催化一响、黄金万两"。就在他和同事们准备大干一场时,一个晴天霹雳打来了。

中苏关系交恶,他只能近乎疯狂地攻关新技术。他常住在抚顺工厂里,有时候两三个礼拜不回家。与高涨的科研热情相反的,是艰苦的生活条件。那时中国正处困难时期,很多人因为吃不饱饭患上了浮肿病,陈俊武的夫人也不例外。

1965年5月5日,流化催化裂化装置投产成功,这是由中国自主开发、自行设计、自行施工安装的,带动中国炼油技术一举跨越20年,大幅接近了当时的世界先进水平,基本结束中国依赖进口汽油、柴油的被动局面,中国人民用"洋油"点灯的日子一去不复返了!

这项装置因此被称为中国炼油工业的第一朵"金花",从那天起,陈俊武多了一个称号:中国催化裂化工程技术奠基人。然而就在他准备大干一场的时候,一场突如其来的运动打乱了他的节奏,陈俊武和他那些珍贵的资料辗转几千公里,落脚到一个条件简陋的山沟里。

1969年年底,中国开始三线建设。我国边境省市的重要科研单位隐蔽到三线,石油工业部抚顺设计院搬迁到豫西山区。他不顾环境的恶劣,在简陋的窑洞中做研究。在那个特殊的时期,很多工业研究都被限制被搁置,他没有怨天尤人,他明白,科技的发展日新月异,好不容易刚刚追赶上的步伐,一旦放弃,将面临全面落后的残酷局面。没有条件跟发达国家做技术交流,那就自学语言,通过文字资料来研读技术,就是在这样艰苦的条件下,他度过了9年。

1978年,"科学的春天"来了,陈俊武受邀参加了全国科学大会。他觉得有使不完的热情,有使不完的劲儿。从北京返回洛阳后,他做出了一个惊人的决定。

研究开发同轴式催化裂化装置与上一代差异很大,这种装置工艺极其复杂,如果说上一代装置是在造飞机,那么新的同轴装置就像是在造火箭,虽然有相通之处,却又极为不同,国际上仅有几家顶尖公司能够自主设计施工。当陈俊武准备当第一个吃螃蟹的人时,反对的声音出现了。发生爆炸,谁负责任？熟悉陈俊武的人都知道，他性格温和，不愿与人发生争执，然而这一次，他却拿出试验数据据理力争，从兰州到北京，一直争论到原石油部主办的论证会上。

1982年秋，兰州炼油厂同轴式催化裂化装置建成投产，当年就回收了4000多万元，这个设计获国家科技进步一等奖，一举赶超世界先进水平。陈俊武会5门外语，英语的读说听写就像中国人使用汉语一样。这常让年轻同事诧异，"院士哪来的时间学这么多外语？"刚参加工作时，因为需要和苏联专家沟通，他自学了俄语；因为德国技术先进，为了不落后，他自学了德语；在抚顺因为要掌握日本造的机器，他自学了日语；为了到国外考察，他3个月自学西班牙语。

他让同事"很委屈"，让年轻人"很感恩"

1990年，陈俊武主动卸任中国石化洛阳工程公司经理，转任技术委员会主任。他身边的工作人员在感受他带来的荣耀的同时，内心也常常感到"委屈"，一次次的委屈从何而来？陈俊武花公家的钱很小气，去北京时在高铁上，一份几十元的盒饭都舍不得吃，下了车点一份最便宜的牛肉面，出差住便宜酒店，很少坐出租车。"他不喜欢麻烦别人"，所以与其说下属们委屈，不如说院士经常委屈他自己。

他在郑州大学院士工作站兼职6年，先后带出了4位博士。他坚持每月到校授课，吃住行费用自行承担。2016年，他将近20万元兼职教学所得的报酬全部捐献，用于奖励优秀的青年学子。给自己花钱他舍不得，但是给青年人才花钱他很舍得，

陈俊武（右二）与研修班学员合影

他曾资助贫困学生完成了复旦大学4年的学业。

20世纪90年代的时代记忆和国企改革相随，中国石化在从计划经济向市场经济转变。陈俊武此时已经功成名就，但他依然对石化行业的人才困局感到担忧，再次将目光放在了年轻人身上，没想到，他此举改写了很多年轻人的人生，甚至改变了一个行业的生态。

安庆石化副总经理宫超的桌上摆着一张毕业照，19个年头过去了，他依然视若珍宝。研修班培训，在他看来是"一生的荣幸"。宫超所参加的研修班没有国家承认的学历，甚至没有固定的课堂，但毕业生都已成长为催化裂化行业的翘楚。这个普通的催化裂化高级研修班，只要是在石化行业一线工作5年以上的高级工程师，不论年龄大小，不论哪家企业，一律可以参加入学考试。然而与其不拘一格的招生政策相反的，是极为严苛的教学风格。宫超从参加入学考试那天，就体验到了陈俊武的魔鬼政策。

那时，陈俊武对学员进行封闭管理，每天突击补习。在他的课堂上不准交头接耳，不许溜号，甚至课后看电视都成了一种奢侈。当时宫超和同事们很不理解，他也是在多年之后才从陈俊武的口中得知个中原委。

魔鬼式培训结束后，他还为每个学员量身定制"大作业"。每一个作业都需要半年以上时间完成，平均每一份都有 300 页之多，而这些作业，他都要逐行逐字进行批改。当年的 50 多个高研班学员做作业的大流化催化裂化装置，迄今还有 20 多个在中国运转。而今天，由这些学员负责的项目已经超过 80 个，每年创收超 60 亿元。

在《时代楷模发布厅》，宫超和几名同学收集了高研班所有人的工作成果，送给陈院士，感谢他的教导。

宫超和高研班同学将工作成果送给陈俊武

院士暮年，为国探路，斗志从未消减

1997年后发生了很多大事，国际原油价格大起大落，油价一路狂飙到纪录的高点，2010年后曾经超过每桶148美元。陈俊武敏锐地觉察到，对依赖石油进口的中国来说，高涨的油价无异于被人卡住了脖子。那一年，他已经70岁了，这个古稀老人对国家能源安全深感焦虑，苦苦思索能源替代问题。两位突如其来的访客敲开了他办公室的门，带来一个令他舒展眉头的消息——石油替代领域的甲醇制烯烃实验取得重大进展。

烯烃是很多化工产品的原料，从家具、服装到汽车、航天都离不开它。以前烯烃只能从石油中获取，这让中国石油进口数量大幅增加，进口比例一度接近50%，这是国际公认的能源安全红线，一旦超过50%就会被外国掣肘。中国作为煤炭大国，如果用煤炭制作甲醇，再转制成烯烃，则可以减少原油进口，对国外的能源依赖就会降低，为此他执意将这项技术国产化、产业化。

国外一些公司嗅到了中国的庞大市场，都想在此分得一杯羹，一场中外技术的较量就此展开。当时国内外甲醇制烯烃技术都处于实验室阶段，谁先建造出合理的工业装置成了成败的关键。陈俊武决定放慢节奏稳扎稳打，先建立大型试验装置，试验成功再建厂生产，这与国外的主张完全不同。2004年，他已经77岁，作为试验装置的技术指导和工程设计牵头人，每次有需要，他都会亲临现场，这让同事们都为他捏了一把汗。

2006年2月,春节刚过,他办公室的电话突然响起,试验现场出现了技术难题,试验现场停车了!催化剂一堵就跑,一跑就跑几吨,一吨20万元。他第一时间赶到现场,面对浓烟滚滚的试验装置,他二话不说穿上工作服,爬上了近60米高的作业平台。

2010年8月8日,甲醇制烯烃装置一次性投产成功,为这次中外较量交上了一个完美的中国方案。那天,他看着手中洁白的产品陷入沉思,那一刻,时光仿佛回到了1946年,那个翩翩少年,伫立在日本人的人造油工厂前,被国外的技术震撼着。不同的是,这一次,眼前的产品完全由中国自主研发,技术水平已然屹立在世界潮头。

这位一辈子走在时代最前端的老人,从不停歇,不能停歇。在甲醇制烯烃装置取得成功之后,很多人觉得他这么大年纪了,该功成身退享清福了,但是他偏偏不,时至今日他依然坚持,正应了他的那句口头禅:国家需要。

解决了国家能源的切肤之痛,他这样一个功勋人物,把个人荣誉让给他人,坚持奉献大于索取,做一个国家和人民需要的科学家。

2019年,陈俊武已经92岁高龄了,但他仍然坚持每周上班3天。

近年来,他开始转行关注全球碳减排问题,在香山科学会议上,他研究的数据被国内多个研究部门和论文引用,他再一次跨领域创新。工龄70年,他始终不忘报国初心。在《时代楷模发布厅》录制现场,中宣部副部长梁言顺为陈俊武颁发奖章和证书。

陈俊武常说：人生的价值在于奉献，奉献小于索取，人生就黯淡；奉献等于索取，人生就平淡；奉献大于索取，人生就灿烂。

至人无己，神人无功，圣人无名。他的身体里，一直住着70年前那个少年，梦想石油报国、科技报国。让我们祝福这位"为祖国健康工作70年"的长者，为他生命的跨度、长度、亮度致敬。

时代楷模 2019—2021

李 夏
1986.07—2019.08

中共党员,安徽黄山人,生前是安徽省宣城市绩溪县荆州乡党委委员、纪委书记,县监委派出荆州乡监察专员。他坚定理想信念、坚守初心使命,主动到皖南山区偏远乡镇工作,十余年来,始终奋战在脱贫攻坚、乡村振兴、正风肃纪第一线,用脚步丈量民情,用实干赢得民心,"有事情,找李夏"成为当地群众口头禅。他坚持原则、一身正气,在纪检监察工作岗位上,敢于较真碰硬,铁面执纪执法,突出整治群众身边腐败和作风问题这个重点,主办参办问题线索77件,立案审查32件,给予党纪处分31人次,推动全面从严治党不断向基层延伸。他不惧艰险、不畏牺牲,遇到困难危险总是冲在前面,2019年8月10日,在抗击第9号超强台风"利奇马"时,临危受命、一线救援,在转移群众过程中突遇山体塌方,以身殉职,年仅33岁。

> 我就是喜欢跟老百姓打交道。在基层工作感觉很踏实，能为老百姓做点儿实实在在的事，内心充满成就感。

一轮台风，一场强降雨，一次山体塌方之后，在安徽绩溪县荆州乡政府办公室的工作人员去向牌上，纪检书记李夏的去向，箭头永远停在了"下村"的位置。

李夏

乡亲们回首往昔，33岁的李夏在他的岗位上，从来都是平凡普通的，没有说过豪言壮语，没有做出惊天动地的伟绩，然而在洪水吞噬家园、道路房屋受损、乡亲们陷入险情的困顿危难之际，李夏毫不畏惧，以平凡之躯践行英雄之举，谱写了一曲生命壮歌。

送别李夏那天，75名绩溪县长安镇的干部群众，人手一枝菊花，那是采摘自李夏帮扶乡亲们种植扩大的千亩菊园的菊花。质本洁来还洁去，菊花是乡亲们怀念李夏最独特的方式。

沧海横流，方显英雄本色，乡亲们饱含热泪追忆李夏，一位荆州乡人为他写下一首诗："只希望我的每一次回乡，你还走在我家乡的路上……"

夏之绚烂——用身躯的坚强压制洪水的怒吼

2019年8月10日，强台风"利奇马"在浙江省沿海登陆，受之影响，位于安徽省东南部的绩溪县普降大到暴雨，尤其是距离绩溪县城70多公里的荆州乡，3小时降雨量达96.5毫米，多处出现山体塌方、道路中断。

一时间，荆州乡被暴雨笼罩，洪水直接威胁着乡里2000多户村民的安全，救灾抢险就是和台风抢时间，与暴雨拼速度，那是个周末，原本计划回县里与妻子团聚的李夏，主动请缨冲向了一线。

当天下午2点30分左右，荆州乡下胡家村的乡敬老院，18位老人被暴雨围困，得此消息后，李夏与荆州乡人大主席王全胜、下胡家村支书胡向明迅速赶赴敬老院转移、安抚老人，劝离涉险滞留在家的群众。妥善处理敬老院人员后，肆虐的暴雨并未平息，三人又接到村民报告称，下胡家村出口处道路旁发生险情，他们迅速前往下胡家村口。一棵山核桃树带着砂石从山坡上滑下，将路旁电线压倒在道路上，"下胡家村土地庙这里塌方，树倒下来把路拦了，电线疑似被打断……"李夏拍下了照片，随即把险情发到"荆州乡党政领导干部微信群"，提醒大家注意安全。照片里，滑落的土块、碎石混合着折断的树干散落在道路两旁，现场一片狼藉。

不承想，这是李夏拍下的最后一张照片，亦是李夏发出的最后一条信息。

情况紧急，三人决定先回到安全处讨论处理方案。返回途中，正遇见一对母子带着物品往塌方地段赶路。"这个地方危险，赶快离开！"李夏担心这对母子的安全，三人折返护送他们到安全地带。

当三人返回，再次路过塌方地段，从山顶传来"轰隆隆"的声音，此处二次塌方，意外发生，前一秒还在提醒同行人避险的李夏，后一秒就消失在瞬间倾泻下来的泥石流中。同事悲痛欲绝，全力搜救。绩溪县政府立刻调配公安、消防等各方力量前来支援。风大雨大，同事们大声呼喊着李夏的名字，可再听不到李夏的回声。约13个小时后，人们在下游约2公里的王仙庄村找到了李夏，他已经没有了生命迹象……

暴雨肆虐、山河哽咽，乡亲们为李夏哭泣，却也知道，在生与死、存与亡的较量中，他的选择向来如此——

2013年6月30日晚，绩溪县长安镇山洪暴发，多处房屋倒塌、通信供电供水中断，李夏翻山越岭十余个来回，运送救灾物资。

2014年"1·24"森林火灾，李夏不顾自身安危，冲锋在前。2016年"5·4"大源村山体大面积滑坡时，李夏第一时间赶到现场，连续值守三天三夜……

"作为一名党员，就应该舍小家顾大家，勇于奉献自己。洪水袭来时，有人用身躯的坚强去压制洪水的怒吼……"这是李夏多年前在入党申请书中写下的铮铮誓言。

在这个夏天，他用行动践行初心，用生命诠释担当，直至生命最后一刻，即使离开，依旧如同璀璨的夏日之花，不凋不败。

夏之热情——以满腔的热忱关心乡亲的疾苦

1986年7月，李夏出生在安徽省黄山市的一个普通工人家庭，如同他出生的季节和他的名字，为人谦和朴素的李夏身上，总是散发着一种热情阳光的感染力。

2011年9月，李夏通过公务员招考进入绩溪县长安镇工作。2018年12月，调到绩溪县最偏远的荆州乡工作。城市的孩子刚到农村，连鸭和鹅都分不清，也听不懂口音浓郁的绩溪方言，初来乍到的李夏如同"哑巴"和"聋子"。

听不懂方言，工作很难开展，毫不畏难的李夏扑下身子，满腔热忱，扎根基层一干就是8年。妻子宛云萍回忆，刚到长安镇时，李夏摸索了一个学语言的方法，就是先找方言口音没那么重的年轻人聊天，像学英语般一个词一个词地去找方言记忆点，然后再跟村里的老人们聊天。找到窍门后的李夏勤奋练习，只用了 4 个月就听懂了绩溪话。

突破了语言关，就是拿到了与村民交心的钥匙，李夏成了老百姓眼中讲普通话的本地人，和村民们迅速拉近了距离，"有事情找李夏"渐渐成为很多长安镇人挂在嘴边的一句话，领导把工作任务交给有责任、有担当的李夏放心。年轻干部遇到困难找"夏哥"，总会得到帮助，群众遇到问题和难处，也总能找到这位吃住都在镇里的外地干部。

李夏出事后，所有和他接触过、得到过他帮助的乡亲，都忍不住掉泪。长安镇高杨村村民许冬仙怎么也不愿相信，嘴上一直嘀咕着"不可能"。

高杨村共有 24 户贫困户，李夏担任高杨村党建指导员期间，许冬仙是李夏帮扶的 6 户贫困户之一，在许冬仙家堂屋的墙上，还贴着"贫困户走访全程记录表"，记录了从 2017 年 10 月到 2018 年 9 月，李夏每一次走访的内容。

许冬仙说，每次李夏来，小孙女胡心怡都十分高兴，总会跑过去黏着他说话，在李夏的帮助下，许冬仙养殖了七八十只鸡鸭，生活渐渐好转，"帮了我们这么多年，至今也没留住在家吃过一顿饭"。

在李夏工作过 7 年多的长安镇，和许冬仙一样，惦记着李夏的村民有很多。冯兰香总记得，李夏第一次来自己家就去看米缸，说是看看快过年了家里还有没有米，家里房子翻新，已经调离长安镇的李夏还打来电话，问她修房子是否需要帮忙。

王秀萍不会忘记，李夏从自己老家请来养菊专家，把村民聚在一起搞培训，帮大家答疑解惑，传授种植技术，挽救了她家赖以为生的 8 亩菊花地，也帮村民提高了菊花的产量和销量。

高杨村、胡塔村的村民，永远感谢李夏为了解决群众出行不便的困难，四处奔波跑项目，要资金，为村民修了两村之间 1000 米的机耕路……

"些小吾曹州县吏，一枝一叶总关情"，百姓的疾苦困难，一直萦绕在李夏心头，念念不忘。在长安镇工作的岁月里，李夏干过纪检监察、政府文书、城乡建设、社会保障以及应急、保密、档案管理等多项工作，无论是哪项工作，他都热情投入，迅速上手，很快就成为行家。同事对他的印象是"李夏不是在田间地头，就是在贫困户家里，不是在防火、防汛、抗旱的一线，就是在调解矛盾纠纷和办理案件中……"

由于李夏工作出色，群众口碑好，他曾有多次调回县直单位的机会，但他都放弃了。在好友汪夏寅的多次追问下，李夏袒露心声："我就是喜欢跟老百姓打交道，在基层工作感觉很踏实，能为老百姓做点儿实实在在的事，内心充满成就感。"

夏之赤诚——用智慧与原则展示铮铮之风骨

李夏工作日记的扉页上写着："极耐得苦,故能艰难驰驱。"

他年轻、温和，却从事了敏感而尖锐的纪检工作，这不是一件容易的事情，身为乡纪委书记，同时又是一名有着 8 年党龄的党员，李夏的眼睛里有信仰的光芒。凭着对党的事业的一腔赤诚，他清廉治世，正直为人，将自己的无限热情投于纪检工作之中。

熟悉李夏的人都知道，他十分敬畏纪检工作，严于律己。李夏曾和4岁的女儿一起制作过一个陶制笔筒，父女俩大手握小手，一笔一画地在笔筒上刻下"清心为治本，直道是身谋"。这句出自宋代清官包拯的诗句，正是李夏正直和担当的写照，也是他给女儿留下的珍贵家风。

曾任荆州乡纪检干事的胡圣子回忆李夏第一天到荆州乡的情景："他第一天来的时候，把自己可能用了好几年的水瓶、脸盆都带来了，水瓶都掉色了，我说这些都可以给他配新的，他说他的还能用。"

一心为公自会以廉促行，两袖清风始能凛然正气。

胡圣子说，李夏生活很简朴，整个夏天四五件衣服换着穿，有两双鞋，一双运动鞋下村的时候穿，一双凉鞋下雨的时候穿。

李夏处理办案流程和案卷笔录等工作时既细心又耐心，每次要对犯错误的党员干部进行处分时，尽管他们有时会有抵触情绪，李夏也总是能用自己的原则和智慧处理得很好。

陈承兵的日子被一次突如其来的谈话打乱，当时他任绩溪县长安镇镇头村党总支书记，2018年4月，先是镇纪委通知他，然后县纪委找他谈话，接二连三的谈话，他一头雾水。

原来，绩溪县纪委接到反映，说他在2014年换届选举中"拉票"，可是，当纪委接到通知时，已经距离2014年换届选举4年了，作为历史问题，而且反映的又是现任的党总支书记，调查清楚这个案件着实让纪检犯了难。

李夏接到任务后，首先核查原来的信访案件，分析寻找可以着手沟通的人选，可是在实际走访中，遇到了不少困难。

从参与拉票的群众入手极难取证。于是，李夏迅速转变思路，决定直接和陈承兵本人沟通，当李夏提到4年前的"两委"换届拉票事件时，陈承兵表现出很大的抵触情绪。除此之外，他还有满肚子委屈。原来，陈承兵有过15年的当兵经历，转业回到家乡开始创业致富。2014年的村"两委"换届前夕，陈承兵周围的朋友都建议他竞选党总支书记。

陈承兵坚持认为，自己当年的拉票不属于违纪行为，不可能触犯组织纪律。

陈承兵的强硬态度让调查工作难上加难，可为了让陈承兵认识到拉票不仅违反党的组织纪律，而且会对当地政治生态造成严重不良影响，李夏表现出了越战越勇的态度，讲利害关系给陈承兵听，多方取证最终查清事实。

陈承兵从一开始的抵触见面，到慢慢接受交流，最后，陈承兵终于签字承认了事实。

陈承兵案件也是在十八大以后，绩溪县第一起在村党总支换届选举工作中违反组织纪律的案件。

2019年3月，李夏到荆州乡任职不久，就着手处理错发原荆州乡方家湾村支部书记程本祥1万元钱的案子。

李夏了解到，原本政府发放这1万元钱，是作为程本祥停岗一段时间的工资，如今要收回，程本祥想不通，既不情愿也不配合。

作为绩溪县最年轻的纪委书记，又是初来乍到，面对的是比自己年长二三十岁的老党员，工作难度可想而知。

程本祥回忆，当时李夏第一次来他家时只跟他聊家常，绝口不提退钱的事，虽然程本祥知道他醉翁之意不在酒，但两个人还是聊了许久。

后来李夏又反反复复找过程本祥四五次，他会真心实意地站在对方的角度去考虑问题。李夏一句"我知道你在给老百姓工作的这几年，没有功劳也有苦劳"，打开了程本祥的心扉。

了解到程本祥已经花掉了这笔钱后，李夏又建议"你家现在经济条件也不好，不行就分期来慢慢还这笔钱"。

接受处理建议的程本祥说："我真是被他的诚恳给打动了，打蛇打七寸，李夏就找准了我的七寸。"

手握戒尺，心存敬畏，李夏曾在工作笔记中写道："想一想，对'大诱惑'有没有动过心，对'小意思'有没有沾过边，对'微腐败'有没有黑过脸。"他正是用这样的话语，时刻给自己以警醒，时刻保持清廉节俭。

担任长安镇纪委副书记、监察室主任期间，李夏始终不放纵、不越轨、不逾矩，主办、参办问题线索77条，立案审查32起，给予党员干部党纪政务处分26人，到荆州乡任职的半年多来，办结6起审查调查案件，有力维护了群众切身利益，较好发挥了案件查处的震慑作用。

台风过后两个月，下胡家村已逐渐恢复了往日的宁静，满山的核桃已经成熟，如果李夏还在，他应该又要忙得脚不沾地。

金秋十月，高杨村的贡菊开出雪一般的花朵，大片大片的，摇曳生姿，等待采摘，每次看着一筐筐的贡菊，李夏总是笑得比谁都灿烂，然而今年是他第一次缺席秋收。

在这个寄托着李夏青春与梦想的地方，漫山遍野的花朵

李夏

  在为李夏开放，为这个纪检干部短暂的生命绽放，他没能看见心爱的女儿长大，没有看见这片土地的老百姓彻底脱贫。

  他出生在夏天，留在了夏天，8 年的基层一线工作，他将自己人生的"盛夏"奉献给了这里。

  "初心不因来路迢遥而改变，使命不因风雨坎坷而淡忘。"让我们记住这个 33 岁的小伙子李夏，他把信仰注入了脚下的土地，在他离开的那个夏天，绚烂绽放，生如夏花。

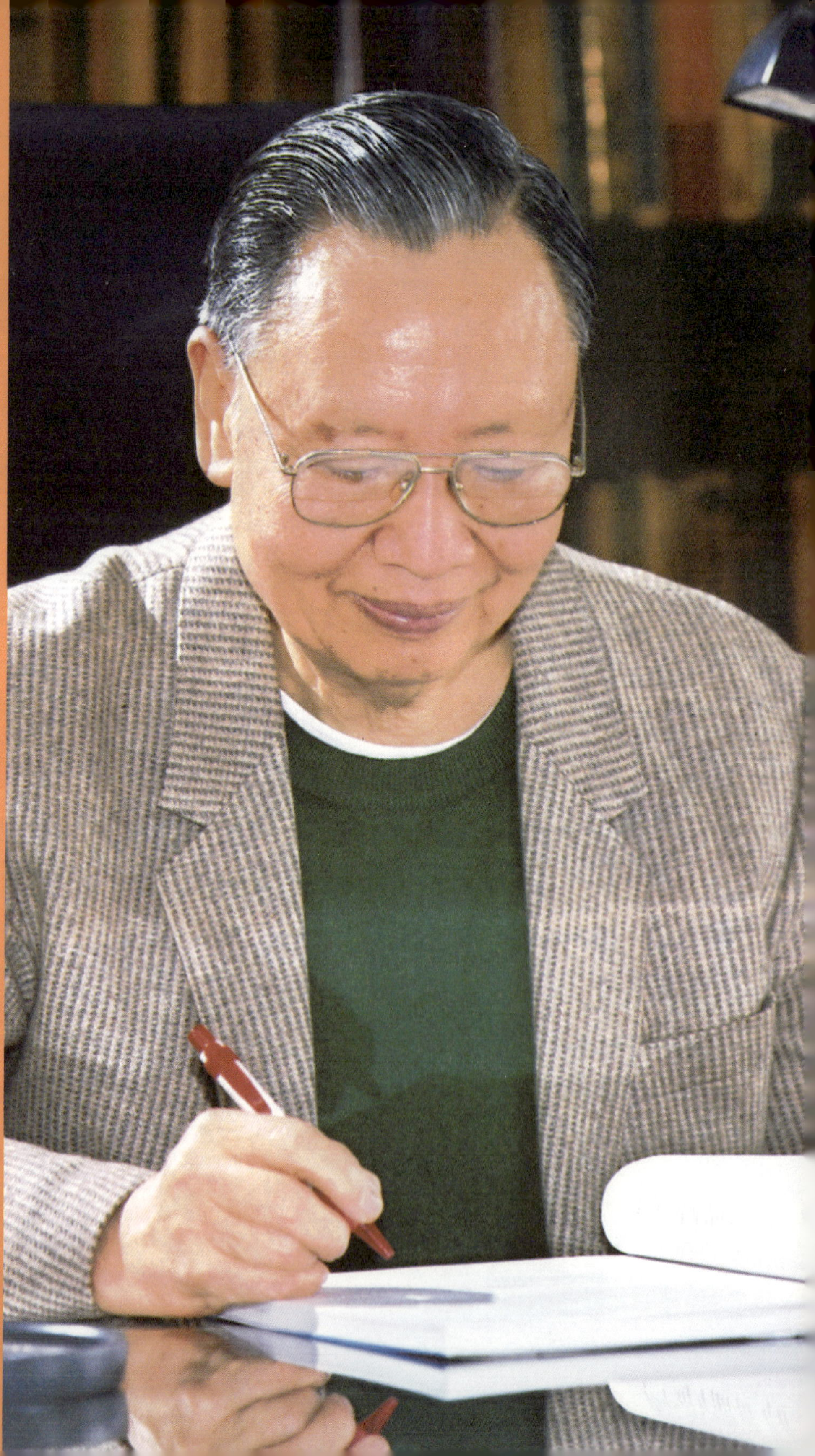

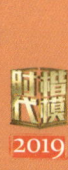

卢永根

1930.12—2019.08

扫码看视频　扫码看公众号

　　中共党员，广东花都人，华南农业大学原校长，中科院院士，著名水稻遗传学家。他信念坚定、忠诚如山，入党 70 年来，始终不忘初心、牢记使命，对党和国家忠诚不渝、矢志奋斗，与共和国同成长、共奋进，是一名永葆初心的优秀共产党员。他献身科研、勇挑重担，毕生致力于水稻遗传育种研究，始终站在科学研究第一线，为国家农业发展作出了卓越贡献，是一位杰出的农业科学家。他立德树人、鞠躬尽瘁，长期奋战在高等农业教育最前沿，关爱和支持优秀人才，培养了一大批高水平现代农业专家，是一名出色的教育工作者。他艰苦朴素、无私奉献，始终坚持共产党员勤俭节约的优良作风，将积蓄 880 多万元捐赠出来设立教育基金，将遗体捐献给医学研究和医疗教育事业，是一位情操高尚的道德模范。曾荣获"最美奋斗者""全国模范教师"等荣誉称号。2019 年 8 月，因病在广州逝世。

> 我愿意以'活到老、学到老、革命到老'作为人生的取向。我的青春年华已经献给党的科教事业，我准备把晚年继续献给这个事业。

2017年3月，一张新闻照片让一位看起来"毫不起眼"的老人意外在网络上走红。

卢永根（右）

他叫卢永根，87岁，中科院院士、华南农业大学原校长。2017年3月14日，他与老伴儿相互搀扶着，缓缓地走入银行。接下来，老人的一个举动，让在场的所有人泪流满面。

他从破旧的黑色挎包里掏出一个折叠过的牛皮纸信封，缓缓地取出里面的10多个存折——要求将存在银行的近20笔存款约693万元全部转入华南农业大学教育发展基金会的账户。

7天之后，3月21日下午，中国工商银行的工作人员应邀来到卢永根的病榻前。卢永根强撑着孱弱的病体，一次又一次输入密码，一次又一次亲笔签名，直至把最后的187万存款全部转出……

然而，总计8809446元并不是全部，他又签下一份协议，身后捐献自己的遗体……

2019年8月12日凌晨4点41分，卢永根院士因病医治无效逝世，享年89岁。他走了，把他能留的全部，都留给了我们……

卢永根，他本是一个香港富家子弟，却跑到内地大学学农业；他是院士，更是大学校长，却极尽节约，清简朴素。

究竟是怎样的力量，让一个香港青年在新中国成立前夕，成为中共地下党；究竟是怎样的力量，让一个人放弃财富和地位，奋斗70年、燃烧70年，直至把自己的全部都毫无保留地燃烧至烬……

今天，就让我们一起走进"布衣院士"卢永根的大爱人生。

放弃香港优渥生活成为中共地下党

1930年，卢永根出生于香港一个中产家庭，他的父亲是律师行高级职员。一出生，他就过着家中有电话、出入有汽车的优渥生活。

1941年，11岁的卢永根刚刚过完生日，一个被香港人称为"黑色圣诞日"的日子突然降临，12月25日，香港被日军占领，彻底沦陷！

卢永根和兄弟姐妹们一起，被父亲送回广州花县农村老家，但那时的广州也是沦陷区。

目睹了日军的烧杀掠抢，亲历了东躲西藏的逃难生活，已是少年的卢永根第一次感受到祖国的苦难，第一次体会到当"亡国奴"的滋味，他也深切地明白了一个道理：没有强的国，何来强的家？

两年后，卢永根回到香港继续读书，初中时，他遇到了改变他一生命运的人——语文老师、共产党员萧野。在萧野的影响下，卢永根开始接触共产主义思想，他经常参加爱国游行，也逐渐看清了港英政府和国民党反动派的真实面目。

之后，他不再遵照父亲的意愿接受英式教育，而是选择到坚持爱国教育的香港培侨中学读高中。在培侨中学的3年，卢永根逐渐成长为一个坚定的革命者。

1947年，国民党反动派在香港大肆搜捕共产党员。在这样危急的情况下，卢永根瞒着家人做出了他生命中最重要的一个决定：加入中共地下党的外围组织。

此后，卢永根以"平原"为代号，参加了很多地下党组织的活动。

1949年8月9日，卢永根正式加入中国共产党。那一天，是卢永根永生难忘的一天，更是他获得新生的一天："一个很小的房间，墙壁上挂着党旗，我面向北方，面向延安的方向，高高地举起了自己的右手……"

当时，新中国即将成立，很多富商巨贾南下跑到香港，费尽九牛二虎之力，只为得到一个"香港人"的身份。而19岁的卢永根却毅然"逆行"，放弃安逸的生活，放弃别人求而不得的财富和地位，毅然奔赴祖国内地。

他告别了父母兄妹，作为中共地下党奔赴广州，考入私立岭南大学医学院，秘密从事地下学联的工作。

在那个闷热的8月，还未解放的广州街头格外嘈杂，已经是大学生的卢永根经常通宵达旦忙碌着。

在一张游行的老照片中，我们看到了年轻的卢永根，照片上的他倚靠着挂着横幅的旗杆，欣慰地笑着。

然而，那时的卢永根依然不能暴露自己的党员身份，因为他还有很多秘密工作要做。在新中国成立初期，广州还有很多国民党反动派安插的特务在暗中进行破坏活动。谁能想到，日后成为科学大家的卢永根，青年时曾作为地下革命工作者，通过自己在一线工作中的调查，为党组织甄别特务作出了很大贡献。

随着新中国政治趋于稳定，卢永根的党员身份得以公开，他生活的重心开始转移到学业上来。

然而，此刻他需要面对的却是人生中又一次改变命运和

年轻时的卢永根（二排左一）参加游行

人生轨迹的抉择……

这个学生不简单，鼓励 68 岁导师入党

"假如那么一天到来哟，人人有田耕，人人有屋住，人人有饭吃……"这是 16 岁的卢永根以笔名"平原"写的一首诗。字里行间，对民生疾苦的关注、对美好生活的向往跃然纸上。

在华南农学院，卢永根认识了原中山大学农学院院长、中科院院士丁颖。丁颖教授十分了不起，早在 20 世纪 30 年代，他就是水稻育种领域的大家，被誉为中国"稻作科学之父"。

抗战时期，丁颖教授冒着战火硝烟，用自己的生命保护中国野生稻种的经历，卢永根既感动又敬佩；而卢永根在学业上的刻苦努力，亦让丁颖十分赞赏，两人虽然相差 40 岁，却成为无话不说的"忘年交"。

1963年8月，卢永根（左四）随丁颖（左三）考察水稻

丁颖是卢永根的恩师，是他学术上的领路人，而卢永根也用自己的方式，影响着这位科学大家……

卢永根在给恩师的信中，曾写了这样一句话："像您这样先进的科学家，早就应该成为共产党内的一员了。"

在卢永根的鼓励和支持下，丁颖以68岁高龄加入了中国共产党，这件事在当时广州地区高级知识分子中引起了极大反响，更在科学界被传为佳话。

1964年，丁颖因病去世，他留下了7000份稻种和很多尚未整理的科研数据。可这项工作经费少、工作量大、不容易出成果，在没有人愿意主动接手时，卢永根挺身而出，主动把恩师用生命留下的种子小心保存起来。

他坚信，野生稻种有一种特别的基因，只要将这种基因杂交到种植水稻中，可以抵御病虫害、抗倒伏。他决定，沿着丁颖的脚步继续上路，寻找更多的野生稻种。

在之后几十年的时间里，他跑遍了全国，走遍了一切可能有野生稻生长的地方。许多珍贵的稻种，都是他翻山越岭一株一株找回来的，而他，也从身强力壮的年轻小伙子变成了头发花白的垂暮老人。

2001年，已经70多岁的卢永根听说广东佛冈一处山顶有野生稻，他立即动身前往。山上本无路，还布满荆棘，可他硬是拄着手杖、弯着脊背，拖着垂垂老矣的身躯，穿越难走的荆棘、草丛，一步一个脚印往上爬。到半山腰时，70多岁的卢永根早已体力不支，但他坚持要去现场亲眼看一看野生稻的生长环境。学生们只好扶着他慢慢往上走，终于在接近山顶处发现了珍贵的野生稻。那一刻，他就像小孩子一样，十分开心地说："这个太好了，我们没白来。"

就是这样不断地寻找，不断地搜集，不断地研究，在卢永根的坚守下，他所在的华南农业大学如今已经拥有了1万多份种质资源，成为我国水稻种质资源收集、保护、研究和利用的重要宝库之一。

工作中的卢永根

卢永根在作物遗传学特别是水稻遗传学和稻种种质资源研究方面，取得了很多重要的进展，尤其是"特异亲和基因"的新概念，对水稻育种实践具有指导意义。

1993年，卢永根当选为中国科学院院士。为培养更高产、高质的水稻品种，他奉献了一生。当我们端起一碗香喷喷的米饭，或许这晶莹剔透的米粒中，就饱含着卢永根的贡献。

直到2017年患上癌症，87岁的卢永根才不得已离开工作岗位。他的学生回忆说："在生病住院之前，老师都没有脱离科研一线。"即便是在病榻之上，他还是反复嘱咐前来探望的学生：一定要传承好前辈留下来的珍贵种质资源。

科学无国界，但科学家有国籍！

1978年，中国改革开放，卢永根得到了公派出国的机会，他先后去了菲律宾国际水稻研究所和美国加利福尼亚大学戴维斯分校留学。那时候，他的母亲和哥哥姐姐都已经在美国定居。

在美国时，母亲身患重病，哥哥姐姐竭力劝说他留下来，他的姐姐甚至帮他办好了移民手续。然而，令所有家人不解的是，他照顾完母亲之后，坚持回到中国。法国科学家巴斯德说过："科学无国界，科学家有祖国。"卢永根对家人说："我是一个中国人，祖国正需要我。"

1983年，53岁的卢永根学成归来，他有了新的使命——担任华南农学院院长。

那时的华南农学院仅有十几个系，有的系只有一两个专业，学校没有资金，教师队伍老龄化，生源也极其短缺，有些人听说要到这里当校长，都唯恐避之不及。

卢永根不怕担责任，他毫不犹豫地接过校长重担。他亲自设定课程表，一个字一个字撰写教学大纲，为了能够将国外先进学科引入华南农学院，经常加班到深夜。他在笔记本上写得最多的，就是教学规划和他在国外大学见到的先进学科的名字。

在卢永根的努力下，华南农学院陆续开设了21个专业学科，1年后，正式更名为华南农业大学。

卢永根不怕得罪人，上任后他就顶着巨大压力，大刀阔斧改革，破格晋升优秀青年教师，人事改革力度之大曾轰动全国。

当时，5个年轻人由助教直接晋升为副教授，打破了大学里论资排辈的风气。

当年破格晋升的青年才俊，包括全国政协原副主席罗富和、广东省政协原副主席温思美、中国工程院院士罗锡文、抗击非典的科研英雄辛朝安、华农原校长骆世明、广东省教育厅原副厅长张泰岭、全国教育系统巾帼建功标兵梅曼彤、广东省政协原常委杨关福。时间证明，这些年轻人都成了国家栋梁。

20世纪90年代，很多公派留学生选择留在国外，有些学无所成的甚至选择在国外洗盘子也不愿回到祖国，这令卢永根十分痛心。每次他送年轻人去海外留学，都会和他们进行长谈，要求他们学成之后一定要回来报效祖国，不能长久留在国外。

可回国收入低，科研条件差，连实验台都是水泥砌的。

为了让更多的人才回国效力，卢永根就一封接一封地给海外学者写信，向他们介绍国内的情况，介绍学校情况，很多学者都被他感动了。

在卢永根的动员下，先后有七八位科研工作者归国任教。为了让这些年轻的科研工作者快速得到重用，卢永根更是不拘一格降人才。

评选珠江学者时，有人认为年轻学者刚回国不够格，卢永根当场反问："从康奈尔大学学成归国，已是爱国表现，哪儿能以回国时间长短论成败？"

当校长期间，卢永根常把这4句话挂在嘴边：多干一点儿，少拿一点儿，腰板硬一点儿，说话响一点儿。

在校长任上，他不坐进口小车，在住房等待遇上不搞特殊。作为专家学者也是如此，他不图虚名不图利。

从2004年开始，不愿当"挂名博导"的他主动停招学生，改为协助自己的学生辈带研究生。正是在那些难以被人看见的日日夜夜，他为学校长远发展铺就了道路。

这么"抠门"的他硬是攒了880万

2017年，87岁的卢永根走进银行，缓缓地取出里面的10多个存折……

在银行柜台前，每一笔转账都需要他输入密码和亲笔签名。

他随身带着尿壶，拖着孱弱的病躯，坚持了近两个小时，才将存在中国建设银行的近20笔存款约693万元转入华南农

卢永根将存款全部捐献

大教育发展基金会的账户里。

之后,他和夫人又通过中国工商银行捐款。

当了一辈子老校长的卢永根,将8809446元全部捐赠给华南农大,用以奖励品学兼优的贫困学生,奖励忠诚于教学科研的教师,邀请国内外著名科学家来学校做讲座⋯⋯

攒下这一大笔钱,卢永根老两口不容易,从存款记录上看得出,这十多个存折上的一笔又一笔存款,是他们在几十年里,一毛毛、一块块攒下的工资收入。

此情此景,在场的工作人员忍不住红了眼眶⋯⋯

2017年年初,卢永根突然鼻子出血,确诊患癌后,他的身体每况愈下,感觉自己时日不多,便与夫人徐雪宾商量:这十多个折子上的钱,不留给自己,也不留给女儿,都捐了,捐给华南农大!徐雪宾教授当时就回答:"你跟我想的一样!"

卢永根夫妇都是大学教授,他本人还是大学校长、中科院院士,但他和老伴儿一生只有一套连电梯都没有的旧房子,80多岁的老两口还得爬5楼上下。

当人们来到这位大学校长的家里,都不禁惊呆了,那一刻,在场所有人都忍不住热泪盈眶！

谁也没想到，这位业界泰斗、大学校长、中科院院士家里的摆设竟然如此简陋。

一屋子全是旧家具，破旧木沙发、老式电视，还有几把椅子破了，居然是用铁丝绑了又绑。铁架子床锈迹斑斑，挂蚊帐用的是竹竿，一头绑着绳子，一头用钉子固定在墙上。满是书本文献的书桌上，一个用得发暗的台灯和一部发黄的白色电话机，就连收音机也是用了十几年，坏了不舍得扔，修了再修……

在我们整理卢永根的照片时，偶然发现的细节更是让人泪目，在卢永根不同年份的照片里，竟穿着同一件绿色毛衣。他穿着它做科学实验，穿着它规划学校的发展，穿着它与后辈谈笑风生……

华农的很多教师都曾经目睹，卢永根常挎着一个简单的购物袋，步行前往附近的菜市场买菜。

他们夫妇两人都已经80多岁，自己做饭。后来因为年纪增大，行动不太方便，卢永根就和夫人一起去食堂吃饭。两位知名的科学家，在拥挤的人群中和学生一起排队打饭。

而更多时候，学生们会看到戴着棒球帽的老校长，独自拿一个半旧饭盒，拼个一荤一素的菜再加2两米饭，把饭吃到一粒米都不剩之后，再给老伴儿打包一份回去。

和水稻打了一辈子交道，卢永根最看不惯的就是浪费粮食。他总会善意提醒那些浪费饭菜的学生："多少棵水稻才能长成一碗米饭？"

而在近乎"小气"的节约背后，卢永根却对教育豪掷千金，

卢永根不同年份的照片里穿着同一件绿毛衣

出手阔绰。

除了2017年捐赠的880万元，早在2015年，卢永根就和夫人一起回到家乡，把祖上留下来的两间价值100多万的商铺捐赠给了罗洞小学。

面对全校师生，卢永根勉励家乡的孩子们："一定要认真读书、刻苦读书、努力读书！一个国家强大了，我们作为中国人，在这个世界上才更有地位，才更自豪！"

卢永根和老伴儿对自己吝啬到近乎苛刻，80多岁的两人常背着双肩包挤公交、地铁，回趟老家也是从大学门口倒几趟公交，再坐颠簸的长途车……可攒了一辈子的880万和两间祖宅，老两口眼睛都不眨，说捐就捐了！

试想，一个身患绝症的人还有880万巨款，应该会怎么花？留下这笔钱治病，还是干脆世界旅行都花掉，或者全部留给自己的子女，无论怎么支配都无可厚非。

但卢永根，这位已经为党、为国家奋斗奉献了一辈子的老院士却说："我要将个人财产还给国家，作为最后的贡献。"

这880万是最后的贡献吗？不，远远不是！

卢永根夫妇两人都办理了遗体捐赠卡，他们希望自己身后将遗体无偿地捐给医学科研和医学教育事业。

活着的时候，他们奉献了所有的青春，奉献了自己的全部，离开了，他们也要将自己的遗体作为对这个国家最后的贡献！

我希望能像一束小火花

2018年年初，卢永根当选2017年度感动中国人物。

躺在病床上的他，回忆起1949年8月9日，只有19岁的他宣誓入党时的情景："举起右手，面向北方宣誓，为共产主义事业奋斗终身，这些还记得！"

他说："中国人是守诺的，向党、向人民做过许诺、宣誓，那自己要遵守。"

卢永根感动了中国，但他这一辈子为国家所奉献的一切，在生命即将走向终点时所慷慨捐赠的千万家产，一定不是为了去感动谁。

华南农业大学的一位教师深有感触地说："卢永根触动我们去反思，人一生要追求的到底是什么？"

35年前，他就给出了答案。

在1984年的一个夜晚，54岁的华南农业大学校长卢永根在学校做了一场演讲。

那晚没有灯光，草坪上密密麻麻坐满了学生。卢永根动情地对学生们说："生命诚可贵，爱情价更高；若为祖国故，两者皆可抛。我希望能像一束小火花，点燃你们心中的爱国主义火焰。"

35年后，在生命走到尽头时，卢永根用心中那团一直燃烧着的爱国之火，一丝一毫都不予保留地把自己燃烧至烬：把全部积蓄留给教育，把身体留给医学研究……

2019年8月12日，卢永根永远离开了他深爱的土地，按照他的遗嘱，没有追悼会，没有骨灰甚至没有墓碑，只有一尊多年前树立的雕像，安静地伫立在校园一角，守望着他挚爱的祖国……

"布衣院士"卢永根虽然已经离开，可这位伟大的中国大学校长，用70年的信仰和忠诚担当，诠释了一位共产党员的初心；用70年毫无保留的奋斗与奉献，为他深爱的国家和民族留下了最宝贵的精神财富！

2019年11月15日，中宣部追授卢永根"时代楷模"称号。

一份坚定的信仰，决定了卢永根一次又一次的人生抉择。而他，从来不是一个人，这个伟大的时代，正在造就更多的像卢永根这样的人。

158

时代楷模 2019—2021

2019

朱有勇

扫码看视频　扫码看公众号

中共党员，云南个旧人，中国工程院院士、云南农业大学名誉校长、云南省科学技术协会主席，我国著名的植物病理学专家。他始终牢记共产党人的初心和使命，积极投身脱贫攻坚事业，主动来到深度贫困的"民族直过区"承担扶贫任务，带领村民发展特色产业，改变了当地贫困落后的面貌。他致力农业科学研究，取得多项重大科研成果，立足农村实际推动科技成果转化，创办院士科技扶贫指导班，为云南少数民族贫困地区培养了1000余位科技致富带头人。他情系"三农"，扎根边疆，挂钩联系澜沧拉祜族自治县以来，深入村村寨寨，跑遍田间地头，与少数民族群众同吃同住同劳动，受到各族群众真心爱戴和社会各界高度赞扬，被亲切地称呼为"农民院士"。先后荣获国家科技进步二等奖、"全国优秀共产党员""全国杰出专业技术人才""全国模范教师"等荣誉称号。

> 论文得写在大地上,理论成果要放到实践中检验。老百姓说好,才是真的好。

照片中这位头戴草帽、面色黝黑的大叔,笑容淳朴又让人踏实。

朱有勇(右)

你或许能猜到，他不是一位普通的农民，但一定猜不到他是一位科学家，他在生物多样性控制病虫害方面的研究与突破，解决了世界粮食生产的重大难题，为世界粮食安全推开了一扇窗。

他叫朱有勇，云南农业大学原校长，中国工程院院士。然而，让人意外的是，这位在世界植物病理学界赫赫有名的科学家，却在他60岁那年，做出了一个令所有人难以置信的决定——离开他熟悉的校园和实验室，加入"扶贫大军"。

在云南边疆一个深度贫困的山村，60岁的他换上迷彩服，扛起了锄头，跟老百姓同吃同住同劳动，大碗吃饭、大口喝酒、大声唱歌。"院士扶贫"不是口号、噱头，更不是走马观花。朱有勇一年中有100多天住在村里，又几乎天天长在土地里，而且一干就是整整4年。

老百姓不知道"院士"到底是个什么头衔，但一提起朱有勇，都毫不犹豫地竖起大拇指。

农家子弟突破世界粮食难题

1955年，朱有勇出生在云南省红河州个旧市一个普通农户家庭，从小他就在寨子里奔跑，跟小伙伴一起抓鱼、摸虾，跟着父母耕田、坝地、插秧、收稻。

高中毕业的朱有勇下乡成为知青，在生产队劳动的那些日子，他愈发体会到农作物病虫害给农民带来的灾难，尤其是每年稻瘟病发作时，短短几天时间水稻死一大片，老百姓急得一天打两遍农药。

朱有勇

　　1977年，朱有勇参加了高考，他拿到了云南农业大学的录取通知书，看到"农业"两个字朱有勇犯起了嘀咕：已经当了22年农民，好不容易考上大学却还要学种地。

　　朱有勇硬着头皮上了大学，在当时，恐怕任凭谁也不敢想，这个从农村出来的孩子，后来不仅当上了大学校长，还成了院士！

　　朱有勇在读研究生期间，有一次，导师问了他一个问题："回顾世界农业发展的历史，依赖农药的时间没有超过100年，过去没有农药的时候，是怎么控制病虫害的？"

　　朱有勇一时竟哑口无言，正是这个回答不上来的问题彻底改变了他的研究方向，更改变了他的一生。

　　20世纪80年代，当时全世界范围内控制农作物病虫害主要依靠农药。那时，人类对农药危害健康、污染环境的认识不够，加上农药效果确实是立竿见影，国内国外同行们都在研究各种新型农药，几乎很少有人探索除农药之外控制病虫害的方法。

朱有勇主动坐到了冷板凳上，他选择了一条最难走也最难出成果的路：能不能找到一种办法，不使用农药，就能帮农民把病虫害控制下来？

当时，云南大范围出现稻瘟病，该病一旦流行，就会造成大幅减产，甚至绝收。

朱有勇下定决心，从解决稻瘟病这一世界性难题入手。

1986年，一次偶然的机会，朱有勇在云南省石屏县一个小山村发现了一种奇怪的现象：在一块农田里面，杂交稻和糯稻种在一起，糯稻就没有稻瘟病。

眼前这一幕让朱有勇欣喜若狂。不同品种的水稻种植在一起，就有可能不用农药防治稻瘟病。为什么会出现这个现象？它的原理是什么？

当时，才36岁的朱有勇迫切想得到答案，他设置了一块几十平方米的试验田，希望可以重现这种模式。但是，他在这块试验田整整种了7年，这种现象一直没有稳定地重现出来。

1996年，朱有勇带着萦绕心头10年的困惑，远赴悉尼大学留学，希望通过学习先进的分子生物学方法，从基因层面探索水稻抗性基因分布规律。

两年后，完成研究的朱有勇，谢绝了悉尼大学的挽留，几乎是一刻不停地回到了云南农业大学。提起这件事，朱有勇说："宾馆再好不是家，国外条件再优越，也是为他人做事。我能回到祖国，为自己的家乡做事，比什么都有意义。"

在留学的过程中，朱有勇意识到生态试验至少要扩大到100亩以上才有可能找到答案。为了重现这个实验，他跑遍了云南省内62个县，研究了2000多种水稻的基因抗性问题。虽然过程辛苦，但为了早点儿破解心中的难题，他还是充满了干劲儿。

那些年，朱有勇最爱穿短裤和塑料鞋，常常是把塑料鞋一脱就直接下田，几乎一整天待在田里，从早到晚边观察边记录，晚上再仔仔细细把数据誊抄下来。

2000年，朱有勇终于找到了水稻的品种搭配规律，为控制稻瘟病这一世界难题作出了巨大贡献。

他的这一重大研究作为封面文章，发表在了国际权威期刊《自然》上。

凭借着为国际粮食安全作出的突出贡献，2004年，还不到50岁的他就荣获了联合国粮农组织颁发的国际稻米研究一等奖。

当年，国际上只有两位科学家获此大奖，朱有勇就是其中之一。这位从中国贫困农村走出来的农民子弟，终于靠着长达20多年对冷门领域的研究，成为国际知名的植物病理学家，为人类的粮食安全生产作出了杰出贡献！

"作为院士，没让老百姓享受到你的研究成果，这就是失职！"

2011年，已经是云南农业大学校长的朱有勇当选为中国工程院院士。在外人眼里，这恐怕就是人生巅峰了。然而，在荣耀加身的时刻，朱有勇又做了一个让人意想不到的决定，他向组织提出：不再担任云南农业大学校长。"行政管理很重要，但我更愿意把全部的时间和精力放到科研上。"

他说："归根结底我就是一个会种庄稼的农民，所以农民需要什么，我就研究什么。"

2015年，已经60岁的朱有勇接到了一个特殊的任务，到云南省澜沧拉祜族自治县扶贫。刚接到扶贫任务时，朱有勇的心里很犹豫，60岁，已经算得上一个老人了，扶贫，不是一件容易的事。

可当朱有勇带着博士生，整整开了14个小时的车，来到这个距离昆明600公里、位于西南边境的贫困山村时，还是被眼前的一切震惊了。

一进村子就是一股臭气，猪屎、牛粪、肥料、茅草，到处都是，水杯、炊具上落满了苍蝇。人们住的还是四处漏风的篱笆房、茅草屋，一张床、几袋玉米、一口铁锅、一个煤炉，就是一个家庭的全部家当。更让人难以置信的是，这里的人均年收入只有1000元，这意味着人均月收入竟然还不足100元。

朱有勇心里五味杂陈，他实在是不敢相信，怎么可能还有这么贫穷的地方，可另一番景象和数据让这位老院士更加难过。

这里离西双版纳很近，属于美丽的热带雨林区，水资源、光照资源、土地资源极为丰富，每家都有10亩以上的土地，还有20亩以上的林地。如此富饶的土地上生存着如此穷困的人，朱有勇心里顿时有了一种难以言表的痛。他对同行的博士生说："这里这么穷，怪我们这些人没有深入下来，没有真正地来为老百姓做些事情。作为院士，没让老百姓享受到你的研究成果，这就是失职！"

这次考察之后,朱有勇不再犹豫。2016年春,他与团队人员选择了最贫困的竹塘乡蒿枝坝村作为试点,长期驻扎下来。然而,随着工作的深入,各种难题一个接一个出现在朱有勇的面前……

蒿枝坝村的村民都是"直过民族"拉祜族,他们由原始社会直接过渡到社会主义社会。他们不会说汉语,文化水平也很低,尤其冬天农闲时,太阳在哪里,哪里就聚着一圈人,晒太阳、聊天。

朱有勇明白,这是典型的素质性贫困,扶贫要扶智,更要先扶志。为了拉近与村民的距离,他要求团队都换上迷彩服和迷彩鞋,用拉祜话跟村民打招呼,买上酒和菜,跟老乡们一起大口吃肉、大碗喝酒。

朱有勇更是不怕辛苦,一次次走进田间地头,拄着棍子到深山密林开展实地调研。村民们更不解的是,这个姓朱的院士,总是带着一群人扛着锄头,满山遍野去挖土干什么?

朱有勇实际上是在为村民挑选种植冬季马铃薯的土地。他发现澜沧县冬天雨水少,也没有霜冻,很适合在冬季闲置的农田上种植自己研究的冬季马铃薯。

冬季马铃薯是见效最快的,11月播种,2月份收获时正值过年,在全中国没有新鲜的马铃薯时,澜沧县就可以成为最早上市的马铃薯产区之一,不愁没销路,更不愁卖一个高价钱。

"扶贫是一步步来的,有人配合,也有人不配合,要反复做工作。"朱有勇曾苦笑着说,"这比发SCI(《科学引文索引》)可要难多了。"

为了打动村民,朱有勇用了最笨的办法:在村里租了一

冬季马铃薯喜获丰收

块地，带着团队人员一起种起了马铃薯。

老百姓很好奇，这些城里人竟然在地里干起了农活儿，转眼 3 个多月过去，土豆采挖的时候，农民从来没见过土豆能长出这么多、个头儿这么大！

朱有勇跟老百姓算了一笔账，这个季节的土豆价格最好，1 公斤能卖 3 块多，1 亩地就能纯赚 5000 块钱，种 1 亩就能脱贫，种 2 亩就能奔小康。

老百姓这下明白了，原来这"院士"就是"财神"啊！

在两会上吆喝卖土豆，价值 10 亿专利免费给村民

2017 年，朱有勇在蒿枝坝村开起了马铃薯种植培训班。

62 岁的朱有勇，常常是俯下身、半蹲半跪在土地上手把手地教大家种冬季马铃薯。怎样切种块、消毒，如何挖沟起垄、浇水施肥……

朱有勇手把手教大家种冬季马铃薯

马正发是冬季马铃薯班的第一届学员。2018年，他种了10亩冬季马铃薯，让他兴奋不已的是，这一个冬天，10亩地的收成竟然卖了7万元，对于这里的老百姓来说，这真是一笔巨款！

今年，马正发要把20亩地全部种上冬季马铃薯，他心里盘算着，最少也能赚10万。

3个月就富了的马正发，让所有人都兴奋不已，村里33户人家，有31户都跟着种了冬季马铃薯。

老百姓的马铃薯丰收了，朱有勇又身先士卒，只要有机会，就不遗余力地"吆喝"起来。

2018年3月，全国两会的"代表通道"里，作为全国人大代表，朱有勇把老乡种出来的土豆吆喝到了人民大会堂，向全国的媒体展示。

那一天，朱有勇举着一颗2公斤的土豆，脸上掩饰不住激动和自豪。他兴奋地说："这是开春之后全中国最先上市的新鲜土豆，这个季节北京吃到的土豆丝，5盘里有4盘是我们的土豆做的。"

就在朱有勇两会直播卖土豆时，几十辆卡车正在云南澜沧准备出发。60个小时后，一盘盘醋熘土豆丝就出现在了北京各大饭馆的餐桌上。

马铃薯盘活了冬闲田，让老百姓的腰包一年就鼓了起来，可朱有勇又"盘算"起了这里广袤的松林。

在朱有勇众多的科研技术中，有一项"林下种植三七"的技术，这项技术可以不用一颗农药，就解决三七容易生病、无法连续种植多年的难题。

三七是名贵中药材，尤其是无农药的天然有机三七，市场价格很高，曾有企业开出10亿元人民币的高价要买他的这项技术，却被他严词拒绝了。

朱有勇几乎没有多想，就决定把这项耗尽他10年心血的科研成果，这项价值数亿元的巨大财富，免费让给当地的贫困百姓。

朱有勇指导林下三七种植

当时，朱有勇的这个决定，让很多人非常不理解，团队里也出现了不同的声音。为此，朱有勇专门开了一个会，掏心掏肺地对所有人说："党和政府已经给了我们很好的'俸禄'，我们科研的目的不就是让所有老百姓受益吗？"

从那天起，朱有勇定下了一个规矩，谁都不许利用他的技术成果牟取个人利益。

朱有勇常常说："我自己是农民出身，我也一直是一个农民。"跟金钱与地位比起来，让农民从科研成果中受益，就是他最大的心愿。

收1500个农民当学生，把科研论文写在大地上

2019年，《院士收了1500个农民学生》的话题在网上引发关注，《人民日报》、新华社纷纷报道。

朱有勇和培训班学员一块儿犁地

在网络刷屏的这位院士，就是朱有勇。为了保证村民脱贫不返贫，朱有勇决定开办技能培训班，由院士专家亲自给老百姓上课，手把手地现场演示，手把手地在农田里教学。

朱院士招生只要求一个条件：想不想致富？他的培训班不仅不收费，还管吃管住，免费发迷彩服和胶鞋。他要求上课的学员必须参加军训，克服因长期贫困滋生的萎靡气息。他和学员们一起吃、一起住，在田间指导种植时，一块儿犁地、播种、收获。

除了冬季马铃薯、林下三七，朱有勇和团队还开设了冬早蔬菜、茶叶种植、林业班、猪牛养殖班等前后共计24个技能班，培训了1500多名乡土人才。学员们甚至开心地说：咱天天跟在博士的身后学习，咱也都是"博士后"啦！

有人问，院士教农民是不是大材小用？朱有勇摆摆手，笑着说："这些老乡比大学生、研究生学得认真，我搞了一辈子农业，来扶贫就都用上了，看着自己的科研成果长得漫山遍野，看着乡亲们富了、笑了，我这心里是真的高兴，真的满足！"

2019年11月，为了帮这些扶贫农产品扩大销路，朱有勇又和国内知名电商平台一起联合打造了农村电子商务班，帮助农民把最新鲜的农产品直接卖到全国各地的消费者手里。

从朱有勇驻村扶贫那天起，到2019年整整4个年头了，如今，他已经成为澜沧寨子的一员。朱有勇有些得意地对记者说："现在我每天早上出去跑步，村里的狗也不冲我乱叫了，有时候还有几个狗狗尾随着我一起跑。"

最让朱有勇温暖的是，每天晨跑回来，他的门上总是挂

朱有勇和农民劳动在一起

着煮熟的鸡蛋、玉米、红薯等早点。他感动地说:"我受到这样的厚待,就必须有一颗感恩的心,把我们的技术好好教给他们,让他们富起来,日子好起来,回报他们的爱。"

放在4年前,谁敢相信,就是这样一位不起眼的年过60的专家,竟然能在这么短的时间里把一片片闲置田变成了绿水青山,变成了金山银山。一座座篱笆房变成了砖瓦房,一条条泥巴路变成了水泥路,房前屋后种满了鲜花和蔬菜,家家户户添置了淋浴器、买了三轮车,有的人家甚至开上了小汽车,外出务工人员也纷纷回到了寨子里。

一组组跳动的数据,一幅幅变化的照片,一张张幸福的笑脸,这背后凝聚着他踏遍泥土的脚印,一次次弯下腰背、曲下双腿的艰辛。

身上有土,脚下有泥!

朱有勇不是一个人在战斗，在打赢脱贫攻坚的战场上，还有千千万万的科技工作者，他们把汗水洒在了田野，把论文写在了大地。我们应该向朱有勇院士和千千万万扎根农村，付出艰辛与汗水的科技工作者致敬，谢谢你们，辛苦了！

174

时代楷模 2019—2021

2019

海军"和平方舟"号医院船

海军"和平方舟"号医院船，是我国第一艘制式远洋医院船，是践行党在新时代的强军目标、推进海军转型发展的先锋舰船。入列以来，医院船以"和谐使命"任务为主要载体，勇闯大洋锤炼远海卫勤保障能力，远赴海外开展人道主义医疗服务，在波峰浪谷中砥砺强军之志，在卫护士兵中增强打赢本领，在救死扶伤中传递和平理念，先后9次走出国门，航行24万余海里，服务43个国家和地区、23万余人次，极大提升了备战打仗水平，有力服务了国家政治外交大局，赢得了国内外高度赞誉。2019年被共青团中央、全国青联授予"中国青年五四奖章集体"，被海军表彰为"人民海军70周年突出贡献单位"，荣立一等功一次、二等功两次、三等功一次。

> 我们居住的这个蓝色星球，是被海洋连结成的命运共同体——这是我们要向全世界说的话。

你知道在异国，听到从岸上飘来《歌唱祖国》的歌声时的感受吗？你见过在他乡，当地人民发自内心感恩欢送的场面吗？这些，中国海军都经历过。如果说，中国海军战斗舰艇散发着雄性力量，那么，"和平方舟"号医院船则散发着一种母性光辉。这源自她的独特使命，源自中国的温和力量、大国担当。

人生有几个11年？这是李学周在这条"大白船"上度过的第11个年头。2008年接船时，这个"大块头"给他投了颗震撼弹：不是"船"吗？怎么比我待过的"舰"还要大？那时的他只觉得，"有了施展拳脚的地方"。

他还没意识到，在接下来的岁月里，这条船将给他的人生带来怎样的变化。在新疆出生长大的李学周在读大学前，别说大海，就是大江大河都没见过。第一次看见蔚蓝的大海，

"和平方舟"号医院船

　　他恨不得一个猛子扎进去游一圈。在接下来的 11 年中，他不仅投入了大海的怀抱，更随着"和平方舟"号投入了世界的怀抱——在三大洋六大洲 43 个国家和地区留下了足迹。

　　这一次，《时代楷模发布厅》的录制现场来到了停泊在浙江舟山的这艘万吨级的"大白船"上。李学周的战友们总是亲切地称它为"大白"，是因为船体绝大部分为白色，暖心的"大白"与"和平方舟"号的使命颇为相近：救死扶伤、传扬和平。甲板上巨大的红十字，表明了它的特殊身份。

　　这是中国海军唯一一艘医院船，是一艘超万吨级的大型制式医院船，是由中国自行设计建造的，光一层就相当于 10 个篮球场的大小，而这里上下一共有 8 层甲板，这就是一座海上流动的三甲医院。自 2008 年 12 月入列，11 年以来，航行 24 万余海里，到达过病毒肆虐的东非国度，去过受强台风袭击的菲律宾，抵达过深陷旋涡的委内瑞拉。

在信号班班长韩大林记忆里，定格着这样一幕：那天，汽笛拉响，船即将驶离秘鲁卡亚俄港。突然，准备收起舷梯的战士停下了动作。这一停，是为了一对迟到的华人老夫妇，他们错过了舰艇开放的时间。老太太嗔怪老爷子开车太慢，差点儿就丢了"见到亲人的机会"。老两口没有别的要求，"只要在甲板上站几分钟就可以"。老两口在海军战士的搀扶下踏上舷梯，在甲板上，老爷子突然缓缓下蹲，然后跪下。他将脸颊贴在甲板上，转过脸，轻轻地亲吻着甲板，泪水重重地掉落在甲板上。

这一吻，他仿佛用尽了余生所有的气力。汽笛再次拉响，老两口挥手告别的身影越来越模糊，韩大林回到战位，悄悄拭去眼角的泪水。停泊在异国他乡港口的"和平方舟"号，对这些华人华侨来说，就是祖国。

无论是进行国际人道主义医疗服务，还是参加多国联合演习，"和平方舟"人渐渐懂得"祖国"这个词的厚重，真切感受到个人命运与祖国命运是如此紧密相连。

"大白船"上的海军蓝

或是海洋迷彩，或是一身素白，有3092名海军官兵和医护人员曾经在此工作和生活，是他们，让这艘巨轮名扬海外。

这艘医院船就是他们在海上的家，走出去，他们代表祖国，这一方"流动的国土"向世界传递着中国理念。这既是"国与家"最直接而美好的代名词，也是"和平方舟"人肩上如山的责任。

李学周用彩笔圈出笔记本上的各国电话区号;"和平方舟"号医院船政委陈洋阳的办公室里,泛黄的世界地图上用笔标注了他所有到过的地方,20多个小黑点儿实现着他"当海军,看世界"的梦想;每到一个地方,韩大林则会在到访地买一枚当地特色的冰箱贴……这些普通而又不平凡的中国水兵,用自己的方式,标注"和平方舟"号的世界航迹。

每到一个国家,天还没亮,就有成百上千的老百姓在港口排着队等待上医院船就诊。麻醉医生李鹏最爱摄影,他在巴基斯坦拍过一张排队候诊的照片,过道里人多到他只能举起单反拍摄,在他挤过人群的时候,他特别坚定地告诉自己,一定要不负重任。

在马尔代夫,李鹏遇到一个10岁的孩子,是个孤儿,患有右手先天性六指畸形,手指的畸形让他性格孤僻、眼神黯淡,说话也很少,李鹏特别心疼。侯黎升主任帮这个孩子去

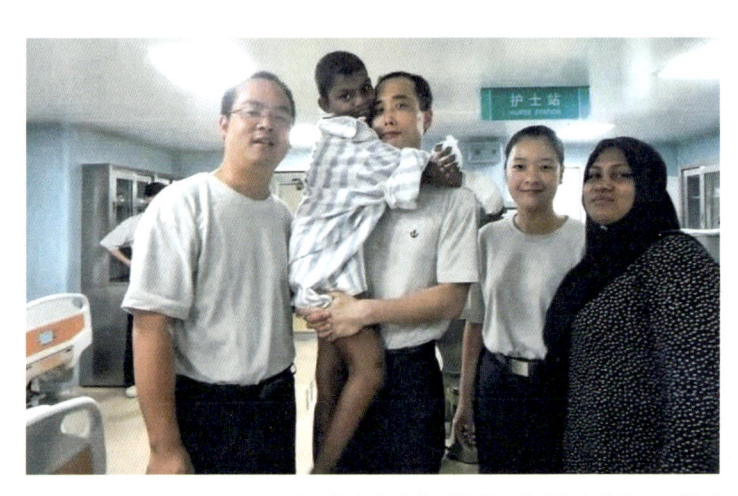

马尔代夫患儿术后抱着侯黎升主任的脖子不撒手

除掉多余的手指，术后，孩子觉得自己和其他小朋友一样了，开心地抱着侯医生的脖子不撒手。

在2013年的任务中，最多的一天，李鹏一共做了23台手术。平均一台手术是1个小时，这一天李鹏有23个小时都在手术间。实在困到不行的时候，他就趁着手术接台间歇靠在墙上眯一会儿。

郭保丰，这位掌舵中国海军唯一一艘专业化医院船"和平方舟"号的船长，拥有闪闪发光的梦想。大家都说，他是"最不像船长的船长"，他懂十几种乐器，每次船上组织晚会，他都会演个节目。休息时，他喜欢和船员们掰手腕、比赛做俯卧撑。战友们一边鼓掌加油，一边感叹"船长太牛，40岁的人，居然还保持着28岁的身手"。

2015年，郭保丰接手"和平方舟"号时刚刚36岁，是历任船长中最年轻的一位。父亲的军人气质深深地影响了郭保丰，他一直记着父亲的一句话："当兵的人，肩上扛的是国之大事。"

对郭保丰而言，"国之大事"生动而具体，它可以是一次次在异国土地的克服困难，也可以是一次次用坦诚消除外国友人的误解。

作战时，"和平方舟"号为中国军队伤病员提供海上治疗，平时，为中国舰艇编队和边远地区驻岛守礁部队提供医疗，以及提供国际人道主义服务，而人道主义灾害的救援，最能体现"和平方舟"人的"刚"与"柔"。

来自菲律宾的紧急呼叫

有些地方，哪怕一辈子只去过一次，回忆起来，每一个细节还是那么真切。对韩大林来说，菲律宾莱特湾就是这样一个地方。他时常在想：6年前，他们刷在防波堤上的标志还在吗？那个醒目的标志是他和战友们亲手漆上去的——白底，上面画着大大的红十字，红十字下方写着"ARK PEACE"，也就是"和平方舟"号。

6年前的那场超强台风，让菲律宾塔克洛班市从美丽的海滨小城变成满目疮痍的灾区。韩大林驾着救生艇一趟趟往返于码头和"和平方舟"号，防波堤上的"ARK PEACE"标志处，正是救生艇停泊处。而那些菲律宾民众或许也记得，以它为标志的那场生命营救，那些给他们生命以希望的中国军人，那艘停泊在莱特湾里的白色大船。

2013年11月19日，"和平方舟"号处于休整阶段，任务结束，从国外归来的400多人已分散各地。这天，时任海军总医院副院长孙涛正在出差，突然接到上级通知，要他赶紧买票回北京。

"速回北京！！！"是电话里的核心内容，可到底执行什么紧急任务，孙涛一头雾水。

上飞机前，医院告诉孙涛要派去菲律宾救援。菲律宾救援？孙涛得知消息后心头一紧。就在几天前，超强台风"海燕"席卷菲律宾中部，导致6300人死亡、28000多人受伤。他明白，"和平方舟"号即将面临的是一次前所未有的任务。

这是"和平方舟"号医院船第一次参加真实的救援,以往"和平方舟"号组织一次有计划的国际医疗救援,少则两个月、多则半年,但台风侵袭后的菲律宾受灾惨重,人命不能等!

为了以最快的速度抵达灾区提供救援,海军命令,刚刚完成"和谐使命-2013"任务、回国不久的数十家单位、400多名官兵迅速集结,从接到任务到完成一切出航准备,仅仅用了48小时。在短时间内召集这么多单位、这么多人员,确确实实创造了一个奇迹。

为了第一时间到达菲律宾,"和平方舟"号横穿了巴士海峡外围7~8米的大浪区,人在床铺上都能被摇得蹦起来,"和平方舟"号医院船没有绕道没有减速,途经了常年大风大浪的巴士海峡外围,一路劈波斩浪,只用了77个小时就到了菲律宾受灾最严重的地区——莱特湾,成为当时第一艘抵达菲律宾的外国医疗船。

他们面对这种人道主义灾害的救援,是完全未知的。眼前的景象出乎大家的预料,真的是满目疮痍,很乱。

天黑了,整座城市都没有电,伸手不见五指。电力中断,首批医疗队员摸黑4个小时,终于找到了周边一家医院,就在大家准备实施救治的时候,意想不到的情况又发生了。

受灾后的菲律宾民众心理极度脆弱,再加上通信中断、信息传达延迟,当地人并不清楚会有中国救援船提供救治。中国医疗队员只能挨个和他们解释,才勉强找到6位愿意去船上治疗的病人。可等孙涛找到车辆要运输病人时,有两个病人又不愿去了,这让他非常苦恼,想帮助菲律宾民众,却空有力气使不出来。

一块来自菲律宾的特殊尿布

眉头一皱，计上心头，借助当地媒体力量，开新闻发布会。"和平方舟"号最大范围地把消息传开，与此同时，把近 10 吨的医疗物资转移到陆地，在废墟之上，也在百姓眼前，搭建起前置野战医院。

走乡入户帮他们消毒防疫，给他们派药。两天之内，救援队在残垣断壁上开辟直升机起降点，用飞机运送病人到"和平方舟"号医院船上治疗。前置医院和救援船 24 小时运转，前来就诊的患者辐射到周边 200 多公里。两周一共做了 44 台手术，接诊了 2208 人，还有 4 位在船上出生的"和平方舟"宝宝。

因为菲律宾莱特湾码头条件不好，"和平方舟"号只能在距离码头 10 海里处抛锚驻停。韩大林和战友们用小艇，一趟一趟地从医院船上往陆地运送物资，另一部分船员就开荒拓土。海啸过后的菲律宾相当破败，有倒塌的房子、泥沙，还有蛇有狗。

越是艰苦，越见真情，在海军总医院的院史馆里，珍藏着一块尿布，这块尿布有什么特别之处？台风过后，菲律宾受灾情况严重，可是，有 4 个菲律宾孩子出生在船上，中国护士就用一些床单被套做成尿布。查房时，孙涛一进去就看见孩子的爸爸举着中国军人做的没舍得用的尿布，在上面写着"感谢中国'和平方舟'"。病房里只要来一个人，孩子的爸爸就要举起来给别人看。一块用床单做成的婴儿尿布，见证了灾难中两个国家守望相助的浓厚情谊。

是求大局稳妥,还是冒着风险救人?

在这艘"生命之舟"上,11年来先后接生了6位"和平方舟"宝宝。其中有一位孟加拉国的女婴,她的出生牵动了一船人的心。

2010年11月9日,一位来自孟加拉国的孕期36周的25岁孕妇来到中国军医面前,她身体特殊,妇产科医生陈蕾至今都记得初次见她的样子:走路喘,独立都站不住,要靠在门上,一直靠在门上喘气。陈蕾听她的心脏,各种杂音都有,怀疑她有心脏病。

检查结果一出来,把陈蕾吓得够呛,连当时的心内科主任都震惊了,这是一个接近于重度的心脏二尖瓣患者。

"和平方舟"号医疗团队在国内近20年已经基本上没见过这样的病人了。

二尖瓣就像是心脏里的一个单向活门,二尖瓣狭窄会使心脏血流不通畅,从而导致肺淤血或者肺水肿,尤其是在生产过程中,这种病情可能会危及生命。

那次的"和谐使命-2010"任务,是海军首次组织医院船赴海外执行的人道主义医疗服务,孟加拉国作为首轮出征的最后一站,能否画上完美句号,直接意味着整个任务可否顺利收官。

由此,这场手术有了不一般的意义,是求稳,还是冒着风险救人?面对眼前这位病情危重、手术难度极大的孕妇,中国军医该如何选择呢？

"中国妈妈"的孟加拉女儿

异国他乡、条件艰苦、病情罕见，在多重因素影响下的一位高危孕妇，接下这台手术，陈蕾需要不一般的勇气。

做手术的前一天晚上，陈蕾抱着《威廉姆斯产科学》这本"产科圣经"度过。作为孕妇的主刀医生，陈蕾将面临自己从医 21 年来的最大挑战。

陈蕾跟孕妇及其丈夫谈了 8 条手术并发症，这两口子没说一句话，闭着眼睛把字都签了，这对夫妻对中国军医特别信任。

11 月 11 日下午 2 点，孕妇被推进手术室，此时手术室的空气仿佛凝固了一般。

剖宫产，孩子顺利出生，一个孟加拉女婴的生命保住了，可是陈蕾 1 秒钟都不能放松，因为对于身体状况脆弱的孕妇来说，产后的任何一个意外都有可能随时致命，这次手术面临的最大考验，从这一瞬间开始。

又经过了一系列的抢救，这名产妇的体征终于稳定了下来，陈蕾心里的石头终于落地。

女婴父亲安瓜尔·侯赛因喜极而泣："没想到中国医生救了我妻子，也救了我孩子。"

他给孩子起名叫 Chin，孟加拉语里是"中国"的意思。给女儿取名为"中国"，这是孟加拉人民对"和平方舟"号最质朴的感激。

Chin 亲吻盛睿方

"和平方舟"号把生命至上的信条放在心里。医者大爱，面对罕见、高危、手术难度极大的孟籍孕妇时，陈蕾说："这手术，非做不可。"这是他们内心的笃定和对生命的敬畏。

这例手术背后的军医团队是陈蕾、盛睿方、费宇行。

2017年5月，"和平方舟"号时隔7年再次访问孟加拉国，在欢迎的人群中，就有Chin一家。小姑娘呼喊着"中国妈妈"，举着中国国旗，给了随舰而到的盛睿方一个吻，这一张照片，打动了很多人。

在《时代楷模发布厅》的录制现场，Chin和她的小弟弟、爸爸妈妈从孟加拉被请了过来。Chin和家人一直对中国医生的救治念念不忘。这一刻，他们惊喜见面，这也是陈蕾9年来头一次见到Chin。当时刚出生的"小不点儿"，如今已成长为穿一身中国红的漂亮小姑娘。陈蕾顿时泪崩，哽咽着说："我当初守在她身边48个小时。"

对着镜头，对着甲板上的中国军人，这个见证中孟两国友谊的小天使，甜甜地用中文说出"中国"二字。Chin给中国妈妈带来了一份礼物，是她手绘的中国国旗。最后，Chin

一家四口齐声说："我们爱中国！"

9毫米长的子弹背后的人生悲欢

这份对中国的爱，来得不是无缘无故，是有比较而得的。

2014年8月16日，大洋洲汤加王国，一位27岁的汤加小伙子大卫·玛卡上船就诊。

体重270斤的他，左胸部嵌着一颗子弹，他曾经周转新西兰、美国等国就诊，可医生都害怕风险，不愿给他动手术。

4年前的一次意外，让他遭到手枪近距离射击，这颗子弹正好停留在他的左胸壁深层，子弹不仅挨着心脏，而且距离左侧肺部很近。

取子弹的手术难度太大，这是玛卡辗转不同国家问诊却被不同医生一一拒绝的原因。一旦损坏到心脏或者是血管的话，那就会相当危险。

暗藏在玛卡心脏旁的这颗子弹，像是压在他心头的一块重石，他带着子弹生活了4年，也提心吊胆了4年。玛卡看到中国海军救援队来到家门口，便迫切地想要去掉这个心头之患。

为了精准判断子弹的位置，玛卡做了6次X光照射，陪他的张剑医生也被X光扫描了6次。

最后数据到手，张剑果断作出决定。8月17日下午，玛卡躺在了"和平方舟"号医院船的手术台上。按照原计划，张剑给玛卡采用了局部麻醉。

可是麻醉剂刚发挥作用，问题便随之而来。

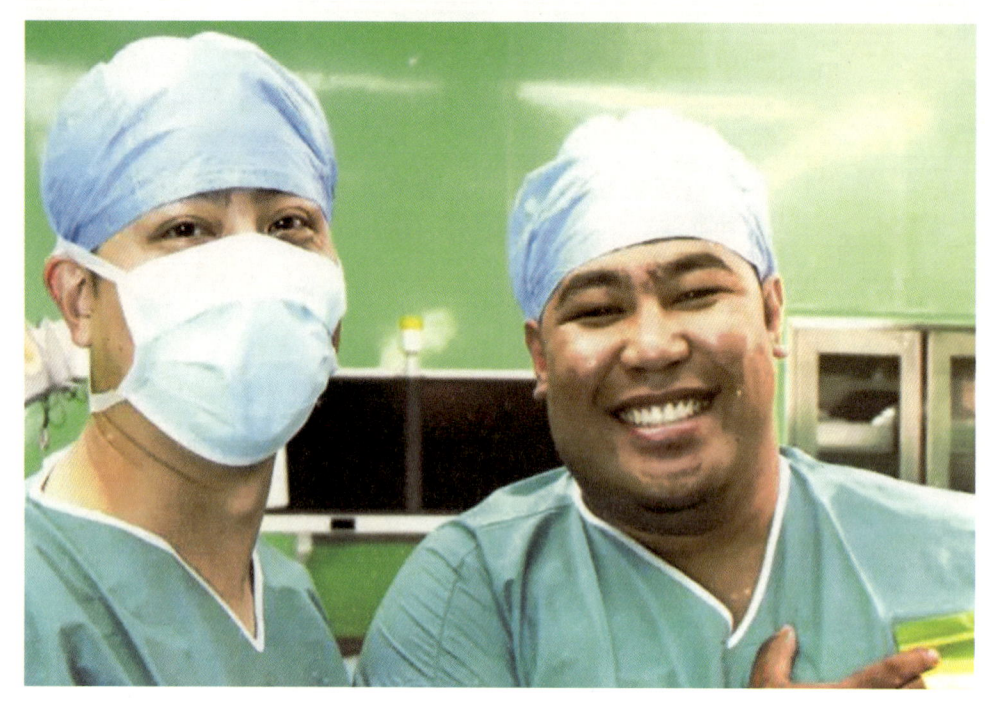

张剑（左）和术后的玛卡

    普通人使用麻醉剂后，身体肌肉出现松弛属于正常现象，可是玛卡体重过大，肌肉松弛导致的子弹位移完全出乎判断。第一个切开的地方，没找到子弹。

    短短2厘米范围内，排布着人体成千上万条交错的神经和血管。稍有不慎，子弹还有可能被推入胸腔或肺部，张剑的第二刀能找准子弹吗？

    这颗9毫米长的子弹，对玛卡来说就好像是心脏旁的一颗定时炸弹，主刀医生张剑更像是一位缜密细致的"排雷专家"。

    第二刀准确地切在子弹上面，拿个钳子把它拎出来，手术成功！张剑顶着中国军医的名誉，靠着精湛医术，在短短23分钟的时间里，从玛卡心脏旁取出一颗9毫米长的子弹，卸掉了玛卡背负4年的思想包袱,也为玛卡带来了重生的希望。

当时玛卡非常激动,张剑还把子弹拿给他看,突然发现玛卡晕过去了。张剑吓了一跳,赶紧看玛卡的心电图,没有任何异常。等玛卡再次醒来,他对张剑说:"You change my life."("你改变了我的生活。")后来玛卡专门给张剑发邮件表示感谢,他的家人也非常感谢张剑拯救了玛卡的人生,玛卡以后就可以看着他的孩子长大了。

取出子弹后,玛卡过得怎么样?

在《时代楷模发布厅》的录制现场,张剑和玛卡进行了远程视频连线。

远在大洋彼岸的玛卡说,2014年前的那几年,他每一天都在担心,自己还能不能活到第二天,担心自己无法看着心爱的女儿长大,而张剑用了23分钟的时间,为他打开了一扇新的人生大门。

中国军舰带来的不是飞机大炮

国外的人说,其他国家的军舰过来,带着飞机、大炮,但是你们中国的军舰过来,带来的是医生和药品,给我们送来的是健康。

每到一处,"和平方舟"号刮起"中国风",离开的时候,当地民众都会学着用中文说"你好""朋友""谢谢""兄弟"。

在孟加拉小女孩Chin的心里,在23万余被救治过的外国人心里,埋下了一颗名为"中国"的种子。若干年后,它们就会生根发芽、开花结果,会把中国人民期盼友爱与和平的愿望，播撒到更远的地方。陪伴着"和平方舟"号远行的，是医院船上3092人次的官兵和医护人员。

这些穿着军装的和平使者，用他们的坚守与奉献架起了一座座爱的桥梁。在《时代楷模发布厅》的录制现场，中宣部副部长梁言顺为时代楷模"和平方舟"号医院船颁发奖章和证书。

2010年10月13日，"和平方舟"号首次访问肯尼亚，距离上一次中国船只来到这里已经过去了600多年——1415年，郑和下西洋的船队曾抵达此地。

600年，在漫漫历史长河中并不凸显，然而，当把这两艘相隔6个多世纪的中国船放在一起时，我们会发现：无论是600年前的郑和船队，还是600年后的"和平方舟"号医院船，都是怀揣着一颗友好而温暖的心。

"没有大炮，没有导弹，没有鱼雷……它满载着中国军队和人民对和平的渴望和对生命的尊重，是和平发展的'中国名片'。"中国驻东帝汶大使刘洪洋说。

这颗心跳动于蓝色的海洋之上，跳动于许多陌生的外国民众中间。这张闪亮的中国名片，充分展现了中国温和的力量、大国的担当，展现了中国作为一个负责任大国的形象。

中国红十字的身影和航迹进入了世界各国人民的视线，世界红十字会官员称："'和平方舟'不仅是中国的，也是世界的。"我们应该再一次为中国军医的仁心仁术点赞，为中国海军的无畏担当点赞。

时代楷模

2019—2021

中国关心下一代工作委员会教育中心
时代楷模发布厅 ◎ 编

花山文艺出版社
河北出版传媒集团
河北·石家庄

目 录
CONTENTS

2020

敦煌研究院文物保护利用群体 / 193

闽宁对口扶贫协作援宁群体 / 213

陆军第 74 集团军某旅"硬骨头六连" / 227

江西省九江市消防救援支队 / 239

国家援鄂抗疫医疗队等 10 个抗疫一线医务人员英雄群体 / 253

孙景坤　徐振明 / 267

毛相林 / 281

黄诗燕 / 291

张桂梅 / 301

山东港口集团青岛港"连钢创新团队" / 313

时代楷模 2020

敦煌研究院文物保护利用群体
闽宁对口扶贫协作援宁群体
陆军第74集团军某旅「硬骨头六连」
江西省九江市消防救援支队
国家援鄂抗疫医疗队等10个抗疫一线医务人员英雄群体
孙景坤　徐振明
毛相林
黄诗燕
张桂梅
山东港口集团青岛港「连钢创新团队」

192

时代楷模 2019—2021

2020

敦煌研究院文物保护利用群体

扫码看视频　扫码看公众号

  敦煌研究院文物保护利用群体是以常书鸿、段文杰、樊锦诗等为代表的几代莫高窟守护人。70多年来，他们扎根大漠，不计个人得失，舍小家顾大家，以强烈的使命担当、无私的奉献精神，精心保护和修复莫高石窟珍贵文物，潜心研究和弘扬敦煌文化艺术，努力探索推进文化旅游合理开发，取得了令世人瞩目的巨大成就，受到党和政府以及社会各界的高度评价和赞誉。敦煌研究院名誉院长樊锦诗同志被授予"文物保护杰出贡献者"国家荣誉称号以及"改革先锋""最美奋斗者"称号。

> 我如果为了个人的一些挫折与磨难就放弃责任而退却的话,这个劫后余生的艺术宝库,很可能随时再遭劫难!不能走!

> 要静下心来,埋头苦干,最后让成果说话。

> 敦煌是一部永远读不完的书。

在中国,有这样一群人,他们或从海外留学归来,或从名牌大学毕业,在最炙热的青春年华放弃更为优越的生活,选择去人迹稀少的荒凉大漠,苦苦守候半个多世纪……

他们远离故土、告别亲人,牺牲了爱情,耗尽了韶华,却挽救了遭受数次劫难的中华文明宝库,让眼看着就灰飞烟灭的"万佛之国——敦煌莫高窟""起死回生"。

他们所做的一切，对得起祖宗，对得起全天下的华夏儿女！

一切源于一场相遇

1600多年前的一天，余晖映照着西北大漠，一位叫乐僔的和尚行脚至此，他蓦地抬头一看，被眼前的景象惊呆了，对面的三危山金光万道。那一刻，他万分笃定，眼前这盛景就是"佛光显现"。他在这里开凿了敦煌的第一个石窟，在此后整整1000多年里，无数的僧人、工匠汇集此地，硬生生在这寸草不生的沙漠之地开凿和绘制成一方璀璨瑰丽的"万佛之国"。

然而，我们很难想象，就是这样一座穿越千年而来的中华民族文化宝库，曾经在近500年的时间里无人管理，任人破坏偷盗，大量文物被洗劫一空。

到20世纪初期，已经有很多洞窟被黄沙灌满，壁画和石像随时会灰飞烟灭，莫高窟危在旦夕。就在千年文明继绝存亡之际，一场冥冥之中的邂逅，开启了一个人、一群人、一代代人与这座"千年佛国"的相遇……

那是1935年秋，在巴黎塞纳河畔的旧书摊上，一位叫常书鸿的年轻油画家翻到了一本图册——伯希和编著的《敦煌图录》。

书中的壁画和石像让他惊叹不已：这些千年前的作品与西方当时各流派的艺术相比，丝毫不落下风，甚至高于其上。佛祖温润含笑的嘴角，万千细腻婉转的线条，似乎画册的每

《敦煌图录》

《敦煌图录》

一个方寸之间都藏着一个无比广袤的神秘世界，而这个世界，正是来自他的祖国，万里之外的中国敦煌。

当时，31岁的常书鸿在欧洲艺术界已经颇有名气，可他从不知自己的祖国竟有这样一座艺术宝库存在，他忏悔着责怪自己："数典忘祖，惭愧至极！"只一眼，便是千年，而这一眼，竟是改变一切的机缘，常书鸿的命运就此改变，万里之外莫高窟的命运也将被改写……

1936年，常书鸿不顾所有人的劝阻，只身回到了战火纷飞的祖国。他要去敦煌，越快越好！

1943年3月，常书鸿冒着抗战的炮火，穿过破碎的山河，

常书鸿与妻子和女儿常沙娜在法国

艰难跋涉数月，终于到达了敦煌。但当他真正走进莫高窟，才发现自己日思夜想的艺术圣地已是一片狼藉，一层洞窟基本被流沙掩埋，满窟的塑像倾倒垮塌，大量壁画严重空鼓、大片脱落……眼前的一切让常书鸿无比痛心，他决定留下来，以全部精力来守护敦煌。1944年元旦，国立敦煌艺术研究所成立，莫高窟近500年无人管理的历史因常书鸿而彻底终结。

妻子带着一双儿女与他在敦煌团聚。他们脱下洋装，换上棉袄，住破庙、睡土炕、点煤灯、喝咸水。冬天，屋里冷得滴水成冰，一场大风过去，屋子里积了厚厚一层黄沙，甚

工作中的常书鸿

常书鸿一家去河里打冰取水

至连喝水,一家人还得拎着筐去河里打冰。与他们在巴黎多年的优渥生活相比,这样的艰难可想而知……

1945年,妻子终于忍受不了,留下了年幼的儿女逃离了敦煌,当常书鸿终于意识到妻子的出走,纵马去追时早已来

《萨埵太子舍身饲虎图》

常书鸿

不及,他在戈壁上坠马昏厥,被人救回来才捡回一条命。

在子女的哭叫声中,常书鸿默默地承受着妻子离开的痛苦,悲痛至极的他一个人站在莫高窟里,看着《萨埵太子舍身饲虎图》。

他想,萨埵太子可以奉献自己的身体救活一只奄奄一息的老虎,我为什么不能舍弃一切侍奉艺术,侍奉这座伟大的民族宝库呢?我如果为了个人的一些挫折与磨难就放弃责任而退却的话,这个劫后余生的艺术宝库,很可能随时再遭劫难。他暗暗发誓:不能走!不管有多少艰难险阻,都要与敦煌终身为伴。

为了守住敦煌,他四处"招兵买马",只要遇到年轻人,他便问:"你愿不愿意来敦煌?"他的召唤很快有了收获,此后,一批又一批热爱敦煌艺术的青年们在荒滩戈壁上扎下根来。

为了带领大家守护好敦煌,已经在西方美术界赢得荣誉的常书鸿干脆放弃了个人的艺术创作。他带领着第一代莫高窟人,克服了常人难以想象的艰苦:几乎是用双手清除了数百年堆积在300个洞窟里的积沙;他们给洞窟编号、测绘、照相、临摹;他们不停地种树,修建了1000多米的防沙墙……

敦煌在中国，敦煌学在世界

1946年的一天，常书鸿比往日显得兴奋，他又招募了一批愿意保护敦煌文化的年轻学子，这些穿着西装旗袍、受过高等教育的年轻人，在兰州登上常书鸿找来的破旧大卡车，沿着张骞、玄奘走过的路，一路颠簸了1200公里来到敦煌。

这里面有一位学国画的大学生，名叫段文杰，临行前，因为牵挂家中妻子和孩子，他计划着只到敦煌看一看，谁能想到，这一看，竟是9年后才见到妻儿，这一看，他把一生都献给了敦煌。

段文杰一放下行李就奔向洞窟。第一眼看到壁画时，他

1946年，年轻的学子抵达敦煌时在莫高窟牛车上合影

段文杰临摹《都督夫人礼佛图》

又惊讶又感动：1000多年前的画工们，究竟是怎样一笔一笔地在这样黑暗的洞窟里创造出如此绚烂的万佛世界？从那以后，段文杰眼里再没了其他，唯有敦煌。血气方刚的他跟越来越多来到敦煌的年轻人一起，拎着一个暖水瓶钻进洞窟，借着镜子和白纸反射的光，在阴冷黑暗的洞窟里，整日整日地临摹，从北魏的佛国到隋唐的山水、人物、建筑，衣袂飘举、光影交错……

段文杰

1951年，段文杰和他的同事们开始了对285窟整个壁画的临摹；1953年，285窟整窟原大原色作品在北京、上海、日本东京等地展出，引发了持久的敦煌潮；1955年，已经在敦煌守候了9年的段文杰终于借探亲回家之际，把多年未见的妻子和儿子接到敦煌。

1984年，段文杰成为继常书鸿之后守护敦煌的第二任掌门人，尽管已经年逾花甲，但他依然是临摹壁画最多的人。如果说常书鸿挽救了敦煌，那段文杰则令全世界对敦煌刮目相看。他穷尽一生培养人才，一生致力于敦煌学研究，主持创办了国内外第一本敦煌学定期刊物《敦煌研究》，并先后主持举办了4届敦煌学大型国际学术会议。

陈寅恪曾说："敦煌者，吾国学术之伤心史也！"到20世纪80年代，中国人终于可以昂首挺胸地说：敦煌在中国，敦煌学在世界！

择一事终一生，不为繁华易匠心

在敦煌，时间变得既慷慨又奢侈：面对穿越时光而来的莫高窟，千年只是一瞬间；对于守护着敦煌的人来说，要做成一件事，动辄10年、20年，甚至一生……

1956年，正读高二的李云鹤响应国家号召前往新疆，因为遇到了常书鸿，本来只计划在敦煌逗留几日的他，竟逗留了一辈子。

常书鸿一眼就相中了这个山东小伙儿，他说：小李，我

李云鹤

修复前　　　　　　　　　修复后

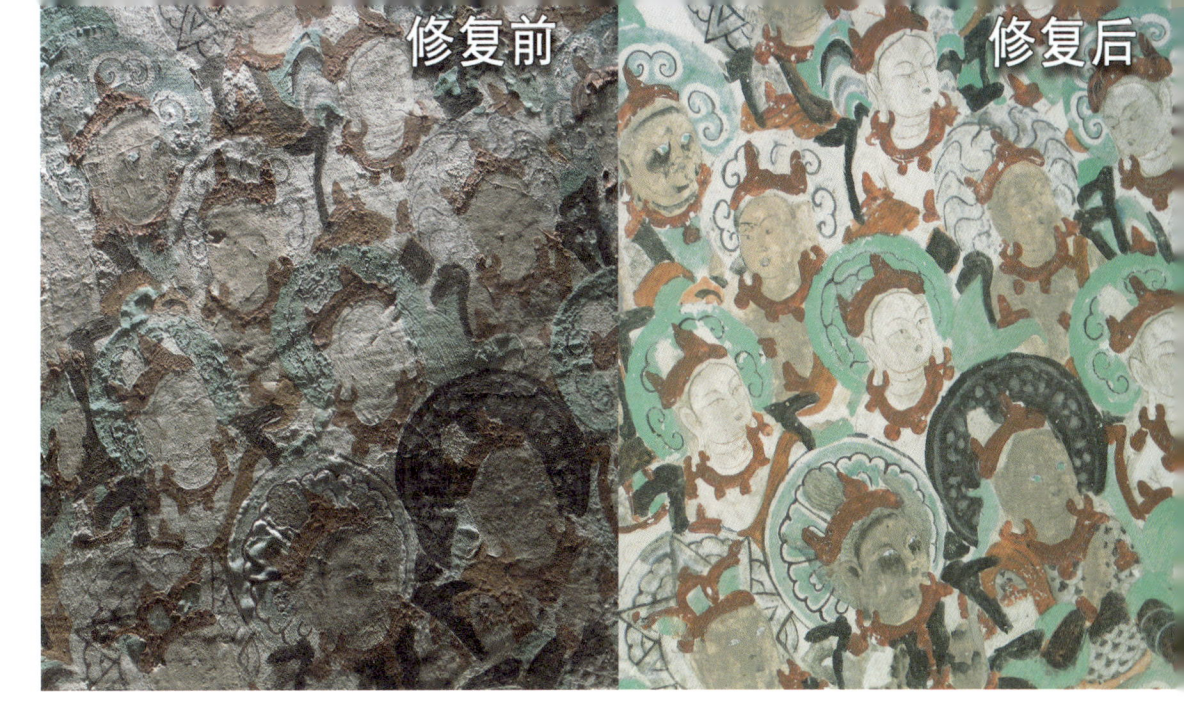

壁画修复前后对比图

要给你安排工作,这个工作不但你不会,咱们国家也没有会的。常书鸿说的工作就是做文物修复师。

当李云鹤以新的身份开始仔细观察壁画的时候,眼前的景象让他震惊:几平方米的壁画会忽得砸下来;风一吹,四壁上起甲的壁画就像雪片一样哗啦啦地往下掉;看着壁画在眼前灰飞烟灭,李云鹤急得眼泪都掉了下来。一刻也不能再等了,必须马上把这些文物保护修复起来。可当时,既没有技术,更没有材料,甚至连个放大镜都没有。年轻的李云鹤逼迫自己在最短的时间里想出办法来。

他开始一次次尝试、一次次摸索,硬是靠着自己的双手发明出了小滴管、纱布包、注射器,在日复一日的精雕细琢下,莫高窟里被"病害"缠身的壁画和塑像,慢慢开始"起死回生"。

1962年,常书鸿把161窟的修复任务交给了李云鹤,他借助着微弱的光线,就像做眼科手术一样,几乎是屏着呼吸给壁画一点点除尘、一次次注射、一丝一毫地黏合。李云鹤在161洞窟里整整待了两年，1964年，他终于将161洞窟修复成功。

如今，56年过去了，161窟还是修复结束那天的模样，而常书鸿口中的"小李"已经87岁，他耗费了自己64年的时间，让4000多平方米壁画和500多尊塑像"起死回生"。

64年，对于一个人来说，已是一生；对于1600多岁的敦煌莫高窟而言，只是一瞬。莫高窟一共4.5万平方米，李云鹤忙碌了一辈子，也就只修复了不到十分之一。

10年跟64年比起来，可能不算长，但摄影师吴健却用了10年的时间，才终于等来了那一束光。娄婕用了10年时间临摹，才终于通过那一条简单的线，与千年前的画工心灵交汇……

20世纪80年代，更多的年轻人成为"莫高窟人"，18岁的吴健成了一名文物摄影师；24岁的娄婕从西安美院毕业，她怀揣着当艺术家的梦想来到敦煌。很快，他俩都觉得自己委屈，吴健觉得拍照片算不上艺术，娄婕认为临摹别人的作品根本不算创作。当时的院长段文杰对他们说：年轻人，喝惯这儿的水，吃好这儿的饭，先做敦煌人，10年以后再说创作！

10年，在这荒漠上能做什么呢？娄婕在想，吴健也在想。

敦煌158窟中长15.8米的涅槃像是莫高窟里最大的卧佛，也是大家眼中最美的佛。可如何通过一张照片让人感受到涅槃像神情安详、微含笑意的神韵和意境呢？吴健尝试了很多角度，却怎么也拍不出来。吴健每天从宿舍到洞窟，两点一线地奔波，日复一日地尝试，近10年的时光从快门中滑过，直到一天下午，他终于找到了那束光……那束光穿透了千年洞窟的黑暗，刚好映在了佛祖的嘴角上，那一瞬间，吴健有

吴健凭借这张卧佛照片获得"中国摄影金像奖"

些错愕，光芒仿佛带他和佛一起穿越了千年。他赶紧按下快门，一张前所未有的涅槃像被记录在了胶片上。那束光是吴健用无数个晨昏昼夜丈量过的千年时光，从那以后，吴健的照片里融入了"千年莫高"的气质，而这张卧佛照片，也成了莫高窟最具标识性的照片之一。

时间让吴健找到了那束光，也让躁动的娄婕静了下来。1989年，娄婕接到了临摹莫高窟第3窟南壁千手千眼观音的任务。这是敦煌现存唯一以观音为主题的洞窟，中国人物画中的线描手法几乎浓缩在这一面壁画上，运笔的轻重虚实，时而迂回婉转，时而酣畅淋漓……

原本学油画专业的娄婕发现自己拿了十几年的画笔突然在手里陌生起来，连一根线都画不流畅，她大哭了一场，把毛笔扔出去很远，那时候她才猛然领悟到，就是这样一根看似简单的线，才是东方壁画线描最大的魅力。为了寻找到千百年前画工在创作时的心境想法和运笔气势，娄婕从画圆圈开

洞窟里画画的人——娄婕

始练习，时光从她的毛笔尖上流淌而过，画布擦去了往日的烦闷与焦躁，慢慢地，娄婕落笔后的一切变得不一样了……一幅 8.4 平方米的壁画，她用 4 年光阴才完成了临摹，她和莫高窟的艺术家们不断探索和研究，完成了复制原大洞窟 15 个，壁画临本 2200 多幅……

时间在这些莫高窟人的眼里，是积淀、是历练，只有潜下心来抛却杂念才能有机会和千年的华夏文明对话。

4 年临摹一幅画，10 年找到一束光，64 年面壁修文物，李云鹤、吴健、娄婕……还有更多的莫高窟人，他们不为繁华易匠心，择一事终一生！

与毁灭抗争，留住敦煌

1998 年，年近 60 岁的樊锦诗成为继常书鸿、段文杰之后的第三任院长。眼看着壁画和塑像一天天变化，樊锦诗心里着急。尤其旅游旺季的时候，来敦煌的游客太多了，洞窟里二氧化碳报警器一直响，洞窟外黑压压一片排队的人。

莫高窟温度、湿度的变化会加速壁画的退化。"莫高窟是人类的无价之宝，万一有闪失，我们就是罪人。"一边是千年文物亟待保护，一边是百万游客期待观赏，樊锦诗开始琢磨着，怎么把洞窟里的瑰宝搬到洞窟外面给游客参观？

2000年前后，计算机开始进入中国老百姓的家庭，樊锦诗一接触到信息技术，脑海里产生两个大胆的构想，一是要为每一个洞窟、每一幅壁画、每一尊彩塑建立数字档案，利用数字技术永久保留莫高窟的"容颜"；二是以球幕电影的形式，让观众以身临其境之感近距离体验和欣赏洞窟文物。

尽管当时反对的声音很大，但樊锦诗这个严厉、一丝不苟的老太太，做事只有一个标准：只要对保护莫高窟有好处，克服万难也要上！

2006年，敦煌研究院成立了数字研究中心，吴健和80多位同事用了整整7年时间，才终于完成了27个洞窟的数字化。也许我们很难想象，这项工程是由他们拍摄的10万张单张照片一张张手动调试后，一张张拼接而成的。

2015年7月，数百人的团队用4年的时间成功创作出了20分钟的球幕影片《梦幻佛宫》。500平方米的超大球幕使观众恍若置身于一个个异彩纷呈、如梦如幻的洞窟之中。莫高窟不同历史时期最具艺术价值的壁画、石窟，如梦如幻地围绕着观众，两个平行的千年时空，在这里竟变得触手可及！

2015年8月，外观造型飘逸灵动、与周围环境浑然一体的莫高窟数字展示中心正式投入运营，这是樊锦诗带领着莫高窟人，用12年的时间在戈壁上创造的奇迹。

2016年4月,"数字敦煌"上线,高清数字化内容向全球发布,游客在电脑前就可以看到莫高窟清晰全景,就宛若在石窟中游览一般。在这些巨大工程一一落地的时候,樊锦诗已经快80岁了。劳累奔波半个多世纪,她为敦煌做了她所能做的一切……

我心归处是敦煌

如果说76年前岌岌可危、濒临消失的莫高窟是民族的阵痛,是吾国之伤心史,那今天熠熠生辉、重焕光彩的莫高窟,不仅是中华民族的骄傲,更是人类文明的骄傲,而今天所有这一切,我们不能忘记这背后的一群人——一代一代赓续相传的"敦煌守护人"。

1994年,常书鸿在弥留之际对女儿说:"我死也要死在敦煌,以后把我的骨灰送回去。"

2011年,94岁的段文杰在睡梦中,终于又回到了他魂牵梦萦的敦煌……

2020年,82岁的樊锦诗仍然在为敦煌奔波、忙碌;87岁的李云鹤依然坚持在修复一线,老人家每天拎着工具箱,穿梭在20多米高的脚手架上,为千年壁画延续生命……还有吴健、娄婕,他们早已青春不再,鬓角多了些许银丝,可他们依然用手中的相机、画笔守护着敦煌。还有一批又一批的年轻人来到敦煌,留在大漠,这些"80后""90后"成了从事考古研究的学者、临摹壁画的画师、用数字化记录洞窟的"IT人"、为文物"治病"的修复师……

樊锦诗

　　从新中国成立前的 18 人到如今的 1463 人，樊锦诗曾经这样描述敦煌的守护者："没有可以永久保存的东西，莫高窟的最终结局就是不断毁损，我们这些人用毕生的精力所做的一件事就是与毁灭抗争，让莫高窟保存得长久一些，更长久一些！"

　　今天，当我们站在戈壁深处，为千年光阴留下的瑰宝惊呼时，当我们站在 9 层楼下，听风铃作响、遥望星空时，不应该忘记他们——把敦煌当作一生归宿的"守护人"！

212

时代楷模 2019—2021

2020

闽宁对口扶贫协作援宁群体

"闽宁对口扶贫协作"是习近平总书记在福建工作期间,亲自部署、亲自推动的重要战略决策,承载着总书记的殷切嘱托。1996年以来,闽宁对口扶贫协作援宁群体遵循"优势互补、互惠互利、长期协作、共同发展"的方针,主动扛起对口帮扶宁夏脱贫攻坚的历史使命,11 批 180 余名福建挂职干部接力攀登,2000 余名支教支医支农工作队员、专家院士、西部计划志愿者甘于牺牲,将单向扶贫拓展到两省(区)经济社会建设全方位多层次、全领域广覆盖的深度协作,与宁夏人民一起用智慧和汗水创造了东西部对口扶贫协作帮扶的"闽宁模式",缚住贫困苍龙。党的十八大以来,宁夏减少贫困人口 93.7 万人,贫困发生率从 2012 年的 22.9% 下降到 2019 年的 0.47%;贫困地区农民人均可支配收入从 2012 年的 4856 元增长到 2019 年的 10415 元,宁夏各族人民群众的获得感、幸福感越来越强。

闽宁对口扶贫协作援宁群体真情奉献、久久为功,他们是闽宁协作事业的坚定践行者,是东西部扶贫协作接续奋斗者,是社会扶贫的创新发展先行者,是全球减贫治理中国智慧的积极探索者。

闽宁生态移民示范村、闽宁学校、闽宁儿童福利院、闽宁敬老院、闽宁扶贫产业园……在闽宁对口扶贫协作援宁群体 24 年的接续奋斗下,"闽宁"二字,在宁夏大地镌刻下一个个印记,两省区同心战贫的成果已俯拾即是。

历史，留给每个国家腾飞的机遇是有限的，谁最先走出国内的困境，谁最先体现出社会制度的优势，谁就能在与世界各国的竞争中赢得先机。而脱贫这个世界难题，便是我们绕不过的必答题。

在曾经的宁夏"西海固"地区，可以看到各式各样的贫困。风、沙、烈日、苦水、闭塞、酷暑、严寒，统治着这一片广阔的不毛之地。就在这片被联合国定义为"最不适宜人类生存的地区之一"的土地上，却有200万人在繁衍生息。

千百年来，他们用人类生存的极限，去挑战自然力量的极限，祖祖辈辈无法摆脱苦难生活。24年前"西海固"面临的发展困局，是当时全国8000万贫困人口的极限缩影。

贫困，不应是一种命运

这里不缺历史和记忆，不缺湛蓝的天空，也不缺勤劳的双手。可这片土地上200万人的出路在哪儿？改变的力量，来自2000公里外的福建。宁夏、福建，曾经很远，如今很近，只因 24 年跨越山海的守望与相助。

1996 年，在党中央作出东西部结对帮扶的战略部署下，闽宁对口扶贫协作在这个背景下产生了。

1996 年 10 月，福建对口帮扶宁夏领导小组成立，时任福建省委副书记习近平任组长。1997 年，习近平在讲话中说："这是一个战略决定。"

林月婵是当时福建省扶贫办主任，习近平叫林月婵带几个部门去宁夏看一看。于是，1997 年 3 月，她第一次来到宁夏。当时，闽宁两省区既没有直达火车，也不通航班，坐汽车至少要走 3 天。

从这一次开始，直到 2007 年退休，林月婵先后到宁夏 40 多次，与这片土地上的贫困家庭产生命运的交集。

1996 年 11 月，闽宁对口扶贫协作第一次联席会议召开，当时就定了福建和宁夏两个省区政府每年举行一次联席会议，以两年为一届向宁夏派出挂职干部。福建沿海选出 8 个经济实力比较强的县市，对口帮扶宁夏 8 个国家级贫困县。此后的 24 年，先后有 11 批 183 名福建挂职干部来到宁夏"西海固"，还有专家院士、志愿者 2000 多人前来支援教育、医疗、农业。

在各界力量的推动下，福建和宁夏 20 多个省级部门、80 多个县级部门结成了帮扶关系，建设了 110 个闽宁示范村。一个东西部扶贫协作发展的新模式诞生了，联席会议、结对帮扶、产业带动、互学互助、社会参与作为扶贫协作机制延续了下来。

既要战胜自然，也要战胜历史

第一批福建援宁干部刚到这样严酷的环境就备受考验，

在海拔高度 2050 米的隆德县，高原反应让很多人晚上睡不着觉，几乎每天都会流鼻血，喝了这里的水，他们会连续几天拉肚子。

从最艰难的打井窖、改梯田开始，在一个常年被水遗忘的黄土沟里反复勘察，历经 80 多天，在"无水区"打出了一口 400 多米深的井，被誉为"生命工程第一井"，日出水量 800 立方米。出水那天，当地农民含着泪，喝下了第一口清澈的水……同时展开的还有吊庄移民、兴建希望小学、办工厂、劳务输出、建设闽宁村等扶贫举措。

闽宁镇，是这一段波澜壮阔的历史缩影和见证。1997 年，这里是一片戈壁滩，"空中不飞鸟，地上不长草，风吹沙砾满地跑"。闽宁村"升格"为闽宁镇，6 个村，6 万多人口。这里崛起了一座城市，昔日的"干沙滩"变成了"金沙滩"。

改变的不仅仅是贫困户的命运

有一个账本记录了主人刘昌富 2004 年秋天的收入，最少的是 19 元，最多的 140 元。别看账本上面的数字每一笔都不多，但加起来他挣到了 29000 元。在《时代楷模发布厅》的舞台上，刘昌富背来了自家种植的蘑菇。2020 年，跟着扶贫工作队的老师一起，他又加种了 8 亩地的巨菌草，等到秋天能赚 3 万块钱。要知道，没种蘑菇之前，他月收入也就 1000 多元。

1998 年，刘昌富刚从西吉县搬下来，没有地，非常穷，小孩子上学的 2.5 元他都拿不出来。那时候，菌草扶贫工作队来教他们种蘑菇，当地人见过蘑菇的都很少。所以很多人看刘昌富笑话：别瞎折腾了，老老实实种土豆吧。等到菇贩子来收蘑菇的时候，刘昌富赚到了800块钱，16张50元的，他从来没一次拿到过这么多钱，"比过年还高兴！"整个大棚的蘑菇卖完，他赚到了7000块钱，比过去一年赚的都多。那些看笑话的人看见刘昌富赚了钱，也都来一起学着种蘑菇。扶贫不仅仅是让老百姓吃饱饭，更要让老百姓赚到钱，让百姓的腰包鼓起来。

有一个名字也因此常常被乡民念叨，乡民们口中的"扶贫状元"和"菌草之父"——国家菌草工程技术研究中心首席科学家林占熺。这一片戈壁滩已经荒芜了数亿年，土地贫瘠，土里满是大大小小的石块，连雨水都存不住，庄稼肯定种不出来。所以，最初确定产业发展的方向是菌草和葡萄。1997年4月，时任福建省菌草研究所所长的林占熺接下了福建省扶贫小组的任务。

54岁的林占熺和工作队队员带着6舱菌种来到宁夏回族自治区固原市彭阳县，到当地已经晚上10点多了，林占熺顾

国家菌草工程技术研究中心首席科学家林占熺

不上吃饭，拿着手电到百姓的窑洞看：这窑洞到底有多大多深？能种菇种多少？

他明白，要让千千万万的百姓参与，技术一定要简化，还得投入少。

在村民家废弃的土窑里，林占熺和助手攻关技术，让村民们迎来了丰收。

山里人第一次尝到了蘑菇的滋味，赞不绝口。可接下来的难题，林占熺也未曾经历过。由于缺乏销售经验，村民们只能看着成山的蘑菇干着急。闽宁两省区扶贫办主任在银川召开会议，提出了宁夏菌草技术扶贫采用专家承包的意见。

看到亟待脱贫的乡亲们，嘴里说不敢做的林占熺还是扛下了担子，签订了包种包销包技术指导的承包合同。

林占熺带着菇样，北上包头、南下兰州，天南海北地跑起了市场。戈壁滩上的蘑菇被运往国内各地，高峰时期，银川至上海的飞机货舱内，全部被戈壁滩上的蘑菇装满。

来自福建的生命之绿涂抹在戈壁滩，不起眼的小小菌草，帮助着越来越多的宁夏人致富。

在对外扶贫上，他们还将菌草技术传播至全球101个国家。这就是闽宁精神。如今闽宁镇不只有菌草产业，还有葡萄种植、光伏农业、肉牛养殖……

农业扶贫、科技扶贫让这片土地有了生机。"迁得出、稳得住、能致富"，8000多人的贫困移民村发展成为6万多人的"金沙滩"。

在发展特色产业的过程中，除了像林占熺一样的专家为他们带来技术，还有一支来自市场的力量。

爱拼才会赢

32年前,18岁的福建小伙子黄添进揣着借来的3000块钱北上银川,就这样,他成了福建到宁夏从事食品加工的第一人。

黄添进的员工,主要来自"西海固",看到"西海固"的员工,他就想起自己的过去,他开始思考能做些什么帮助他们改变命运。

闽宁协作扶贫给黄添进带来了新的机遇。

2013年,黄添进投资1.3亿元,在银川建了一座食品加工厂,公司年产值1亿多元。2015年,黄添进当选为宁夏福建总商会会长。宁夏给予了闽商广阔的发展空间,黄添进和许多的闽商早已深深扎根于此。1990年,黄添进一家子全部来到了银川,3个孩子都在银川出生长大,孩子们去外地上完大学,本来有很好的机会留在外地或者沿海城市,黄添进却动员他们全部回到了银川。

如今,他的两个女儿都成家了,找的都是宁夏本地人。从刚开始一家5口人,到现在十几口人,四世同堂,银川成了黄添进的第二故乡。

宁夏和福建,自然禀赋各异,彼此优势互补。从菌草、马铃薯等产业起步,宁夏和福建实现了帮扶由"输血"到"造血"的历史性转变。截至2019年年底,已有5600家企业(商户)入驻宁夏,8万多福建人在宁夏从业,并帮助4万多宁夏人在福建实现稳定就业,年均劳务收入超过10亿元,这被他们称作"铁杆庄稼"。

闽宁协作结硕果

不是给予，而是引路

扶贫济困的最高境界，不是给予，而是引路。两年一届，福建向宁夏派出挂职干部。从温润的东南沿海来到干冷的西北高原，一批又一批的扶贫干部走到百姓心上去称自己的分量。从县域经济百强县闽侯来到国家级贫困县隆德，福建第十批、第十一批挂职干部樊学双在隆德县任副县长。

樊学双把他的宝贝带到了《时代楷模发布厅》现场。这是一份儿申请，来自一个特殊的建档立卡贫困户，他们不是向政府寻求帮助的，而是申请一家三口主动退出最低生活保障。写申请的人叫辛宝同，大学毕业后，疾病让他走到人生的灰

暗面。为治病，家中欠下近30万元外债。一年后，他下身瘫痪；祸不单行，他父亲也因车祸全身瘫痪。一家有两个重度残疾，除了社会兜底资金，全家一年就靠1000块钱的土地流转金生活。

是什么样的底气，能让他主动放弃帮扶？

当地还有很多这种情况的残障人士，在河南农村贫困家庭长大的樊学双，对贫困又没处使劲儿的无奈感同身受。他多方筹措资金，在隆德县建立了宁夏第一家县级残疾人托养创业服务中心，辛宝同和父母成为第一批入住托养中心的受益者，吃住全部免费。

有大学学历的辛宝同发挥特长，"晋升"为该中心电商平台管理员，每月收入2000元，他记得拿到第一个月工资，给了妈妈，妈妈抱着他哭了。后来，樊学双鼓励创办残疾人电商协会，从注册到培训，辛宝同发现都是樊县长亲自跟他对接。有一次谈完业务回家上车时，由于辛宝同不方便，樊县长二话不说抱住他的腿抬他上车。当时他鞋上有泥，蹭了樊县长一身，樊县长反而怕把他弄伤了。辛宝同一年挣了将近13万，成了致富带头人，带动了全县2390个人的分红。他母亲也到家门口的扶贫车间制作人造花，母子俩都有了收入，全家的日子柳暗花明。

一棵树摇动另一棵树

教育总是位于最关键的位置，改变一代人的素质和命运，对贫困地区而言就能改变贫困地区的整体社会进程。"用一年的时间，做一生难忘的事"，这是福建赴宁支教教师间流传最多的一句话。教育，永远是人类从根本上消除贫困最伟大的工具。

"教育的本质是一棵树摇动另一棵树，一朵云推动另一朵云，一个灵魂召唤另一个灵魂。"

24年里，一批又一批福建援宁教师队伍带着希望而来。山里的孩子，从福建老师的身上，萌生了去看大海的心愿。而援宁教师带来的，是比海更广阔的世界。见到如今的王巧琳，你完全无法想象，打扮得体的她，曾经深陷贫困的泥沼。20年前，王巧琳的父亲干农活儿摔断了腿，之后他们天天过着就着盐巴吃土豆的苦日子。她家里种了麦子，却舍不得吃，

李丹（左一）

因为那是要卖了换钱给他们读书的。绝望、痛苦、无助，她目光所及最远的地方，就是那一方小小的县城，那是一个一眼望得到头的人生。当李丹的汇款打到王巧琳的账户上那一刻，王巧琳感觉希望失而复得，仿佛拿到了一张走向山外的通行证，沉甸甸的。

福建女孩儿李丹想要走遍祖国的大好河山，2006年的秋天，她暂别工作两年的学校，瞒着父母加入了闽宁对口帮扶队伍，来到隆德县第二中学支教。

她悄悄留下特困生，用微薄的工资请他们下馆子。家里寄来肉松、烤鱼片，她全都分给学生。

"我要用一年时间，做一件终生难忘的事，告诉他们书本上的知识和大山外的世界。"李丹在日记中写道。

不只是李丹资助贫困生，从福建来到宁夏支教的老师们都是如此。千千万万个李丹给贫寒学子送来了希望。福建老师带来的不仅仅是经济上的支援，更是"爱拼才会赢"的福建精神。王巧琳永远记着李丹的父亲对她说过的那句话："考成什么样、考到哪儿去，都无所谓，最重要的是你一定要从六盘山那里走出来！"可李丹来不及看见王巧琳走出大学、走出大山了。2008年，李丹因急性白血病去世，生命在最美好的年华戛然而止。王巧琳对李丹欠了一句感谢，但她会用尽下半生来书写感恩。

多年过去了，王巧琳活成了李丹的影子。王巧琳经常和李丹的父母视频，她还会来福州看望李丹的父母，管李丹的妈妈也叫"妈妈"。她说，最怕看到福州的老两口寂寞。

六盘山高，闽江水长。援宁支教的教师们躬身为桥，消弭了隔山跨海的距离。24年里，闽宁对口扶贫新建扩建学校236所，资助了贫困学生9万多名。

如今的宁夏正在向昔日的"世界级贫困"告别：贫困地区基本公共服务均等化已达到全国中等水平，建档立卡贫困人口从2015年末的58.12万人下降到2019年底的1.88万人，贫困发生率由14.5%下降到0.47%。

2020年，宁夏最后剩下的1个贫困县（西吉县）和1.88万贫困人口如期脱贫。

情深若海，功高齐天

一群人，从大海边深入黄土高原，带来资金、资源、技术和经验，还有拼搏的精神。他们把贫困地区的发展当成自己的事业，把数百万贫困群众当成自己的家人，久久为功，用一代人的时间改天换地。

从世界来说，这是绝无仅有的，是只能在中国发生的奇迹。他们是闽宁协作事业的坚定践行者，诠释了中国共产党人民至上的价值理念、真挚厚重的人民情怀、一诺千金的不懈追求。在《时代楷模发布厅》现场,中共中央宣传部副部长梁言顺为他们的代表颁发奖牌和证书。

在宁夏李旺希望小学国旗下的纪念碑上,有着这样8个字:"情深若海,功高齐天。"这份儿情,超越了感激,超越了依赖,已成为一种相互扶持的情谊。那些跨越山海的往来,都将成为山海携手的见证。每个倾尽全力付出的身影,都在时空中清晰定格,八闽与宁夏的故事,会随着时间,代代相传。

硬骨头六连

陆军第 74 集团军某旅 "硬骨头六连"

扫码看视频　扫码看公众号

"硬骨头六连"是一支传承红军血脉、敢打硬仗恶仗的英雄连队，经历抗日战争、解放战争、抗美援朝战争等洗礼，参加战役战斗161次，被授予"战斗模范连""硬骨头六连""英雄硬六连"等荣誉称号，荣立一等功8次，3次被表彰为"全国先进基层党组织"。党的十八大以来，他们深入学习贯彻习近平新时代中国特色社会主义思想和习近平强军思想，坚持用党的科学理论建连育人，牢记强军目标，传承红色基因，苦练打赢本领，发扬光大"硬骨头精神"，把连队建设得更加坚强，被陆军评为"军事训练先进单位""践行强军目标标兵单位"，被共青团中央、全国青联表彰为"中国青年五四奖章集体"。

> 革命战争年代，前辈和先烈们信念坚定，在炮火硝烟中立下赫赫战功。从战火硝烟中走来，我们更要传承铁心跟党走的忠诚基因，做听党话、跟党走的'硬骨头战士'！

又到一年"八一"节，一说到中国军队、中国军人，我们就常常想到一个词：硬气！

还记得2019年的国庆大阅兵吗？100面来自全军各荣誉功勋部队的战旗组成的战旗方队，猎猎迎风、浩荡开来。

就在这一面面战旗中，有一面显得尤为特殊，因为它属于一支陆军基层连队——"硬骨头六连"。

可不要小看这一支基层连队，它是分别被国防部和中央军委授予荣誉称号的连队。

1998年抗洪时，当"硬骨头六连"的旗帜在大堤上一插，来自湖南、湖北、江西等地曾经六连的兵，便不约而同地聚在六连的连旗下，齐心协力战洪魔。

"硬骨头六连"

中国军队凭什么这么硬气？从战争中走来、在和平中淬炼的"硬骨头六连"，用中国军人最"硬核"的钢筋铁骨，给出了最好的答案。

3690人为国捐躯，六连的硬是在战场上打出来的！

1939年3月，"六连"在河北雄县正式成军。用刺刀、鲜血和永不服输的硬骨头精神，打出了硬气，打出了霸气。

1945年7月，在爷台山地区，六连官兵连队临危受命，与敌人展开白刃战，在全连仅有35把刺刀的情况下，歼敌70多人。

1948年2月，西北野战军战场，在瓦子街战斗中，六连在40多个小时里打退敌人30多次进攻而一步未退……全连140人，127名官兵血洒疆场，鲜血染红整个山头……

在战友相继伤亡，子弹、手榴弹打光的情况下，剩下的

13人身负重伤仍死守阵地。25岁的刘四虎赤膊冲进敌群，拿着刺刀与10余名敌人顽强拼杀，一连刺死7个敌人，直至失血过多昏倒在战壕里。后续部队赶来后，发现他手中那把刺刀已经拼弯了，身上有11处重伤……

特级战斗英雄刘四虎

新中国成立后，六连先后完成剿匪反霸、抗美援朝、抢险救灾、施工生产等重大任务。

1964年1月22日，国防部召开大会，授予六连"硬骨头六连"荣誉称号。

六连的连史馆有两样镇馆之宝：一件是刘四虎那把拼弯的刺刀，还有一件是一封父亲写给8个月儿子的家书。说是家书，其实是时任六连副指导员谢关友写给儿子的遗书。

那年，连队刚接到作战任务时，本来安排谢关友留守。可他瞒着妻子，扛起钢枪，坚持要去最危险的一线。战斗中，他不顾敌人如雨般的轰炸，用自己的血肉给六连的战友们铺就了回家的路。忽然，一枚炮弹落在了他的身旁，带走了他的生命。英雄牺牲后，战友们从他的遗物中找到一封家书，至今读来仍然催人泪下。

骏骏：

我可爱的儿子！

今天是你诞生整8个月。在8个月前的今天，晚8点55分，你从妈妈的肚子里被剖出，到目前为止你还不能叫我一声"爸爸"。今天，爸爸是在前线给你写这封遗书的，因为爸爸的部队奉命令前来参战，打击敌人，为了怕你妈妈伤心和痛苦，我骗了她，到现在还没有告诉她，我上了战场……

骏骏，为什么今天爸爸要给你留遗言，这并不是爸爸怕死，而是因为战争是残酷的。如果爸爸为国献身了，那你再也见不到爸爸了。

要知道我是多么地想念你，我想有必要给你留上几句话：如果爸爸牺牲了，以后当你看到这个本子的时候，你就会知道爸爸是为了保卫边疆、保卫祖国而牺牲的，你应该感到光荣、自豪。你一定要继承爸爸的遗志，听党的话、做爸爸妈妈的好孩子。

我可爱的骏骏：当你懂事后，或能看懂爸爸给你写的最后一封信时，你千万不要难过。从内心讲，爸爸是很对不起你的，使你从小就没有了父爱。要知道，爸爸是多么地想你……

小骏骏，我的宝贝儿子，永别了，你长大后，一定要好好生活，记住爸爸的话，并要好好照顾老人和妈妈。别忘了你是革命烈士的儿子，不要做出有损于党和人民的事，这一点，我是绝对相信自己的骨肉的。

最后，让我好好地（在你的照片上）亲亲你的脸，紧紧地抱你……

——你的爸爸 谢关友

1964年1月22日，国防部授予六连"硬骨头六连"荣誉称号

  为什么六连的战士们，为什么中国的军人们，能够用自己的生命、用自己的血肉之躯誓死保卫阵地，誓死守卫祖国？因为他们爱脚下的土地，更爱这片土地上的人民！

  1985年6月，中央军委授予他们"英雄硬六连"的荣誉称号。

然而我们不能忘记的是,这样的赫赫战功背后,是六连3690人血洒疆场,为国捐躯。

能战方能止战,六连的硬是在训练场上拼出来的!

进入新时代,诞生于战火硝烟、在枪林弹雨中洗礼的六连官兵深深懂得:能战方能止战,准备打才可能不必打!

面对转型的挑战,六连官兵更深深明白:成绩和荣誉属于过去,唯有苦练打赢本领,才能再次扬威沙场。在新时代的强军路上,他们挥洒汗水、砥砺前行,为的就是兑现立下的铮铮誓言:头可断,血可流,也要把人民和国家保护好!

"将军金甲夜不脱,半夜军行戈相拨。"

战争时期,六连的硬靠真刀真枪打出来、杀出来;和平年代,六连的硬在训练场上练出来,在比赛场上拼出来。

2017年,在一次比赛中,五班战士张亚秋,一口气拉了265个单杠的"卷身上",手心磨掉了11块皮,一直坚持到破了连队纪录。

3000米战斗体能比拼,唐雄为了能解放双手发力,更快地通过低桩铁丝网,硬是用牙咬着步枪的上护盖匍匐前进,最终赢得胜利。

战士刘磊带病坚持参加考核,做单杠时嘴部重重地磕在单杠上,腥咸的鲜血一下溢满了口腔。但他始终咬紧牙关,直到取得优异成绩。现场考官感慨地说:"六连的战士真是硬骨头!"

四班班长王冬林,入伍7年,熟练掌握了20余种武器。

武装越野考核中的赵松

2018年8月,他在国际军事比赛中不断挑战身体极限,最终勇夺单项第一、团体第三,在国际赛场展现硬骨雄风。

还有"硬骨头六连"的"硬连长"赵松,2018年,在一次绳索攀爬训练中他不慎从5米高的绳上跌落,手腕骨折,被植入钢钉。

石膏刚拆,他就制订科学计划,开始恢复训练,在身上挂着哑铃练,5公斤、10公斤……直至每天完成100个30公斤杠铃训练,凭着一股韧劲儿,硬是在全旅第一个通过军事体育"特三级"考核。他说:"作为主官,只要一马当先,战士们定会一往无前!"

2017年6月,连队听令从驻防42年的浙江杭州移防千里之外的岭南乡村。党旗所指,战旗所向。全连官兵打起背包就出发,放下背包就训练,圆满完成移防任务。"扛着红旗进岭南,进了岭南扛红旗。"正是因为六连官兵们发扬"战斗作风硬、军事技术硬、战备思想硬、军政纪律硬"的优良传统作风,首次参加集团军"岭南尖兵"比武,"硬骨头六连"就拿到第一。

近年来，他们在集团军以上比武竞赛中有 16 人次摘金夺银，19 人次打破旅纪录。在"硬骨头六连"，从指导员到每一个战士，都在以更高更严格的标准要求着自己。

如果说训练就是六连的日常，战备就是六连的基因，那么实战演习就是对训练、对战备最好的检验。空中战鹰呼啸，海上战车穿梭，岸上炮火轰鸣……为适应未来两栖作战需要，这个夏天，第 74 集团军某旅"硬骨头六连"同步展开陆地海上各专业训练。

一个人就是一座山峰，一支连队就是一道长城。81 年风雨征程，一代代英雄硬六连官兵赓续接力：他们从拼刺刀的传统步兵向机械化信息化步兵跨越，从骡马、摩托到驾驶着新型的两栖步战车劈波斩浪，从单一的地面作战向陆地海上两栖作战跨越，今天的"硬骨头六连"正与时代接轨。

今天，我们之所以生活在一个和平的国家，就是因为这一支支硬骨头连队、一个个共和国钢铁战士，枕戈待旦，替我们守望和平。

走进六连门，永为六连人，血染的战旗永不倒！

81 年过去了，"硬骨头六连"还是刘四虎那把宁死也不退的刺刀；81 年过去了，六连那些曾经的英雄们，虽然已经褪下军装、不再年轻，但他们仍然还是六连的"硬骨头"。

参加过抗美援朝战争的石守德老人是"硬骨头六连"第 19 任指导员。

说起 70 年前的烽烟炮火，90 岁的老人硬气不减当年，他铿锵有力地说:"我们志愿军战士入朝参战的目的就是要打败美国侵略者。"

走进六连门,永是六连人!六连的兵,不论何时何地、不管身在何处,不论是青春少年还是耄耋老人,一生带着六连的魂。

说到自己是新一代的六连人,战士徐铭铭突然红了眼圈,他说:"每当我很专注地去看这面旗帜的时候,就会有感而发,泪水就不停往外流。"

每当这个时候,徐铭铭的心里就只有一个想法:用更多的胜利、更多的荣誉让更多的人知道,解放军队伍里有一个这么硬的连队,它叫"硬骨头六连"。

铁心跟党听指挥,万难不屈硬骨头!

从河北雄县成军至今,这支血火铸就的英雄连队,历经81载岁月洗礼,161次战斗,每一次胜利都是一部传奇,数不尽的英模人物,每一个人都是一座丰碑。

2020年1月18日,习近平主席给"硬骨头六连"全体官兵回信,勉励他们牢记强军目标,传承红色基因,苦练打赢本领,把硬骨头精神发扬光大,把连队建设得更加坚强。

2020年7月29日,中共中央宣传部决定授予"硬骨头六连""时代楷模"称号,号召全社会向他们学习。

六连的官兵们手捧荣誉证书站在《时代楷模发布厅》的舞台上,就已经证明了一个命题:81年过去了,为什么"硬骨头六连"钢刀不卷刃、战旗不褪色?那是因为一代代英雄用鲜血和生命铸就的军魂,早已经铸造进钢刀里,浸染到战旗里,流淌在一代代中国军人的血液里。无论何时何地,为了国家和人民，他们剑锋所指，所向披靡。

一顶军帽，顶着祖国的重托；一杆钢枪，挑着人民的希望；一身绿军装，裹着钢铁长城般的血肉身躯！

让我们向最可爱的人敬礼！

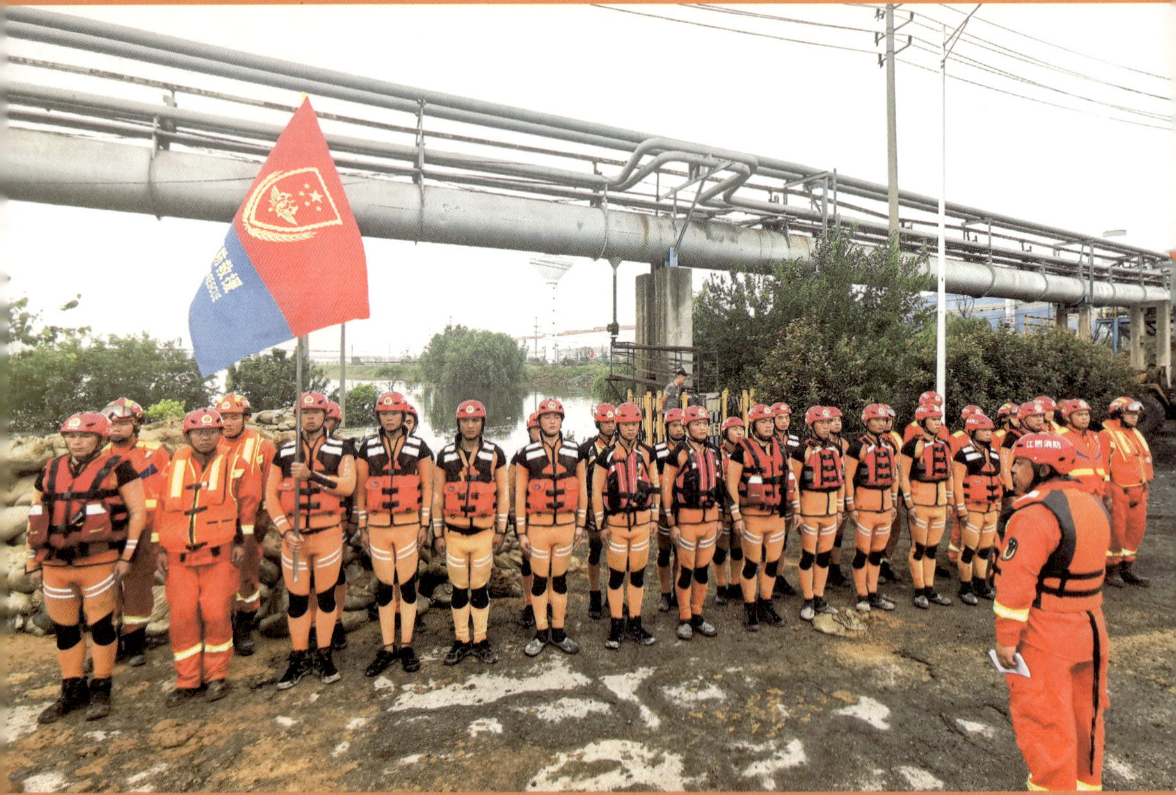

时代楷模
2020

江西省九江市消防救援支队

扫码看视频　扫码看公众号

2020年7月，江西省面临1998年以来最为严峻的防汛形势。九江市消防救援支队1000多名指战员全部投入战斗，先后参加各类抗洪抢险战斗336起，营救疏散被困群众1.3万余人，圆满完成都昌盐田镇中学救援、柴桑新港镇东升堤筑堤、修河三角联圩溃堤搜救和湖口九钢公司煤气管道泄漏处置等任务，有力保障了长江大堤安全、保障了九江群众生命财产安全。长期以来，九江市消防救援支队对党忠诚，纪律严明，坚持科学备战、刻苦训练，注重增强救援装备科技实力，练就了防汛防火救灾的过硬本领，荣获"庆祝新中国成立70周年消防安保工作先进集体""全国抗洪抢险先进支队""全国执勤岗位练兵先进支队"等52项省部级以上荣誉。在1998年特大洪水抗洪抢险救援中，九江市消防救援支队荣立集体二等功。

> 坚决扛起'主力军、国家队'的光荣旗帜，加快转型升级，全面提质强能，永葆优良作风，为守护好九江的和谐安宁再立新功！

洪水让很多人害怕，却也让更多的人紧密地联系在一起。

为什么要去救那些他们连名字都不知道的人？幼时遭遇过洪水的一名消防队员说，因为自己被救过，他更想去救别人，他知道别人在等待被救时的心情。

一种力量，让他们把生死置之度外，超越血缘，在江西省九江市消防救援支队这个集体中，他们能为这片土地做很多很多。

洪水发难，九江告急！2020年6月以来，连续暴雨让鄱阳湖突破了有水文记录以来的最高水位，被长江和中国第一大淡水湖同时夹攻的九江，又遭遇超乎寻常的降水量，洪水危机，一触即发！

有这样一群人，挺身而出，他们是人民的"守夜人""逆

江西省九江市消防救援支队

火英雄",是和老百姓距离最近的英雄,更是网友口中亲切的"阿消"和"蓝朋友"。

有的人,在大爆炸的前一秒死里逃生;有的人,为了战友的安全冲进火场,直面死亡,他们在水与火的考验里践行忠诚担当,他们的名字是——江西省九江市消防救援支队。

2018年,国家综合性消防救援队伍组建,习近平总书记为这支新纪律部队授旗并致训词:对党忠诚、纪律严明、赴汤蹈火、竭诚为民。

从"橄榄绿"到"火焰蓝",脱下军装,"火焰蓝"的心依旧是炽热的红。哪里最危险,哪里就是他们的战场。2020年6月起的这场防汛抗灾战役,是九江市消防救援支队转型后面临的最大考验。

这支同老百姓贴得最近、联系最紧的队伍,赢得人民声声赞誉。有多少次声声呼唤，就有多少次最美逆行，有多少次出生入死，就有多少次不离不弃。

迎难而上，是水火见忠诚的英雄卫士们永远保持和追求的姿势。

中考前被困在学校的 471 名师生

九江险情催人急，2020 年 7 月 8 日，洪水向着九江盐田中学咆哮而来。那天早上，刘海锋同学一醒来，看到外面有很多水，他当时的第一反应很兴奋，觉得特别好玩儿。

谁知，轰隆一声巨响，2 米多高 20 多米长的围墙轰然倒下，看着校园的外围墙被水冲垮了，刘海锋心里才害怕起来，心想围墙都被冲倒了，他所在的宿舍楼是不是也会被冲垮呢？

学校地处低洼，洪水直接往校内倒灌，吞噬着校园，师生们岌岌可危、退路难寻，消防员向卫强接到上级命令，火速带队救援，奔赴盐田中学。

此时，盐田中学老师沈文锦的神经绷到了极点，他出生于 1998 年发洪水的那一年，当这次洪水来临的时候，沈老师敏感地觉察到了危险，可孩子们没有经历过这种场景，很多孩子还存有很好奇的心态。

"我没有那个能力去保护他们的安全，我只能跟他们在一起站在楼上，等待着救援。当消防员到达校园的那一刻，我的心才彻彻底底地踏实了下来。"沈文锦说。

消防员来得太及时了，他们的出现让师生们看到了希望，可此时洪水上涨的速度远超想象。

九江支队奔赴盐田中学救援

仅半小时水位就上涨到成年人的腰部,按照这样的速度,不出6个小时,盐田中学将全部被淹没。

可目前消防队员只有两艘橡皮艇,一艘橡皮艇一次最多只能载12个人,两艘橡皮艇要带471名师生撤离,来得及吗?

向卫强的心里直打鼓,他和队友们冲到教室把学生们接上橡皮艇,拖曳出最危险的地带,由于地势低洼,学校门口形成了旋涡,三处水流一起往校园倒灌。

在逆流当中拉橡皮艇,感觉比拉一堵墙还要重,而消防队员们必须往返40多趟。他们的体力与耐力慢慢达到了极限,可留给他们的时间不多,他们拼尽全身力量和洪水抗争。

向卫强感觉自己就快被撕裂了,但他不能放手,因为他一放手,师生们就被冲走了。在洪水中5个多小时,向卫强

盐田中学师生向九江支队的队员致谢

和队友们成功转移出 441 名学生和 30 名老师。

"我当时一手拉着绳子,一手拉着橡皮艇,那是个十字路口,四面八方的水都向我流过来,我两个胳膊都伸到这个样子了还很难拉动,真的感觉像是要被撕扯开了。"向卫强一边说一边伸出手臂比画着。

被救之后,盐田中学的学生马上迎来中考,有 160 多名被救学生参加,集体拿到了全县平均分第 6 名的好成绩。刘海锋同学考了 630 分,全校第一名。在《时代楷模发布厅》的录制现场,沈文锦带着孩子们一起感谢消防员叔叔。

100 只鹅与贫困户老人

哪里最危险,哪里就有他们的身影。2020 年 7 月 12 日,永修县的消防队员们已经连续战斗 30 多个小时,刚刚完成了一起大堤险情的处置。消防战士不是不能睡,是他们不舍得睡,他们害怕救援的速度赶不上涨水的速度。

正当大家一身疲惫准备回队休整时,命令又来了,修河三角联圩溃堤决口了!

这简直是晴天霹雳,队长刘成奎当时心里一绷,这个圩里面有 5 万多亩地、2.6 万人，由于雨势猛烈，鄱阳湖的水位不断升高，滔天的巨浪将圩堤的最后一道屏障狠狠地击碎了。

积蓄已久的洪水向三角乡奔袭而来，正在吃饭的群众听到有人喊"倒圩了！倒圩了！"，吓得双手双脚全抖起来。

"老百姓可能会被冲走，会被淹死，我们先去 1 秒，就可以早这 1 秒把他救出来。"谢金霞说。

消防队员奔赴三角乡，此时，14 个行政村逐渐被洪水淹没，不到 40 个人的消防队伍要在 68 平方公里的三角乡内搜索并转移群众，与洪水抢生命，谈何容易？可就是在他们的努力下，2000 多名群众被成功转移。

正当谢金霞向村庄深处进发时，遇到了一位前来求救的村民，他的爸妈被困在偏僻的村落里。问路、打电话，3 个小时之后，谢金霞终于找到了两位老人家，眼看着洪水就要盖

消防队员转移群众

消防队员连续战斗救援

过屋顶，可两位老人居然不愿撤离。

附近村庄所有的乡亲都因为洪水撤离了，可他们却执意守在这片已成孤岛的家园中。

原来，老人是贫困户，洪水把他家里的财产基本上都冲走了，只剩将近100只鹅，这是老人一把米一把面养大的，马上就可以卖了，这是他们唯一的指望。

一边是即将被洪水吞噬的房子，一边是坚决不愿割舍财产的老人，这般情形，让谢金霞陷入两难的境地，从早上9点一直劝说到下午3点，总算是把老人说通了，老人上了救援船，可还是心疼鹅没运上来。

"我当时见到母亲时，她让我把鹅都弄出来。我母亲有肝硬化，身体不好，我怕他们一直操心出个什么事。我就又想到去找消防员帮忙，想问问他们，能不能帮我们把鹅都运出来。"老人的儿子张再胜回忆说。

在滔天洪水中,能把人救出来已经很难了,那么多鹅要怎么运呀?可是,消防队员还是重新回到老人的屋子,把那些鹅一只一只地抓住装在蛇皮袋子里,运上岸之后,发现有10多只鹅死掉了。张再胜一看这种情况,表情很痛苦,消防队员做了一个决定,把鹅全买下来!

"说实话我真是没想到,特别意外。本来只想让消防员帮个忙把鹅运出来,结果他们都买下来了,我当时一下子激动得话都说不出来,他们开着车走的时候,我朝着车的方向,给他们鞠了一躬。"张再胜说。

在《时代楷模发布厅》录制现场,张再胜带来了妈妈特别叮嘱送给消防员的礼物,布袋子很沉,装满了白袜子,还有腌的咸鸭蛋,这是一家人对消防员的深深敬意。不止一次,我们在热搜上看到群众对消防队员的感激,群众发自内心的认可,是对消防队员们英勇无畏的最好褒扬。

从被救到施救

想到洪水,我们都会想到1998年。洪水滚滚而下,九江危在旦夕,是数万名抗洪英雄前赴后继。他们风华正茂,视死如归,"98抗洪精神"就此融入九江市消防救援支队指战员们的血液里。

那一年,9岁的袁展满和父母被困在家中,就在全家快陷入绝望的时候,一群满脸泥巴的消防员出现了,全家得救了,

抗洪英雄前赴后继

这个9岁的男孩儿告诉自己,长大以后我也要成为这样的英雄。

可怎么成为英雄?没人告诉他。从18岁穿上消防制服开始,他学着记忆里的身影,狠狠地逼自己训练。

他知道,有一天他一定会到生死攸关的救援现场,去找一找答案。

可现实的灾难现场,总会有训练时无法预料的情况。2020年7月,洪灾来了,正在家里休假的他,提早结束休假归队,与大部队去三角乡会合。在路上他接到了母亲的电话,家里内涝了。

他听了心里咯噔一下,有一丝犹豫,那可是他的母亲啊。1998年的那次洪水,母亲与袁展满一同经历了恐惧,如今袁展满怎会不想冲到她身边保护她?可母亲却说,政府已经开始安排疏散,此刻三角乡的百姓更需要你。

三角乡的景象似曾相识，他和战友背着满眼噙泪的老人，抱起啼哭不止的孩子，看着他们的眼睛，袁展满就像看到了9岁时害怕得浑身颤抖的自己。

1998年，他见过无数双被洪水泡红了的眼睛，一波又一波地挽救了生命，那么大的恩情，他却连这些英雄的名字都不知道。

"感觉一下子就回到了小时候，我迫不及待地想去救更多的百姓，因为我太了解那种害怕和绝望，三角乡救援时我一晚上转移了100名群众。累吗？特别累，恨不得站着都能睡死过去，在路上眯10分钟都要面朝着洪水的方向，就怕救援的速度比不上洪水上涨的速度。"袁展满说。

在三角乡的第一个晚上，他就背出了100多名群众。洪水从脚踝一下就涨到了大腿，他只想多帮一个是一个。他这才真正明白了"英雄"的含义："英雄"从来就不是一个人的事，

消防队员解救洪水中的百姓

只有一群人，才能干成"英雄"干的事儿。22 年前，一群消防员用生命抵抗了洪流；22 年后，另外一群消防人站出来了，守护了同一片土地。

水火见忠诚，这群英雄的信念超越时空

1998 年长江抗洪，2008 年冰灾救援，2016 年长江永安堤的管涌，2019 年奥德瑞仓库的大火。

任务不断更新，成绩不断续写。九江支队打过太多的硬仗，虽然他们脱下"橄榄绿"，换上了"火焰蓝"，但是他们的战斗作风不减。他们护民平安，实现九江市连续 15 年没有发生较大火灾。

面对危险，他们习惯了逆行，习惯了连续作战，这些对于群众来说不常见到的危险瞬间，对于消防员来说却是日常。

他们有对这份职业的独特情感。

谢金霞曾经很帅，但一次救援，使他的脸发生了变化。这次救援中，他的脸受伤骨折了，当时顾不上，直到回家吃饭的时候，才感觉到伤痛。他没有想太多，直到脸部变形，变大了，到医院一检查，才知道脸部骨折了。

哪儿有什么天生的英雄？消防员也是普通人，他们也有父母、爱人、朋友，他们也会害怕、恐惧和担心。但是因为他们身上的这身制服，因为他们肩上的这份责任，他们每一次都会选择挺身而出，向险而行。

在抗洪的一次又一次考验里，九江支队的消防队员创造了无救援事故、无指战员伤亡、无群众因灾死亡的战绩。

在《时代楷模发布厅》的录制现场,中共中央宣传部副部长梁言顺为江西省九江市消防救援支队颁发奖牌和证书。

人民至上,生命至上,他们无愧于这身中国"火焰蓝"。所有的迎难而上、救民水火,终将被国家和人民长久纪念。一个热爱生命、敬仰英雄的民族,不会忘记为之付出青春和热血的战士。

让我们诚心祝福,希望中国所有的消防员,都能平平安安地出征,平平安安地归来!

252

时代楷模 2019—2021

2020

国家援鄂抗疫医疗队等 10 个抗疫一线医务人员英雄群体

扫码看视频　扫码看公众号

为深入贯彻习近平总书记在全国抗击新冠肺炎疫情表彰大会上的重要讲话精神，大力弘扬伟大抗疫精神，2020 年 9 月 23 日，中宣部向全社会发布了国家援鄂抗疫医疗队等 10 个抗疫一线医务人员英雄群体的先进事迹，授予他们"时代楷模"称号。在抗击新冠肺炎疫情一线，这些英雄群体表现突出、贡献卓著，用实际行动践行了生命至上、举国同心、舍生忘死、尊重科学、命运与共的伟大抗疫精神。

2020年9月23日，中共中央宣传部向全社会发布了国家援鄂抗疫医疗队等10个抗疫一线医务人员英雄群体的先进事迹，授予他们"时代楷模"称号。

北京，中央广播电视总台一号演播大厅，"共和国勋章"获得者钟南山，"人民英雄"称号获得者张伯礼、张定宇、陈薇又一次同台亮相。

这一次，他们有了新的使命——以英雄之名，向全国346支援鄂医疗队、4万多名逆行出征的医务人员致敬，向湖北54万、全国数百万战斗在阻击病毒一线的医疗卫生工作者致敬！

白衣为甲，逆行出征，断发明志，临危受命。

大疫大医，大医大义，铿锵豪迈，一片丹心。

在万家团圆的除夕之夜，他们踏上战斗征程，在阴云密布、生死一线之时，他们与患者跳入同一个战壕，拼尽全力与死神搏斗，共同抗击新冠病魔！

他们是人间最美的天使，他们是新时代最可爱的人，他们，是真正的英雄！

举国同心，
你眼角淌泪的模样就是英雄的模样

2020年1月28日，一张钟南山院士流泪的照片在朋友圈刷屏，在节目现场，回忆起曾让他潸然泪下的画面，钟南山仍然百感交集。

那是2020年1月27日，大年初三，静默中的武汉看不到车、看不到人，到了晚上8点整，武汉人民纷纷推开窗户，高唱国歌，高喊"武汉加油"。

在最艰难的时刻，武汉人民没有被吓倒，国歌响起的瞬间，你我就都只有一个名字：中国人！

钟南山

陈薇　　　　　　　　　　　　　张伯礼

　　疫情面前，中国人民解放军誓死不退，从除夕夜开始，军队支援湖北医疗队 4000 多名医务人员分 3 批抵达武汉。

　　陈薇院士带领的军事科学院军事医学专家组是一支"与毒共舞"29 年的专家团队，短短 1 天时间他们就完成了帐篷式移动检测实验室和检测平台搭建；他们在武汉连续工作 113 天，在武汉打下全世界第一针新冠疫苗，经历了武汉保卫战全过程。

　　张伯礼院士擎起中医大旗，4900 余名中医药人纷纷按下红手印儿请战，从全国各地驰援湖北。

　　中国中医科学院国家援鄂抗疫中医医疗队全程深度介入治疗，筛选出"三药三方"等临床有效的中药西药和治疗办法，被多个国家借鉴和使用。

　　为什么一看到他们流泪的瞬间，我们还是会忍不住泪流满面？因为这是勇敢者不屈的泪水，拼搏者胜利的泪水，这一滴滴泪水里装着太多的辛酸，装着太多平凡的感动，装着太多温暖的力量，装着太多"我们终于挺过来了"的喜悦。在民族大义面前、国家危难之际，14亿中国人淌下的这一道道热泪，汇聚成的是一条势不可当的抗疫洪流。

北京协和医院等6家医院组成国家援鄂抗疫医疗队，进驻湖北危重症救治基地；四川大学华西医院援鄂重症救治医疗队，这支曾在汶川地震中立下赫赫战功的"王炸队伍"，火速接管多个重症病区；江苏省人民医院援武汉重症医疗队派出208位精英，几乎是倾囊出征的他们在武汉市第一医院连续奋战35天后又陆续接管金银潭3个重症病区，他们用最长的时间坚守到最后；天津市对口支援恩施州疾控工作队当好"拧紧水龙头"的人，以细致入微、抽丝剥茧式的流调工作，为当地百姓和医务人员筑起了一道坚不可摧的生命防线。还有那一列列火车、一架架飞机、一辆辆卡车、一笔笔捐款，14亿中国人民"举国同心"，15000名建设者在短短12天时间里建成了雷神山医院。来自全国9个省市、286家医院累计3202名医务人员齐聚雷神山，勠力同心、并肩作战，累计收治患者2011人。辽宁支援雷神山医院医疗队总人数达到了1183人，热情幽默的东北话成了雷神山的"官方语言"；广东支援雷神山医院医疗队的队员们每天在一棵仿真"樱花树"下拍合照、报平安。

生死与共，
你豁出去的使命担当就是英雄最美的模样

"世上没有从天而降的英雄，只有挺身而出的凡人。"

在全国抗击新冠肺炎疫情表彰大会上,习近平总书记的这句话,让我们热泪盈眶。

是啊,都是肉体凡躯,谁生来就敢于直面鲜血,敢于直面死亡?

广东支援雷神山医疗队"90后"护士萧艳婷第一天上班时,站在负压病房门前不敢走进去。她坐在清洁区的长椅上调整半个小时后勇敢地走进了病房。她说:"我的同事们都在里面,那么多病人等着我,我唯有前进,绝不退缩!"

明明自己还是个孩子,只不过是换了一身衣服,却像战士一样冲锋。是中国人生来就不怕死吗?不!比生死更重要的是责任。

在火神山医院有一位83岁的老爷爷,尽管自己也生病了,但是仍无微不至地关心老伴儿,他每天紧紧拉着老伴儿的手,陪她在医院楼道里慢慢散步。

萧艳婷在雷神山医院的工作照

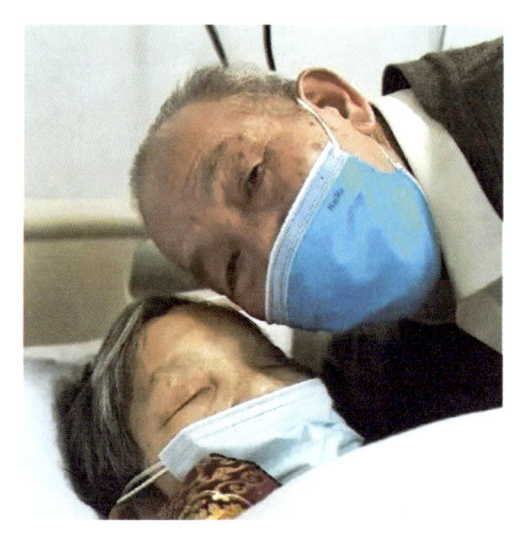

张兆堂夫妻

护士唐杰被两位老人的爱情所感动,当她拉着爷爷聊天时,才发现了一个让她惊讶不已的秘密:原来爷爷名叫张兆堂,是一位抗美援朝的老英雄,17岁时曾赴朝作战。唐杰感动不已:70年前,你保家卫国,保护了我们,70年后,我成了你,定要护你周全!

跨越70年,在不同的战壕里,他们是同样的英雄。过去的70多年里,面对每一次困厄,中国人民无畏,中华民族无惧;过去的9个月里,中华大地又见遍地英雄……

"活过来了,你活过来了,活过来了!"程春生缓缓睁开双眼,华中科技大学附属同济医院"尖刀连"的医护人员激动地竖起大拇指,相拥而泣。生命奇迹的背后,是植入体外膜肺(ECMO)的9天9夜,插管小分队、护心小分队、护肾小分队日夜守护、彻夜不眠……

1月26日,一位怀胎九月、肺部严重感染的孕妇来到中部战区总医院。为了守护住两条生命,中部战区总医院8个科室20位专家会诊,决定紧急实施剖宫产手术。"哇"的一声

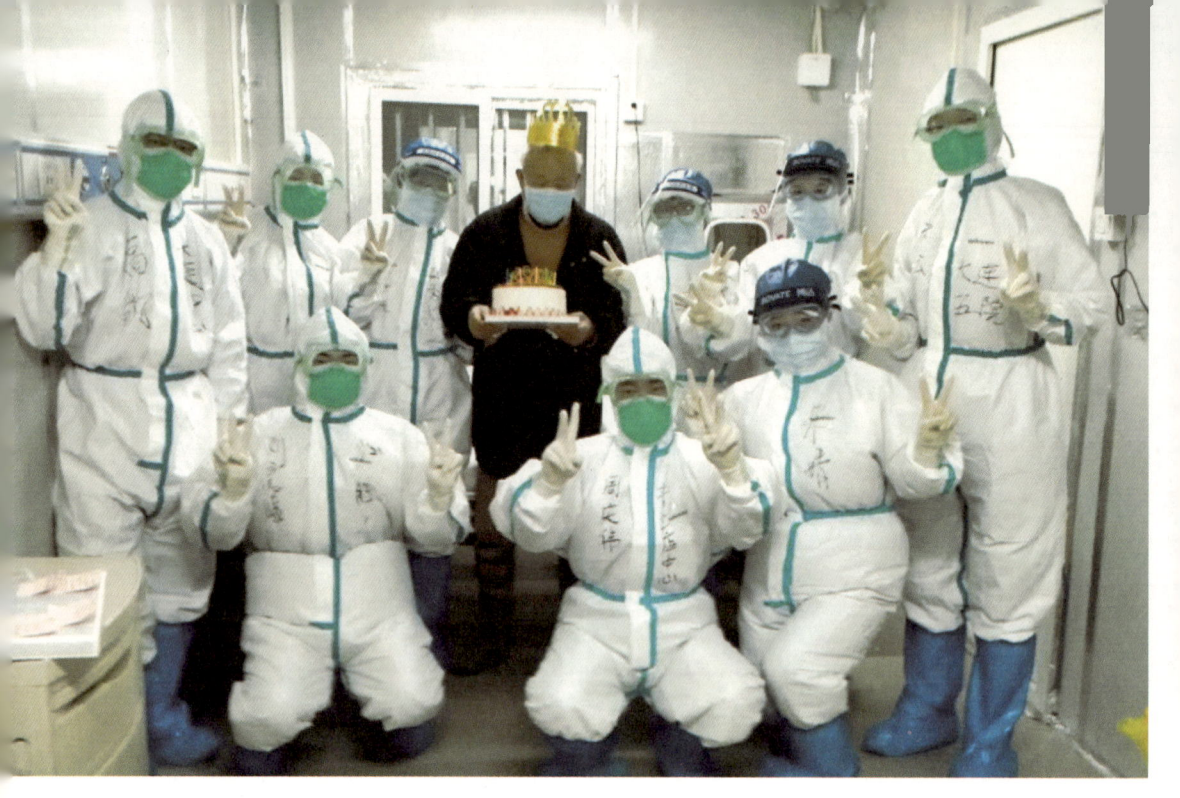

医患感情深厚

大哭,本应该是医生和家人最幸福的时刻,此时,孩子一家4口却因为病毒被分别隔离。儿科隔离室里7名医护人员身着厚实的防护服,拼尽一切日夜守护着这个提前来到人间的孩子。当孩子核酸检测结果为阴性时,医护"妈妈"们喜极而泣。

苦难中孕育着希望,伤痛中迎接着新生。

正是因为全中国人民把"最硬的鳞"掰下来护佑武汉,正是因为白衣战士们把自己"最硬的鳞"掰下来,护佑每一个生命,荆楚这片土地上,才上演了一个又一个的"生命奇迹"。这样的"生命奇迹",是医生与患者的生死与共,是国家与人民的生死与共,是14亿中华儿女的生死与共!

一位医生在接受采访时,记者问他:"和治愈的患者感情有多深?"他想了想,只说了4个字:"生死之交。"

在这场拼尽全力的战斗中,逆行执甲、向险而行的白衣天使，在危难之际站得出来，在生死之间豁得出去，他们是真正的英雄。

在这片没有硝烟的战场上，不服输不言弃、顽强不屈、生死相守的1000万武汉人民，是真正的英雄！

历史会记住每一朵翻腾的浪花，14亿中国人，你的名字叫英雄

大年初一，出征武汉，国家援鄂抗疫医疗队"90后"护士吴文芳曾流着眼泪在高铁的窗户上写下："武汉加油，人民必胜！"给自己打气，给战友鼓劲儿。

4月10日，春暖花开、山河安澜，广东支援雷神山医院医疗队队长余纳把她的队员一个不落地全部带回家，她几乎是又哭又笑着喊道："我们回来了！"

出征时，街道空荡、病毒肆虐，他们流下的是义无反顾、决战必胜的眼泪；归来时，人潮涌动、大地回春，他们淌下的是浴血重生、拥抱胜利的热泪。

吴文芳流着眼泪在高铁窗户上写下："武汉加油，人民必胜！"

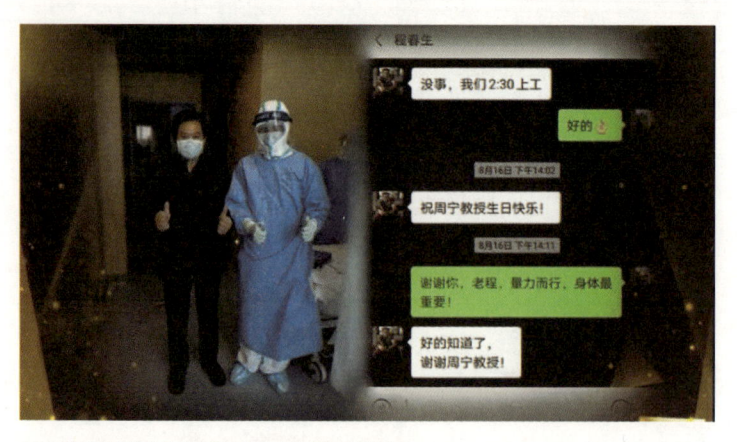

程春生在微信上为周宁医生送上生日祝福

　　以生命至上汇聚合力，以举国之力对决疫魔。中国人民风雨同舟、众志成城，用3个月左右的时间取得了武汉保卫战、湖北保卫战的决定性成果。

　　疫情过后，被抢救回来的钢铁汉子程春生不仅回到了工地上工作，还不忘为他的生死之交周宁医生送上生日祝福。

　　疫情过后，护士唐杰放心不下张兆堂爷爷，离开武汉之前，去了爷爷奶奶的家里。那天，爷爷正在厨房里帮奶奶炸鱼，当阳光透过窗户的缝隙温暖地照到他们身上的时候，唐杰欣慰地泪流满面。所有的努力、所有的辛苦，都是为了换回这久违的平和，都是为了换回这久违的岁月静好。

　　又是几个月过去了，今天，"960多万平方公里的土地上，城市车流如织、乡村谷米满仓、校园书声琅琅、工厂机器轰鸣……"

　　在节目现场，人民英雄张定宇，为曾艰苦奋战在金银潭医院的江苏省人民医院援武汉重症医疗队送来武汉的热干面。他热情又激动地说："为武汉加过油的中国人都来武汉，尝一尝我们的热干面，登一登我们的黄鹤楼！"

　　在《时代楷模发布厅》的舞台上，战"疫"宝宝壮壮的

战"疫"宝宝壮壮和医护人员合影

妈妈把他抱上台,以生命之名,向拼尽全力挽救了他们的白衣天使致敬。

在节目现场,妈妈抱着壮壮和"亲人"们一起用胜利的姿势定格了一张满是笑容的合影。

抗美援朝老英雄张兆堂和老伴儿都康复了,他专门穿上当年的军装,带着老伴儿一起走上《时代楷模发布厅》的舞台,向曾与他生死与共的救命恩人致敬。当他从旧挎包里小心翼翼掏出一张纸条时,在场的导演、摄像和所有观众,无不为之动容……

唐杰、曹院长、李护士……一科一病区的18名医护人员的名字,他都写下来了。这些歪歪扭扭的字迹背后,是一个个救命恩人的姓名,是一个个挺身而出的身影。在现场,老人举起右手,郑重地向医生们行了一个军礼。军礼,共和国军人至高无上的敬意,这是来自康复患者的感激,是两代英雄跨越硝烟战火、跨越千难万险、对人民至上的致敬，对生命至上的致敬！

英雄者，国之干。回顾历史，伟大的中国人民一路披荆斩棘，才终于走到今天。

曾经，4万万中国人宁死不屈，14年血肉为墙、全民皆兵，超过3500万军民伤亡，才取得民族独立！曾经，一批又一批杰出的科学家，他们放弃国外优越的研究条件，冲破重重阻力，坚决回到祖国，钱学森、邓稼先、钱三强、南仁东、黄大年……他们放弃功与名，在默默无闻的奉献中，让中国人挺直了腰杆！

历史前行的每一瞬间，都有无数的英雄挺身而出，国家前进的每一步，都有精神力量的推动！这精神的力量，是排雷英雄杜富国无手的军礼；这精神的力量，是65岁中国工程院院士朱有勇俯身大地的身躯；这精神的力量，是王继才、王仕花夫妻以身许国，为祖国守护荒岛30多年的惊天动地。没有后退只有冲锋，没有妥协只有战斗！这精神的力量是中华民族千百年来百折不挠的英雄气概，这精神的力量，早已化作英雄的基因，融入每一个中华儿女的血脉，凝结成不屈的民族精魂！

在过去的5000年里，中华大地遍地是英雄；在过去的9个月里，14亿中国人民都是抗击疫情的伟大战士。

崇尚英雄，才会产生英雄；争做英雄，才能英雄辈出！

当我们站立于"两个一百年"奋斗目标的历史交汇点上，以国家之名致敬战"疫"功勋模范，既是对这10支英雄群体的表彰、对数百万医疗卫生工作者的褒奖，更是对我们每一个平凡人的致谢，对 14 亿奋战的中国人的致敬！

"历史会记住每一朵翻腾的浪花！"

今天，努力奔跑的我们，奋力追梦的我们，脚踏实地把每件平凡的事做好，"担当起自己的担当、肩负起自己的肩负、奉献出自己的奉献"。每个人都是前行路上的"提灯者"，每个人都是实现中华民族伟大复兴征程中的英雄！

266

时代楷模 2019—2021

孙景坤　徐振明

孙景坤，中共党员，辽宁省丹东市元宝区金山镇山城村农民。他先后经历四平战役、辽沈战役、平津战役和解放海南岛等战役，1950年参加抗美援朝出国作战。在战争年代，他冲锋陷阵、英勇顽强，出生入死、屡立战功，负伤回国后又坚持重返战场，用热血青春诠释了革命战士的赤胆忠心，曾荣立一等功一次、二等功多次，被授予抗美援朝一级战士荣誉勋章等荣誉称号，作为中国人民志愿军回国英雄报告团成员，受到毛主席等党和国家领导人的亲切接见。在和平年代，他深藏功名、淡泊名利，几十年如一日扎根乡村，用执着坚守彰显了共产党员的初心使命。

徐振明，中共党员，江苏连云港人，吉林省通化市革命烈士陵园管理所首任所长。他先后参加过抗日战争、解放战争，1950年参加抗美援朝战争，转战大江南北，经历战斗无数，留下累累弹伤，从"娃娃八路"成长为"战斗英雄"，为民族独立、人民解放、保家卫国舍生忘死、英勇战斗，曾荣立多次战功。他退伍不褪色，转业到杨靖宇烈士陵园工作，父子两代默默付出，守护英雄陵墓60余年，身体力行保护革命遗迹、讲述英雄故事，弘扬革命文化、赓续红色血脉，教育了无数青少年，感动了广大社会群众，2017年被评为"中国好人"。

> 营长就告诉我,你带领这9个人,扛多少手榴弹、扛多少子弹。一出发一看,飞机就来了,我们瞅准机会赶紧往上冲。

> 我既是自己在守陵,也是代表牺牲的战友为杨将军守陵。我守在这里,感觉自己还跟战友们在一起。

1968 年,辽宁丹东山城村的 13 岁男孩儿张德胜在废纸堆捡到一本 1953 年出版的旧书《战斗在朝鲜》,就在他随意翻看这本书时,其中的一页内容让他大吃一惊!《奋战在危急情况下的副排长孙景坤》,书上讲的这个人,不就是村里的老孙大爷吗?!

小德胜兴奋极了,他怎么也想不到,自打他记事起就在村里扛着锹、带着大家伙儿开荒种地的老孙大爷,竟然是在抗美援朝战场九死一生、战功赫赫的战斗英雄!

《战斗在朝鲜》中内页《奋战在危急情况下的副排长孙景坤》

抗美援朝老英雄徐振明

13年后,1981年的一天,在距离丹东300公里的吉林通化,一早去杨靖宇烈士陵园上班的20岁小伙子徐永军,同样因为眼前看到的一幕大吃一惊:坐在陵园门口的看门大爷,竟然是自己的老父亲徐振明!

徐永军一时想不明白,半年前,还没离休的父亲可是这座陵园的"一把手"!

时光又过去了将近40年,当了60多年农民的孙景坤和为杨靖宇烈士守陵60多年的徐振明,已分别是96岁和95岁高龄了。

在很多人的眼中,他们,一个是种了一辈子庄稼的农民,一个是一辈子守护杨靖宇陵园的守陵人,这样的身份,似乎早已跟"英雄"二字没有了关联……

殊不知,这再普通不过的身份背后,却是用鲜血和汗水浸透的英雄本色!

抗美援朝老英雄孙景坤

抗美援朝老英雄徐振明

"雄赳赳，气昂昂，跨过鸭绿江……"两位九旬老人早已走出硝烟，然而，只要听到这首《中国人民志愿军战歌》，他们暗淡的眸子里就像是被点亮了一束光！尽管已经言语不清，甚至连子女的名字也叫不上来，但这熟悉的旋律在耳边响起，老人仍能眼含泪花一字一句地唱出来……

60多年前，他们从离开战场回到家乡的那一刻起，就把一枚枚军功章压在箱底，再也不跟任何人说起……

那些曾经驰骋疆场、军功赫赫的战斗英雄"消失"了，但他们始终是冲锋的战士，一辈子牢记初心使命，一辈子兢兢业业、全心全意为国家奉献和为人民谋幸福。岁月改变山河，时间冲淡记忆，然而，留在他们躯体上的炮弹炸的伤、子弹钻的洞、刺刀留的疤，无不诉说着英雄的故事……

一

1950年10月19日，孙景坤随部队跨过鸭绿江大桥，出国作战。

当兵两年多时间，孙景坤已经从四平战役、辽沈战役打到平津战役、解放海南岛战役，此时，再次投入到抗美援朝战争中。

尽管已经身经百战，但抗美援朝战场上美军炮火之密集，70年后，96岁的孙景坤仍记忆犹新："在朝鲜，那炮火太多了，那炮一出来就是百八十发……"

数年征战，到底打了多少仗，孙景坤已记不清了，但有一场战斗，始终铭刻在心，"我们占领了161高地！"

孙景坤

1952年10月27日,孙景坤接到命令,带领357团7连增援已经连续驻守161高地12个小时的战士们。

当时,161高地三面处于敌人的火力控制之下,炮火力度前所未有,增援部队很难登上高地。趁着敌人飞机贴着地面飞行的间隙,28岁的孙景坤带着9名战士冒着机枪的扫射冲上阵地,他看到连长抱着几根爆破筒,准备"敌人一冲上来,就抱着爆破筒跟敌人一块儿结束!"

眼看着身边的战友一个个倒下,决心死也要死在阵地上的孙景坤打红了眼,他把一颗颗手榴弹掷向敌人,甚至把敌人扔过来的手榴弹捡起来再扔回去!

从中午12点,一直坚守到半夜12点,孙景坤带领战友打退敌人6次进攻,守住了阵地,完成了作战任务。

战斗结束后,战友们在炮弹掀起的泥土中,找到了已经受伤昏迷的孙景坤。这一仗,孙景坤荣立一等功。

徐振明跟孙景坤老人一样,忘了很多人、很多事,可说起抗美援朝战场上的战斗，仿佛又回到了烽火硝烟的战场……

18岁加入革命队伍，从抗日战争、解放战争的硝烟中一路打过来的徐振明，1950年10月，再次走向了抗美援朝战场。

入朝半个多月后的11月4日，飞虎山战斗打响，当时，只有25岁的通信连排长徐振明，眼看着通信兵在敌人的飞机炮火中一个一个倒下。可撤退的命令关系阵地上所有战友们的生命，关乎战局的胜负！

徐振明下定决心：死也得把信息送过去！天上有飞机，地面有炮火，连滚带爬的他，一路闯过了敌人的封锁线，顺利完成了任务。

抗美援朝战场上，徐振明经历了数不清的战斗，在他的记忆中，最惨烈的要数白马山战役，在争夺394.8高地的拉锯战中，天上敌机狂轰滥炸，地面枪林弹雨，当时徐振明所在连270多人参战，最后只有6个人活了下来……

"雄赳赳，气昂昂，跨过鸭绿江……"

每当95岁的徐振明唱起这首撼天动地的战歌，他总会眼眶泛红，自然而然地擎起右手，敬起军礼！

96岁的孙景坤也是一样，回忆起自己荣立一等功的那次战斗，他似乎不愿过多提及自己的荣誉，而是讲着讲着就流着眼泪喃喃地说："和我一块儿下来的只剩4个人，半路上副连长的腿还被炮弹炸断了……"

一枚枚带着岁月斑驳的军功章，应该是他们人生中最壮烈也最自豪的段落。然而，对于他们来说，这同样是一段不忍回忆的往事：那么多战友在面前牺牲了。"他们为国家把命都搭上了，真正的英雄是牺牲的战友们！""我是替没能回来的战友活着……"

把军功章藏起来，很少提自己战斗的事迹，成了这两位老人不约而同的选择！

二

1955年，战功卓著的孙景坤复员，领导对他说："你是排长，又是战斗英雄，安排你当车间主任吧！"他急忙摆摆手："我没文化，当不了！"

在人生的十字路口上，孙景坤几乎没有过多地考虑就放弃了留在城里的机会，"曾经咱从农民当上战士，现在国家粮食还不够，就应该从战士当回农民！"回到农村的第三天，他就拿起农具下田劳动，因为当过兵又是党员，他很快就当上了第一生产队队长。农场成为他的新战场！

当时，村里有上百亩的老洼地，他下决心让洼地变耕田，从早到晚带领村里百余号壮劳力，把洼地的土一锹一锹地挖上来，垫起来的高地种苞米，低地插秧种水田。

解决了吃饭问题，孙景坤又带领村民向"荒山"宣战，短短十来年的时间里，硬是在村子周围几百亩寸草不生的"硫磺"山上，栽下了十几万棵松树和板栗树。

孙景坤这生产队队长一当就是30多年，农民一当就是一辈子。60年里，虽然离开了战场，但孙景坤一刻也没有停止"战斗"，他始终为了让村民过上好日子而奔忙着，乡亲们都念着孙队长的好，直到今天都很少有人知道，在村里辛苦忙碌了一辈子的孙队长身上有多处战争留下的伤疤。

1958年，33岁的徐振明从部队转业时，也做了一个让所有人都不理解的决定。摆在他面前的有3个职位，招待所所长、福利院院长和杨靖宇烈士陵园管理所所长。

徐振明毫不犹豫就做了决定：去陵园，给杨靖宇将军守陵！

知道他是在战场上多次立功、九死一生活下来的英雄，很多人都劝他再考虑考虑，然而，对于自己做出的这个选择，直到90多岁，徐振明说起来仍然激动地掉眼泪："全国那么多人崇敬杨靖宇将军，只有我有机会为他守陵。这是我的光荣啊……我不仅是自己在守陵，也是代表牺牲的战友们为杨将军守陵。我守在这里，感觉自己还跟战友们在一起……"

那时候，陵园还是一座20000多平方米、寸草不生的"秃山"，徐振明是首任所长，算上他自己，整个陵园也只有3个人。

为了给烈士修好陵园，他一次次踏查山前山后，在当所长的22年里，亲手栽植松柏上万棵，让曾经荒芜的陵园四季松柏青翠、春夏百花盛开！

上任初期，徐振明最忧心的事就是陵园陈列室的藏品有90%都是复制品，为了让英雄的陵园承载英雄的记忆，他想尽一切办法，搜集历史资料和实物。一有空闲时间他就坐上牛车或者徒步进入深山密林，寻找当年东北抗联的珍贵文物。

为了收集到一双东北抗联官兵穿过的靰鞡鞋，徐振明冒着大雪翻山越岭一次次到老乡家登门拜访。开始老乡不愿意拿出来，徐振明就一次次地去，一次次讲东北抗联的战斗精神，老乡深受感动同意了，他没有想到这个从抗美援朝战场回来的老兵，竟能这么一趟趟地来求他，对英雄的感情这样深……

1981年，从陵园离休半年的徐振明终于忍不住跟组织提了他这辈子唯一的要求："我想回到陵园当一名门卫，请组织让我继续守着陵园，继续为杨将军守陵。"为了这个陵园，徐振明已经奉献了半辈子，还是为了这个陵园，他从所长变成看门大爷，也要继续守下去！

除了看大门，徐振明还是陵园的讲解员，90岁那年，他仍坚持拄着拐杖，向从全国各地来的游客讲杨靖宇，讲东北抗联，讲抗战精神！

杨靖宇的故事他已经讲过上万遍了，但每次一说到杨靖宇牺牲前吃的是野草、树皮，徐振明还是会忍不住老泪纵横、泣不成声！

"我们不能忘了过去，忘了过去就是背叛！"这句话从这位经历了抗日战争、解放战争、抗美援朝战争，经历了一场场枪林弹雨、炮火硝烟的老英雄口中说出来，对于每一个在场的人而言，既是一份儿沉甸甸的嘱托，更是一次灵魂的洗礼！

孙景坤、徐振明，从战斗英雄到平民百姓，他们，一个将余生献给了家乡热土，一个将一甲子的时光献给了陵园，为英雄守陵……

然而，这样极致的奉献背后，却是他们对自己、对家人的极度苛刻……

三

孙景坤有7个儿女，5个是农民。那些年，常有单位来村里招工，可当生产队队长的他把名额匀出来让给别人，偏偏就是不给自己的子女！

大女儿孙美丽身患小儿麻痹症，电话局招一批话务员选中了她，"俺爸一看名单上有我，就硬给拿下去了……"三女儿24岁时被工厂选上，也是因为孙景坤的阻拦没能去成。

眼看招工的路走不通，大儿子孙富贵报名参了军，唯独这一次他没拦着……很长一段时间，儿女们都无法理解孙景坤的做法，抱怨父亲耽误了自己一辈子，"恨"父亲对亲人太"苛刻"……

跟孙景坤一样，徐振明的做法也让儿子极度不满！1980年，当了22年所长的徐振明即将从陵园离休，刚满18岁的徐永军即将高中毕业。

就在儿子憧憬着毕业后学一门手艺到外面的世界闯一闯时，父亲要求他接班，到陵园上班去。

18岁，人生才刚刚起步。徐永军死活不答应，在被父亲打了一顿之后，父亲毫不客气地对他说："你必须去，这事没得商量！"

跟徐振明斗争了整整一年，徐永军最终还是去了陵园上班。

本打算混日子的他每次看到自己的老父亲，穿着一身旧军装，夏天顶着炎炎烈日，冬天顶着刺骨的寒风，腰板笔直地守在陵园的大门口，总是心里一颤，既心疼又感动……

终于，在父亲徐振明的感召下，徐永军把陵园当作家，跟父亲一起，两代人赓续接力，守护杨靖宇烈士陵园60多年。徐振明90岁时，基本失去了生活自理的能力。儿媳在帮他擦身体时，看到了他背上碗口大的伤疤。那一天她才知道，一起生活了这么多年的父亲，曾经被炮弹炸伤过。

儿媳的眼泪掉了下来，那一刻，她终于理解了父亲和丈夫两代人为英雄守陵的选择，也理解了眼前这个老头儿一辈子的倔强和坚守！

这些年，孙景坤的子女也渐渐理解了父亲，尤其是当过兵的大儿子，当他穿上了被父亲视作生命的军装时，他明白了父亲：一个经历过太多生死的军人，一个为了国家和民族可以随时随地牺牲的军人，他总觉得自己比不上牺牲的战友，总觉得自己就应该为这个国家做得更多、奉献更多……

孙景坤、徐振明……所有的中国人民志愿军将士，用一次次英勇无畏的冲锋，舍生忘死、浴血奋战，赢得了抗美援朝战争的伟大胜利，谱写了气壮山河的英雄赞歌，创造了人类战争史上以弱胜强的光辉典范。

孙景坤、徐振明……所有历经战火硝烟的老兵们，掩盖身上的伤疤，深藏挂在胸前的荣誉，一个个战斗英雄"消失"了，一个个为祖国、为人民无怨无悔奉献一生的平凡英雄挺立了起来……

像他们一样深藏功名的老英雄还有很多很多……

2020年是中国人民志愿军抗美援朝出国作战70周年，10月25日是中国人民志愿军抗美援朝出国作战纪念日。

让我们一起向英雄的中国人民志愿军致敬！向那些用鲜血染红金达莱花的烈士们致敬！向所有深藏功名、默默无闻奉献一生的老兵们致敬！谢谢你们，用宝贵的生命，用自己一生的时光，为共和国立下了不朽功勋！

280

时代楷模 2019—2021

毛相林

扫码看视频　扫码看公众号

　　中共党员，重庆巫山人，现任重庆市巫山县竹贤乡下庄村村委会主任。他43年不改初心使命，坚守偏远山村，坚持苦干实干，带领村民用最原始的方式在悬崖峭壁上凿石修道，历时7年铺就一条8公里的"绝壁天路"。他培育"三色"经济，发展乡村旅游，推进移风易俗，提振信心志气，把绿水青山变成了金山银山，让乡亲们改变了贫困落后面貌，过上了富裕文明生活。他艰苦卓绝、打通绝壁、带头引路、誓拔穷根的平凡壮举，造福了广大村民，传遍了全国各地，赢得了广泛赞誉，树立了脱贫攻坚一线党员干部的光辉榜样，被授予"全国脱贫攻坚奖奋进奖""中国好人"等荣誉称号。

> 山凿一尺宽一尺，路修一丈长一丈，就算我们这代人穷十年苦十年，也一定要让下辈人过上好日子。

先给大家看一组照片：

在重庆市巫山县小三峡的深处，有一个四面被大山包围的下庄村。

几十年来，下庄村人想走出这"天坑"，只有沿着一条

修路前，下庄村人出村必经的山路

在绝壁上劈出一条"天路"

几近垂直、险而又险的山路不断向上攀缘……

1997年，下庄村全村397人里，竟然有300人没有见过电视机，150多人一辈子没有走出过村子，160多人连公路长什么样都没见过……

下庄像口井，井有万丈深！难道下庄村人注定与世隔绝？注定当"井底之蛙"？注定几辈子生活在这个"天坑"的底部，子子孙孙这样穷下去？

不！下庄村村民身体里流淌着的是中华民族不信天、不认命、不言输的血液！

整整7年之后，下庄村人硬是以自己的血肉之躯，在几近垂直的绝壁上，劈出了一条8公里的"天路"……

下庄人在绝壁之上打响了向命运抗争的第一炮

1997年7月，刚刚当上村支书的毛相林，坐在下庄的"井

毛相林

口"之上，抬头仰望着四周海拔1300多米的群山。

眼泪夺眶而出，路，已经到了不能不修的时候了。毛相林知道：没有路，他们就是最后的下庄人！然而在那时，下庄村修路还没有列入全县规划，"一没钱，二没机械，硬生生在悬崖上抠一条路吗？"面对村民们的质疑，他站起来掷地有声地说："山凿一尺宽一尺，路修一丈长一丈，就算我们这代人穷十年、苦十年，也一定要让下一辈人过上好日子！"

缺乏劳动力，他号召劳力全都上工地；没有资金，他带头卖猪卖粮。在短短5天时间里，村民们凑了3960块钱。毛相林捐出了自己所有的积蓄，又以个人名义向信用社贷款1万多元……

1997年的腊月初八，毛相林拿着高音喇叭，走上山崖。他一声令下，下庄人在绝壁之上，打响了向命运抗争的第一炮。那一天，随着此起彼伏的炮声响起，很多人哭得很激动，这是几代人改天换命的愿望！

毛相林和村民们一起，腰系长绳，用大锤、钢钎、簸箕等简单的农具悬在空中钻炮眼儿；没有任何保护措施，他们在"炸了一炮"的垂直山体上，冒着随时可能坠落山崖的危险，用手挖，用脚蹬；没有休息的地方，他们就住山顶、喝泉水、

村民们腰系长绳，用大锤等农具钻炮眼儿

睡山洞，即便是数九寒冬，刮风下雨，也只有一块破旧的塑料布遮挡。时任重庆市万州区委外宣办干部的黎延奎冒着生命危险，记录下了下庄人修路的过程，如果不是这些宝贵的画面，或许没有人会相信，中国的老百姓能在这样的条件下坚持修路。

"哪怕我儿子死了，我也期望大家再努力一把，我们公路就修通了……"

就像蚂蚁啃骨头一样，毛相林带领着下庄村人，在悬崖上艰难地一寸一寸向前推进。

然而，开修前测路员对毛相林说的一番话，真的"应验了"……"这路你修到一半，绝对是要放弃的，你肯定不敢修了。放炮炸山要掉下来余石，要伤人死人的！"意外真的就这样发生了……

黄会元是下庄村为数不多的几个出去打过工、见过世面的人。他收到毛相林要在村里修路的信件后，二话没说就赶了回来。那一天，他兴奋地对着黎延奎的镜头说："修公路，我们都很积极，就是盼着早日修通公路，好得到幸福……"

然而，就在他接受完采访的第二天，一块巨石突然从山上滚了下来。看到的人还来不及呼喊，黄会元便被推进了万丈深渊。毛相林第一时间冲下了悬崖，两个多小时后，他们在深谷里找到了黄会元已经冰凉的身体。

"路是我提议修的，黄会元也是我叫回来的！"压力与愧疚从毛相林的心底往外冒，这让内心一直无比坚定的他第一次产生了动摇。

然而，就在全村人陷入悲痛，陷入对修路的挣扎与彷徨时，谁也没有想到，黄会元72岁的老父亲站了出来，当着全村男女老少的面，说了这样一番话："我们这个地方这么苦寒，我们数十代人受了这么多年的辛苦，哪怕我儿子（黄会元）死了，我也期望大家再努力一把，我们公路就修通了，就摆脱这个贫困了……"

任谁能想到，这是一个刚死去儿子的老父亲，一个从没有走出过大山的老百姓说出来的话。

"同意继续修公路的，请举手！"

"修！""必须修！""我也支持修！"就在黄会元的灵堂前，下庄村老百姓纷纷举起了手。

从"毛矮子疯了"，到一声声响彻天地的"修"，毛相林浑身又充满了力量！

第二天天还没亮，毛相林带着村民们又一次向大山发起了挑战，他带头在腰上绑上虹绳，第一个攀上了悬崖，凿开了下一个炮眼儿……

历时7年，2004年4月，毛相林终于带领下庄人在陡峭的崖壁上凿出了一条长8公里的"天路"，下庄村人终于能够走出"天坑"，几代人的梦想终成现实。

路通的那一天，毛相林找来了一辆车，把这条路从头到尾走了一遍。全村人不管男女老少，都自发形成队伍，跟着毛相林的车走着。

走到终点的时候毛相林再也抑制不住自己，他对着乡亲、对着这群山大声说："今天我们终于把这条路修通了，我毛矮子，没有辜负死去的兄弟们！"

然而，世世代代的封闭和贫困让下庄与外界脱节了许久，修通了往外面世界的路，村民却还没有找到一条致富路！下庄村仍然是县级贫困村。

2014年，在决定修路的17年后，毛相林和下庄村人，再一次走到了抉择的十字路口……

为有牺牲多壮志，敢教日月换新天！

毛相林请来的农委专家通过研究海拔、气候和土质发现，下庄村适合种纽荷尔柑橘。

"柑橘我哪里会种哦？""我也不想种！"在下庄村的群众大会上，大家疑虑纷纷。

"不会种，可以学，这么难的路都修通了，还有什么能难倒我们下庄人！"

为了打消村民的顾虑，毛相林亲自到外面学，买来书带回家一点点研究，一块地一块地地去走，一户一户亲自上门

下庄村人修成的"天路"

去教！短短一年多的时间，2015年，下庄村就在全县率先实现了整村脱贫！

摘掉了"贫穷落后"的帽子，毛相林没有止步！2017年，巫山县投资帮助下庄村实施民宿改造，建成了19栋34户风貌统一的乡村民宿。2019年，下庄的柑橘迎来了大丰收。

今天的下庄村，650亩的柑橘、100亩的脆李、100亩的桃子、200亩的西瓜，水果经济四季不断。种小麦、种油菜，绿色山货供不应求。

那条下庄人用血肉之躯建成的"天路"，成了游客纷纷打卡的网红之路。一条通往当阳大峡谷的隧道正在修建，抬头就是大自然美景的下庄又多了一条旅游"路"！

从原来的人均年收入300元到2019年人均年收入12670元，20来年的时间里，下庄人的收入增长了40倍。

这些数字真的是有温度的，是滚烫的，是饱含着艰辛、也带着幸福和笑容的！

不等不靠，"天路"自己凿；不怨不哀，幸福自己找。

下庄人正是凭着这股劲头儿，换来了峭壁变通途，穷窝变康庄。

今天的中国，书写了"最成功的脱贫故事"。改革开放40多年来，中国8亿多人口实现脱贫；党的十八大以来，贫困人口由2012年底的9899万人减少到2019年底的551万人，连续7年每年至少有1000万人告别贫穷，平均每分钟有20个人摆脱贫困……

这样的奇迹不是天上掉的，不是哪个"救世主"给的，是一代又一代中国人民勤勤恳恳干出来的！

我们从下庄村的这条路，看到了中国人民不怕牺牲、追求幸福的致富路，看到了共产党人攻坚克难、服务人民的奉献路，看到了几代中华儿女逢山开路、遇水架桥的奋斗路。

为有牺牲多壮志，敢教日月换新天！

让我们向无论历经怎样的艰难险阻，始终坚韧不屈的中国老百姓致敬，向全国300万扎根扶贫一线、战斗在最前线的扶贫干部和第一书记们致敬！

时代楷模 2019—2021

黄诗燕

1964.07—2019.11

扫码看视频　扫码看公众号

中共党员，湖南人，生前系湖南省株洲市政协副主席、炎陵县委书记。他始终坚持以人民为中心的发展思想，扎根基层一线，勇挑工作重担，九年如一日奋战在脱贫攻坚主战场，发展特色产业、推动农民增收，破解民生难题、提升幸福指数，不断解决问题、破解难题，想干事、能干事、干成事，为脱贫攻坚事业鞠躬尽瘁，带领炎陵县成为湖南省第一批摘帽的国家级贫困县，改变了当地贫穷落后面貌，用工作实绩践行了新时期好干部标准，以苦干实干赢得了干部群众的广泛赞誉，用宝贵生命诠释了共产党员的初心和使命。2019年11月因公殉职，时年56岁。被追授为"全国脱贫攻坚模范""湖南省优秀共产党员"。

> 农业直接关系到农民增收，炎陵这样的偏远县，只有把农业做好了，农民才能靠山吃山、靠水吃水，让绿水青山真正成为金山银山。

2019年11月29日上午8点30分，湖南炎陵县，一场脱贫攻坚调度会正在召开。

当县委书记黄诗燕开始发言时，在座的人发现了一些异样：黄书记的声音失去了往日的洪亮，说话显得有气无力。

"脱贫攻坚是头等大事，压倒一切。扶贫工作等不得！"

这是黄诗燕在会上说的最后一句话，谁也没有想到，这句他平时一直挂在嘴上的话，竟成了他对在场同事最后的嘱托！

散会后，黄诗燕回宿舍休息，等到同事们去宿舍叫他时，才发现他半倚在床头，双拳紧握在胸前，低着头，身体已经发凉……

黑洞洞、沉甸甸的贫困像秤砣一样压在他的胸口

1964 年，黄诗燕出生于湖南攸县，原名黄诗艳。他上高三时，偶然读到刘禹锡的诗，"旧时王谢堂前燕，飞入寻常百姓家"，他希望自己既能实现抱负，又能为百姓做实事，扎根于人民，因此将自己的名字改为"黄诗燕"。

2011 年 6 月 25 日，47 岁的黄诗燕来到湖南省炎陵县担任县委书记。他抱定"山高不如脚背高，路长没有脚板长"的

黄诗燕走访农民

信念，刚一上任便走访了全县 11 个乡镇、54 个贫困村。

然而，眼前一幕幕景象令他心惊不已：船形乡水垅村大部分村民住着薄薄的土坯房，家徒四壁，每当山洪暴发，房子就会遭淹；下村乡坳头村村民辛辛苦苦种出水果，因为运不出去，只好 1 公斤 2 块钱贱卖，年年努力等于白忙。

2010 年，全县农民人均纯收入仅为 2970 元。

贫穷，如"附骨之疽"缠绕在这片贫瘠的土地上。这一路走着走着，黄诗燕的双眼湿润了，眼前这极端的贫困，黑洞洞、沉甸甸的贫困，像秤砣一样压在他的胸口。

一股强烈的愧疚感涌上他的心头：炎陵县是红色老区，是井冈山革命根据地重要组成部分，炎陵县一天不脱贫摘帽，就一天对不起 20 万老区人民，更对不起长眠在此的 3 万余名革命英烈的英灵！

"为老百姓站台，我怕什么？"

那到底要靠什么才能让全县老百姓过上好日子呢？ 2011 年 7 月 29 日，黄诗燕辗转来到山垅村一位桃农陈远高家里，当他听说眼前的这一棵黄桃树，一年就能收益 7000 块钱时，惊讶地张大了嘴巴……

学农出身的他喜出望外：这就是咱炎陵县的摇钱树啊！带领大家种黄桃，黄诗燕可不是一拍脑袋说说而已。提供专业技术支持、搭建产业服务平台，为了打造炎陵黄桃品牌，他甚至几次在"黄桃大会"上站台吆喝。

有人私下建议他不要太高调，他说："为老百姓站台，

黄诗燕亲自参与宣传打造炎陵黄桃品牌

我怕什么?"

除了黄桃,黄诗燕带领炎陵人民干成了一项项真干实干的产业:种植4.3万亩无公害蔬菜、1.52万亩茶叶、29万亩油茶、34.6万亩笋竹林、1.4万亩药材,养殖150万羽炎陵白鹅……

可扶贫的路上没有一帆风顺,更没有一蹴而就。只把扶贫攻坚挂在嘴边,是干不成事的。

黄诗燕始终深信一点,真扶贫就要真走下去!他给自己定下规矩:每一个月都必须拿出一周时间访贫问苦,且风雨无阻。

炎陵黄桃大丰收

可 2012 年 5 月的一次调研，让已经在炎陵当了一年县委书记的他"顿时羞愧难当，自责万分"。

"就算砸锅卖铁，也要让老百姓住上新房子"

那一天，黄诗燕来到酃峰脚下的梨树洲村调研时，发现这个风景秀丽、非常适合开发旅游的美丽乡村竟然是个"无电村"。

因为不通电，连手机都没有信号。当他看到村里 25 户人家，平时的照明、耕作只能依靠一台简陋的微型冲水式发电机时，脸色顿时阴沉了下来……

"都什么年代了，我们竟然还有村没有通电，作为党员干部，这是对不起老百姓啊！再难也要让梨树洲村通上电！"这个平时文质彬彬的县委书记当场撂下一句掷地有声的硬话。

2013 年 9 月 12 日上午，梨树洲电网正式合闸送电！结束了几十年没有电的日子，老百姓个个开心极了，他们终于看上了电视，用上了手机。2014 年，黄诗燕通过摸底发现，全县有 1.49 万户村民的住房存在安全隐患，可全部解决需投入 6 亿元，而炎陵当年财政收入仅 7 亿元。

面对捉襟见肘的资金和老百姓住的危房，他又一次在大会上放出了"狠话"："就算砸锅卖铁，也要让老百姓住上新房子。"

为了筹集建房资金，黄诗燕带头省钱：老旧的县委大院先不装修了，掉漆的办公家具也不更换了。

最终，炎陵县干成一件件关乎一个个家庭的温饱冷暖、更关乎每一个老百姓实际生活的大事：15000多户农村居民住上新房，1602公里农村公路改建新建，全县人民都喝上了安全的饮用水……

2018年，是黄诗燕来到炎陵县当县委书记的第八年，这一年，炎陵县终于正式脱贫摘帽，成为全省第一批脱贫县。

老百姓的腰包鼓了，笑容更多、生活更幸福了，可黄诗燕的身体却已经出现了严重问题……

他真的是为脱贫而来，也是为脱贫而去的……

其实，黄诗燕对自己的身体状况是有所觉察的。

11月22日下午3点的一个小型会议上，黄诗燕就已经感到胸口疼，但没有在意。

24日是周末，他提前一天给妻子过了生日，当时，谁也没有想到，这竟然是他与妻子、与全家人最后的团聚……

11月25日，黄诗燕的妻子彭建兰在自己生日的一早，意外地收到了丈夫的短信："老婆，爱你。"

黄诗燕是一个古板的人，结婚30年了，这是第一次对妻子说"老婆，爱你，爱你在心"。

可妻子不知道的是，24日晚上，丈夫连夜从株洲赶往炎陵，因为胃部的剧烈疼痛几乎是彻夜未眠，更想不到的是，她用30年等来的这句"老婆，爱你"，竟然是丈夫对她最后的表白。此时，留给黄诗燕的时间只剩下了最后不到5天……

2019年11月29日，在主持完最后一个脱贫攻坚调度会，在说了最后一次"扶贫工作等不得"之后，只有56岁的黄诗燕，带着他心里最牵挂的事业和最放心不下的老百姓，永远地离开了……

第二天凌晨5点多，数百名得到消息的干部群众自发来到县委大院为他们可亲可敬的好书记送行。送别的现场，大家悲恸不已，有人哽咽失声，有人抚棺痛哭……他真的是为脱贫而来，也是为脱贫而去的。功名利禄全放下，一心只为老百姓啊。

没有人不惜命，可共产党员不怕死！

黄诗燕走了，那本标记联系户为"廖成运"的炎陵县精准扶贫手册，仍然放在办公桌上最显眼处；93岁的老党员张朝秀送给他的两本《马克思传》安静地躺在他的书架上；还有那只2011年刚来炎陵时同事帮他新买的茶杯，9年了，厚厚的一层茶垢里，散发着曾日夜伴随他的茶香味道……

当人们走进这位县委书记的宿舍，不禁又红了眼圈，他住的屋子如此简陋老旧。

写到这里，忍不住这样疑问：假如时光可以倒流，他会不会多抽出一点儿时间，陪陪家人？他能不能多抽出一点儿时间，照顾好自己？

然而，世界上并没有假如，即便再给他一次机会，我们坚信他仍然会选择奋不顾身……

改革开放40多年来，中国8亿多人口实现脱贫，"精准扶贫"更是为全球摆脱贫困提供了新的可能，为世界减贫事业贡献了可以借鉴的中国智慧、中国方案。

然而这样的奇迹背后，是全国近 300 万战斗在最前线的扶贫干部、第一书记的奉献：他们离开城市，离开家人，离开熟悉的工作，向山逆行，向下扎根，他们紧紧抓住每一位困难村民的手，把所有的心血全都洒到了脚下的泥土里。

虽然我们没见过他们的面容，不知道他们的名字，但他们，都是刻在中华民族丰碑之上，值得我们永远铭记的英雄！

时代楷模 2019—2021

300

时代楷模
2020

张桂梅

扫码看视频　扫码看公众号

　　中共党员，满族，黑龙江省牡丹江市人，先后在大理喜洲一中、华坪县中心中学等地任教，现任云南省丽江市华坪女子高级中学党支部书记、校长，华坪县儿童福利院（华坪儿童之家）院长。张桂梅同志扎根边疆教育一线40余年，默默耕耘、无私奉献，为了改变贫困地区女孩失学辍学现状，在党和政府以及社会各界的帮助下，推动创建了一所免费招收贫困女生的高中，2008年建校以来已帮助1800多位女孩走出大山走进大学，用知识改变贫困山区女孩命运，用教育阻断贫困代际传递；她教书育人、立德树人，引导学生从小树立远大志向，倡导女性自尊自信自立自强，注重言传身教，传承红色基因，让"感党恩、听党话、跟党走"成为广大学生自觉追求；她坚韧纯粹、甘当人梯，用爱心和智慧点亮万千乡村女孩的人生梦想，展现了当代人民教师的高尚师德和责任担当，被孩子们亲切地称为"张妈妈"。她曾当选党的十七大代表，荣获"全国三八红旗手标兵""全国优秀教师""全国教书育人楷模""全国五一劳动奖章"等荣誉称号。

> 如果说我有追求，那就是我的事业；
> 如果说我有期盼，那就是我的学生；
> 如果说我有动力，那就是党和人民……

"我生来就是高山而非溪流，我欲于群峰之巅俯视平庸的沟壑。我生来就是人杰而非草芥，我站在伟人之肩藐视卑微的懦夫！"

云南省丽江华坪女子高级中学学生

很难想象,这样一段豪情万丈的口号出自一所地处偏远的女子高中——云南省丽江华坪女子高级中学。

2020年,因为媒体的报道,这座中国第一所全免费的女子高中和它的创办者张桂梅校长一下子走到了聚光灯下,被全国人民关注。

2002年,作为一名普通的山区教师,孑然一身、无儿无女的她立下了这样的誓言:"我想建一所免费的女子高中,让这些山里的女孩儿们读书,让她们走出大山……"

为了建起这所学校,她四处筹款;为了让贫困家庭的女孩儿走进学校,她一次次翻山越岭挨家挨户做工作;为了让她们考出好成绩,她每天早上5点起,深夜快1点才躺下……

在整整12年的时间里,1804个可能辍学的贫困女孩儿,因她走出了大山,走进了大学校门……张桂梅的故事,让我们很多人泪流满面。我们被张桂梅的坚守感动,然而,她用血肉之躯为学生"架路",完全不顾生死一步都不后退的执着,也让我们很多人想不明白:张桂梅,这身患重疾、瘦小孱弱的躯体里,究竟从哪儿来的这样多使也使不完、用也用不尽的力量和勇气?

——

张桂梅并非超人,20多年前,在人生最灰暗最艰难的时刻,她也曾万念俱灰……

1957年,张桂梅出生在黑龙江省牡丹江市,17岁那年,她跟随姐姐来到云南支边。

张桂梅

1990年,她和丈夫在大理结了婚,一起在大理喜洲镇一中教书。然而,幸福的时光只有短暂的5年……

1995年,张桂梅的丈夫因为患上胃癌离开人世。万分悲痛的张桂梅,不愿意在大理继续待下去。

处理完丈夫的后事,她孑身一人离开大理,前往位于深度贫困山区的华坪县中心中学。张桂梅向学校申请带4个初三毕业班,将所有精力都投入教学中,本以为这样能让自己忘记痛苦,然而,短短一年之后,命运又一次给予她暴击……

一次医院检查时,医生对她说:"你肚子里有个肿瘤,已经像5个月的胎儿那么大了!"

曾经万念俱灰、不想活下去的张桂梅,此刻内心无比坚定:

"孩子们要中考了,我必须活着!"

当时,偌大的肿瘤压得张桂梅的腹腔器官都移了位,可她硬是撑了3个月,等孩子们中考完才做手术。

出院后张桂梅参加了华坪县妇联代表大会,20多年了,只要一说起开会当天的场景,张桂梅的眼泪就夺眶而出……

那天下午开会时,有代表说:"我们要给张老师捐款!"妇联主席对她说:"张老师不要怕,县里虽然穷,但一定会全力救你!"一位山区的妇女代表,把自己身上仅剩的5块钱都捐了出来,那是她回去的路费……

张桂梅被现实碾碎的心,一下子被华坪县的老百姓所温暖。

直到今天,说起那天的场景,她仍然激动地说:"至死都不会忘!我没给这个县城做过什么贡献,我愧对这片大山,我一定为这块土地做事!"2001年,总想着要报恩、想为这里做点儿什么的张桂梅,成为华坪县儿童福利院的院长。她发现,遗弃在福利院门口的多是女婴,而每一个被遗弃的孤儿背后都有一个悲剧性的母亲……

那几年,她跟孩子们越来越亲,越走越近,渐渐地,大山深处的贫困以及由贫困造成的悲剧,赤裸裸地摆在她的眼前:母亲舍得贷款供儿子读书,女儿才只有十几岁,直接就被嫁出去了……

张桂梅每一次家访都泪流满面,看到诸如此类的事件越来越多,她特别痛心地意识到,正是由于贫困山区教育的落后和不对等,导致了低素质女孩儿成为低素质母亲、从而培养出低素质下一代的恶性循环。

张桂梅家访

她想改变这个局面,她要给大山里的女孩儿撑起一片天。2002年,一个迫切的念头在张桂梅心头油然而起:办一所不收费的女子高中。

然而,仅靠华坪县的财政不足以支撑建设这样一所中学。当时,张桂梅已经45岁了,却像"发了疯似的"想要建学校,很多人劝她:"张老师不着急,再等等吧。"可是张桂梅总是激动地说:"我们等得起,孩子们等不起!"

四处求助无果的张桂梅,走上了一条自己筹钱办学的路。她把自己的荣誉证书复印了一大堆,在大城市的街头,放弃了自己所有的体面与尊严,逢人便拿出来请求捐款……

整整5年,她只筹集到1万元。然而,就在她心灰意冷、几乎要放弃的时候,一个令她意外的消息降临了。

2007年,张桂梅被选为十七大代表,在北京、在人民大会堂,她终于堂堂正正地说出了自己的心愿。

连她自己都没有想到,这个在旁人眼中近乎"痴人说梦"的梦想很快就照进了现实……

二

2008年9月1日,只有一座教学楼的华坪女中迎来了她的第一批学生——来自丽江市华坪、永胜、宁蒗等深度贫困县的100名贫困女孩儿……

由于没有入学门槛,这些孩子文化课基础很差,有的学生数学才考了6分。面对这样的学生基础和办学条件,张桂梅却坚定地要求:3年后,必须让学生全部考上大学,而且要努力上一本二本。

当时,在所有人看来,这根本就是天方夜谭。很多老师们说:"校长,我们尽力就好了!"张桂梅听了立马黑了脸:"不行,党和人民把孩子交给了我们,我们就要对她们负责,如果让她们只是混个高中毕业证,办女高就失去了意义。"

这个不可能完成的任务让不少教师打了退堂鼓,加之学校条件简陋,建校才半年,17名教师9名辞职。

眼看学校快要办不下去,内心焦灼的张桂梅被留下的老师们的人事档案感动了:剩下的8个人里有6名党员。

他们就在学校二楼画了一面党旗,把誓词写在上面。她说:"我们有6个党员,如果在抗战年代,阵地上剩1个党员,这阵地都不会丢掉!"

重温入党誓词时,张桂梅说一句老师们说一句。当说到为共产主义奋斗终身的时候,张桂梅哭了,后边的声音也全是哭声……

在6名党员激动的泪水中,张桂梅找到了办好女高的思路：我们的初心是什么？就是通过教育改变大山女孩儿的命运，进而改变三代人的命运，改变一方水土贫穷落后的命运。这不仅是为人师者的初心，更是一位共产党人的初心。

从那天开始，张桂梅带着老师和学生们一起学《党章》，看《焦裕禄》，讲革命英雄故事，唱《英雄赞歌》《红梅赞》……

从那天之后，张桂梅、老师们、学生们，全都拼了！

无论有课没课，老师全天都得在校，每天跟学生们一起早上5点多起床，夜里12点休息；学生的作息被严格控制在分秒之间，3分钟之内从教室赶到食堂，吃饭不超过10分钟……

有人说张桂梅苛刻，其实张桂梅比谁都更心疼孩子们，但是她又比任何人都更清楚，读书和考大学对于山区女孩儿的意义。

整整3年过去了，到了放榜那一天，老师和孩子们看着成绩哇哇大哭，华坪女高第一届参加高考的96名学生全部考上大学！

张桂梅和所有的女高老师们，用12年的坚守和分秒必争的拼搏，帮助1804名女孩儿靠知识改变了命运！

这样的奇迹背后，是张桂梅这位坚定的共产党员不计回报，倾其所有，甚至不顾生死的付出……

三

在华坪女高的女生宿舍里，有一张床铺属于张桂梅，她12年和女学生们吃在一起，住在一起……

每天早上5点多，宿舍楼就会响起她的声音，"起床咯，姑娘"；每天忙到快深夜1点，她才拖着疲惫的身躯躺下入睡……

张桂梅身边的学生背后都有一个不幸的家庭，为了不让一名女孩儿因贫困失学，12年里，她翻山越岭，坐着拖拉机、摩托车，甚至骑马摔断肋骨走了11万多公里，走遍了丽江边远山区的每一个村寨。

然而，终日的劳苦奔波使张桂梅的身体每况愈下，肿瘤、肺纤维化、小脑萎缩等20余种疾病缠身，这些病经常以不同的方式折磨着她。

2018年的高考前夕，张桂梅在学校里晕倒了，可谁也没有想到，她醒来对大家说的第一句话是："请帮我个忙，能不能把我的丧葬费提前预支给我，我走了以后就火化扔金沙江里，这些钱要都用在孩子们的身上，我才放心……"

对于无儿无女、没有房产、孑然一身的张桂梅来说，女高的孩子们就是她的一切！

她总说："我可能活不了几年了，在我活着的时候，我一定要看她们走出去！"

然而，仅仅走出去还远不是张桂梅的终极目的，她一直在思考的是，我们要培养的到底是什么样的人？

在女高的一年又一年里，张桂梅的脚步变慢了，嗓门变小了，疾病变多了，但她的目标更清晰了，她的立场更坚定了：从大山飞出去的那一刻，就要牢记身上肩负的使命，为国家、为民族、为社会、为家乡作贡献！

四

最让张桂梅欣慰的是，女高大部分毕业生选择的职业是教师、医生、警察……

2020年，有两个女孩儿到西藏当兵，当她们告诉张校长这个消息的时候，张桂梅因为舍不得而掉泪，反倒是孩子们安慰她："您告诉过我们，祖国哪里需要，我们就上哪里去！"

听到孩子们的话，张桂梅瞬间哭成了泪人，她说："在那一刻，我就想，不管我付出的是什么，我都觉得值得。"

中共中央授予张桂梅"全国优秀共产党员"称号，中共中央宣传部授予她"时代楷模"称号。

在《时代楷模发布厅》的舞台上，女高的毕业生们以自己的方式送给张桂梅的"礼物"，让她几度泣不成声。

周云丽，从云南师范大学毕业后，毅然决然回到人生的起点，成为华坪女高的一位老师。

陈法羽，考上警校，现在是永胜县的一名人民警察。

苏敏，现在是一名医生。

周云翠，现在是一名小学教师。

张桂梅所有的努力、所有的愿望就是希望她们有出息，能够成为对社会有价值的人。看着眼前这一张张青春的面孔，谁还能想到，她们曾经都是有可能辍学的山区女孩儿！

张桂梅最爱唱的歌是《红梅赞》，这1804位考出大山的女孩儿，就是朵朵放光彩的红梅，她们正昂首怒放花万朵，香飘云天外……

20多年了,张桂梅使不完、用不尽的力气和勇气到底是从哪儿来的,到底是什么支撑着她一直向前、一步都不肯后退?

节目中,张桂梅亲自给了我们答案。她说:"是我们的信仰,是共产党员的信仰,是我对党的承诺!"

她像一颗火种,照亮了山区女孩儿的人生;她像一位勇士,手握利刃,斩断了贫困的代际传递!

"如果说我有追求,那就是我的事业;如果说我有期盼,那就是我的学生;如果说我有动力,那就是党和人民……"

直到今天,张桂梅都没有停下脚步,她仍然每天5点起床,拿着小喇叭喊着:"孩子们,起床……"

312

时代楷模 2019—2021

山东港口集团青岛港
"连钢创新团队"

扫码看视频　扫码看公众号

　　山东港口集团青岛港"连钢创新团队"是以张连钢同志为带头人的全自动化码头建设创新团队。自2013年组建以来，该团队认真学习贯彻习近平总书记努力打造世界一流的智慧港口、绿色港口的重要指示精神，秉承科技报国志向，坚持自主创新理念，锐意进取、敢为人先，团结协作、集智攻关，破解一系列技术难题，构建一整套技术标准，建成了一座拥有自主知识产权的全自动化码头，成为工业互联网在港口场景中应用的成功案例，提供了智慧港口建设运营的"中国经验""中国方案"。

> 我们一定要建设世界一流的全自动化集装箱码头，底子薄不怕，只要大家铆足劲儿，潜心学习最前沿的知识，一定能走出一条中国人自己的自动化码头研发道路。

　　这是一个曾经只有在欧洲才能看到的场景，来自太平洋的海风吹来，偌大的码头竟空无一人。

目之所及，只有无人驾驶的码头导引车在穿梭，机器人自动拆集装箱锁垫，把一个个集装箱从船上运到堆点，整整齐齐地排列好，整个过程流畅、轻柔，毫无刮擦和碰撞。

这是一个创造了世界奇迹的码头，它并不在欧洲地界，而是坐落在山东青岛，它是全球作业效率领先的全自动化码头，是一座拥有自主知识产权、有着"中国制造"烙印的码头，并且六度刷新全自动化码头装卸效率的世界纪录。

很多来往这里的集卡车司机并不知道这座码头的"闪光点"，他们只知道这里作业效率奇高，对于拿"计件"工资的他们，这意味着能比以前赚更多的钱。

集卡车从无人闸口进入码头，司机只需要刷一下卡，接下来所有流程全部由机器完成，整个过程只要13分钟左右，而传统码头通常需要最少半个小时。

国外的自动化码头的陆侧装卸社会集卡也还没实现自动化。这表明，世界港口智能化发展从此有了"中国方案"。

鲜少有人知道，建成这座码头的，是一支无经验、无资料、无外援的团队，他们历经3年半的呕心沥血完成了国外最少需要8~10年才能完成的任务。而这支团队的带头人张连钢，其实当初并不敢接下这个工程，毕竟，那时他刚做过肺癌手术。

中国人能不能干得成？

7年前，自动化码头还被西方公司垄断，中国虽是港口大国，但在这个领域却是一片空白，甚至全亚洲都是零。

外方不提供任何数据、技术参考，也禁止拍照摄像，生怕技术泄漏。

时光上溯到1993年，荷兰建成世界上第一座自动化码头，随后荷兰、德国等国陆续建设30多座自动化码头。

可被誉为"港口科技王冠上的明珠"的自动化码头，因为建设难度大、成本高、收益慢被称为"贵族码头"，是一个高投入低产出的"奢侈品"。

如何提高自动化码头的效率，一直以来都是全球性难题。作业效率高于人工码头的自动化码头，全世界都没有。因此在中国，全自动化码头的计划，迟迟未能提上日程。

"建设一个同等规模的码头，自动化码头的造价要比人工码头高1倍甚至2倍。大约有人工码头80%的效率。行业里头称它为'贵族码头'。"山东港口集团青岛港"连钢创新团队"带头人张连钢说。

2001年，山东港口青岛港的殷健偶然看到国外自动化码头的视频。他当时就很羡慕，他多么希望有一天，中国也有这样的自动化码头。

世界十大港口中国有7个，吞吐量很高，但并不先进，全自动化集装箱码头全球有30多个，却没有一个属于中国。后来成为青岛港全自动化码头党委书记的殷健说，作为港口人，他对此感觉很惭愧。

2013年，随着中国新旧动能转换和港口转型升级，位于我国港口集装箱行业前列的青岛港集团提出建设全自动化码头。

难以接受的重担

有了目标,接下来的问题是,谁来负责这个难度前所未有的项目?在港口码头的业务操作、设备、技术、管理、自动化控制方面具备丰富经验的张连钢被大家寄予厚望。

可没想到的是,当领导问张连钢要不要做项目负责人时,接连两次,张连钢都没有答应。

原来他被诊断出肺癌,经历了一次大手术后,他的身体状况已大不如前,他怕自己的身体状况无法支撑完成这个重大项目。

但他又不甘心放弃,毕竟,建成一座中国人自己的全自动化码头也是他多年的夙愿。

看到他犹豫不决,领导第三次问他时,他一咬牙,豁出去,答应了。

只因他至今记得36年前在大学宿舍看的那场比赛:中国

张连钢

女排斩获世界冠军。这一幕深深烙印在他脑海里，他始终记着："振兴中华，匹夫有责。"

"那会儿好像是一种热血上来了，我要接这个。等出了门想想，这个从哪儿下手啊？"张连钢说。

匆忙接受了任命，他内心却十分忐忑。由于怕家人担心，他隐瞒家人，偷偷筹备工作，组建团队。

很快，一个由各领域精英组成的8人团队建成了。大家带着兴奋劲儿准备开始工作，却突然发现，无从下手。团队成员里没人见过自动化码头，更不用说具体参数和工作机制。这成了建造全自动码头的第一只拦路虎。

"脑袋是空白的。这个码头的布局结构是个什么样？要采用哪些设备？设计怎样的流程？整个码头的这些数据从哪里来？我们其实心里都是没有底、没有数的。"张连钢说。

不蒸馒头，争口气

经过一番研讨，全团队决定到国外考察。他们提前准备了很多问题，谁知道到了国外，一切出乎他们的预料。

"我们去现场前被'没收'手机，怕我们拍照。而且全程不能下车，不准我们下车细看，有的时候连现场都去不了，只能在接待大厅远远看一眼。"山东港口青岛港全自动化集装箱码头工程技术部副经理张卫说道。

外方接待很热情，但是一谈到专业技术问题立马闭口不提。几番走马观花式的考察下来，他们看到的只有没有具体尺寸数据的码头外部轮廓，内在关系关联更无从参考。

那时候，世界上所有的自动化码头，都是由国外固定的几家公司设计建设的。于是青岛港集团的部分股东建议，由国外公司整体承包建设。

但国外公司的条件可让人不好受，建设时间不确定，建设质量不保证，所有技术不公开，对一切沟通条款都不接受。按照这样的方案，中国人就失去了码头的话语权。

关键核心技术要不来，买不来，讨不来。团队觉得跟国外合作风险一点儿不会降低，而投资成本则一定会增加。他们不愿处于被动，最终决定：不采用国外方案，他们一定要自主建设属于中国人的全自动码头！给中国港口人争口气！

可现实是残酷的，阻力并不只来自外部，集团股东之间也产生了很大分歧。一部分股东觉得，如果用国外的公司，虽然建设成本高，但至少可以保证码头能够使用；国内团队自主设计的风险太大，很有可能码头建不出来，几十亿投资全打了水漂。

起初股东专门请国外的评估人员来"挑刺"，一次次地来审核他们的设计方案，目的就是想让团队放弃自主建设这条道路，重新引进国外技术。

"国外专家不止一次地来告诉我们，

李永翠

说你们如果想完全依靠自己的力量，建设一个高水平的自动化码头，那成功的可能性基本就是零。"山东港口青岛港全自动化集装箱码头副总经理李永翠说道。

"拼了命都不一定能干好，不拼命肯定干不好！"

面对无经验、无资料、无外援的"三无"境地，张连钢和团队成员开始了艰难探索。

"这个东西就很像一棵倒置的树，越分越细。我们最困难、最纠结、心里最发毛的，就是一直没有找到这个节点到哪儿是最末梢，越探究发现它越深。那个最痛苦，我们可能就面临最崩溃那个阶段。"张连钢说道。

那是张连钢最煎熬的一段日子。无数的问题从各个小组向他涌来，往往上一波问题还没解决，就又要面临新的问题。

在巨大的压力下，他的健康亮起了红灯。一天早上，他发现自己身上长满红斑，前胸到腿上全都是紫癜。到医院，医生诊断，这是疲劳导致的免疫力低下。

"这种崩溃的状态，不是我以前可以类比的，我从来没有遇到过这样的问题。这种东西对我来讲是某种折磨。"张连钢说道。

这时，张连钢的妻子王晓燕也发现不对劲儿，在她多次追问下，张连钢不得不"交代"了实情。王晓燕心中充满了担忧，想起丈夫手术后难受的经历，但另外一方面她也深深明白，这是丈夫无法割舍的心愿。她最终决定，支持丈夫。

妻子的理解让张连钢少了顾虑，他的"张氏牛脾气"又涌了上来:"拼了命都不一定能干好,不拼命肯定干不好!"他调整状态后,带领团队前后开了3000多次讨论会,翻烂了一本又一本专业书籍。

10个月后,码头的平面布局逐渐清晰,感觉曙光乍现。当大家正要松口气的时候,让他们意想不到的是,一个更大的挑战正横亘在他们的前面。

自动导引车的智能控制系统,是整个码头的"大脑",当时能开发该系统的公司,全世界仅有一家。起初,团队决定导引车用中国研发的,控制系统用国外的。

但是国外公司提出必须要将车和系统捆绑销售。最早外方报价整个系统是600万欧元,等到正式报价时,突变成了2000万美元,加上车,总共接近8000万美元。

由于技术不开放,购买国外系统后无法自行优化改进。最终,团队再一次决定放弃国外方案。

可自己研发究竟能不能成功?谁的心里也没有底。

负责这项技术研发的是李永翠,她是核心团队里唯一一名女性。现实的残酷,大大出乎她的意料。

"我们辛辛苦苦开发了半年,然后测试的时候发现有一个特别严重的问题,就相当于我们之前的方案被否定了。一大半的工作都需要重新做,觉得特别特别崩溃。"李永翠说道。

李永翠和团队只得重新开始设计。他们放弃休息时间,连轴转攻克一个个技术难题,写下了几十万字的分析报告。终于,2016年年初,系统进入仿真测试阶段,可是他们又遇到了致命的问题:两辆导引车如果互相等待,会导致停产。

面对又一次的失败,李永翠感到十分绝望,眼看着时间节点一点点临近,她被巨大的压力压得喘不过气,在工作中崩溃过好几次,感到焦虑、绝望,身心疲惫,经常回家就哭。这个平日里外人眼中坚强的"女汉子"第一次想到放弃,她开始陷入内心的挣扎。

张连钢把一切都看在眼里,他给大家鼓劲儿。

"做不出来的话,我们就跳海,排队跳海,我是组长,我第一个跳。"张连钢说道。

受到张连钢不惜一切的勇气鼓舞,李永翠决定背水一战。她驻扎到上海厂商,4个月后,6辆导引车终于顺利运行。

曙光在即

难关闯了一个又一个,当青岛港全自动化码头的建设进入收尾阶段,准备进行实船测试时,他们又遇到了一个大麻烦:找不到测试船。

当听说是中国自主建设的全自动化码头时,大多数船公司都怕工作效率太低,不愿意靠他们的码头。

为了能找到一条测试船,他们一次次去跟船公司做工作,又一次次被拒之门外。正当他们一筹莫展时,终于有一艘内贸船松口。可当船公司同意靠泊之后,货主们却不干了。一些货主认为船期没有保证,所以纷纷退舱。本来计划装运的1500个集装箱,最终只剩900来个。

不仅如此,船长还给总部发了一封邮件,提出要在青岛提前供足3天伙食。

面对如此尴尬的局面,山东港口青岛港全自动化码头用

"彪悍的战绩"予以回应——全船仅用7个小时就完成了所有装卸！

当船长收到消息作业结束时，难以置信，他甚至立马发了一条朋友圈：这就是中国速度！

这是船长发自内心的惊叹，但是，他们的成果依然没有获得国外专家的肯定。一些专家指出，欧美自动化码头的开港单机效率，始终没有突破每小时20自然箱，尽管青岛港自动化码头的首条测试船成绩不错，但开港效率依然不可能超过西方同行。

结果，事实再一次逆转了这些专家的论断。

2017年5月11日，青岛港全自动化码头正式开港。首船的装货速率达每小时26.1个自然箱，这是世界上其他全自动码头在稳定条件下都做不出来的，与人工码头相比，作业效率提升30%，在场所有国外专家都惊呆了！

2020年12月17日凌晨，山东港口集团青岛港全自动化集装箱码头在货轮装卸作业中，桥吊单机作业效率达到每小时47.6个自然箱，第6次刷新了自动化码头装卸的世界纪录。

忠孝两难全

这一路，挺难的，每个人可能都会有一笔辛酸账。殷健最亏欠的人是父母，因为妻子生病，殷健要一边忙工作一边照顾她。实在没时间照顾父母，父母悄悄把房子卖了，自己搬去养老院。

谁不希望岁月静好，谁不愿意合家团圆。可重任在肩，

"连钢创新团队"只能为港舍家、心存亏欠。在《时代楷模发布厅》的录制现场，他们的家人有一些话，憋了很久："我的大儿子真的很苦，但他从来不跟我们说他不好的事情。照顾他卧病在床的妻子整整12年，我知道他心里有很大的心结，我现在特别希望他能找个空旷没人的地方，好好地大哭一场，把自己的心结打开。我们二老在这里过得很好，你就好好的，注意自己身体，把心放宽。"殷健的父母说道。

或许，他们错过了和家人相处的美好时光，但是他们和家人收获的，是来自国家的崇高敬意。中共中央宣传部决定授予山东港口集团青岛港"连钢创新团队""时代楷模"称号。

一代人有一代人的奉献，一代人有一代人的牺牲，一代人有一代人的作为。从港口大国到港口强国，一代代港口人赶超世界，为国争光。

"十四五"规划即将开局，科技自立自强被列为国家发展的战略支撑，"连钢创新团队"的奋斗历程，成了当代港口人自主创新的样本，"没有人能随随便便成功……"这是张连钢最喜欢的一首歌，他们从不认为自己是"英雄"，只想带着真心，全力以赴追梦。

你叫他们大国工匠也好，中国自主创新的脊梁也好，可我知道，在世界港口业的舞台，他们的名字，叫中国！

时代楷模

2019—2021

中国关心下一代工作委员会教育中心
时代楷模发布厅 ◎ 编

花山文艺出版社
河北出版传媒集团
河北·石家庄

目 录
CONTENTS

2021

福建省"漳州110" / 327

空军某运输搜救团一大队 / 339

拉齐尼·巴依卡 / 351

东深供水工程建设者群体 / 365

彭士禄 / 375

陆军第八十三集团军某旅"红一连" / 387

李桓英 / 397

邱军　孙丽美 / 409

吴蓉瑾 / 425

王红旭 / 435

刘永坦 / 445

张连印 / 455

肖文儒 / 467

潘东升 / 479

海军航空大学某基地舰载机飞行教官群体 / 491

时代楷模 2021

福建省「漳州110」
空军某运输搜救团一大队
拉齐尼·巴依卡
东深供水工程建设者群体
彭士禄
陆军第八十三集团军某旅「红一连」
李桓英
　　孙丽美
邱　军
吴蓉瑾
王红旭
刘永坦
张连印
肖文儒
潘东升
海军航空大学某基地舰载机飞行教官群体

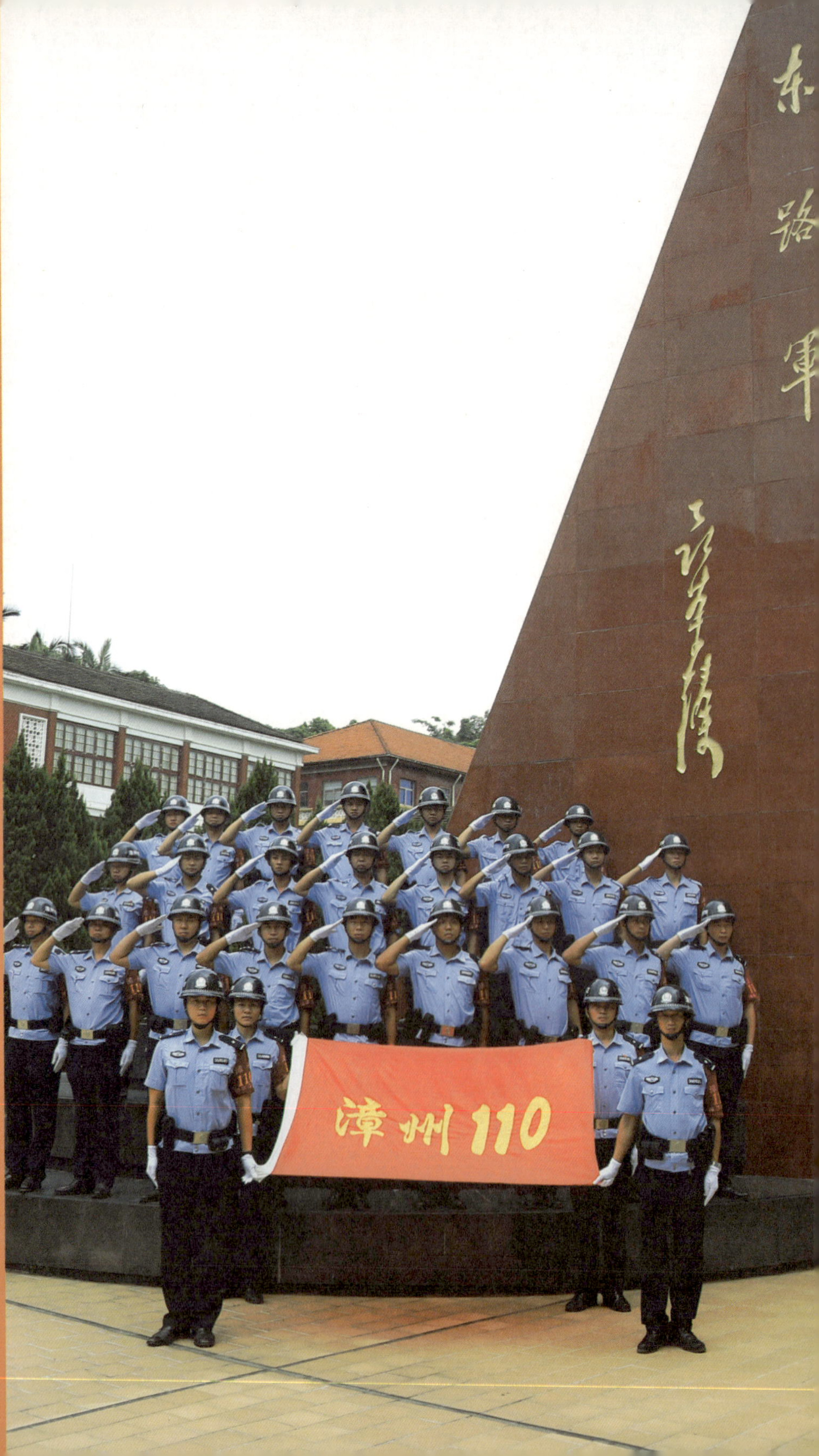
东
路
軍
漳州110

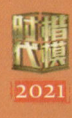

福建省"漳州110"

扫码看视频　扫码看公众号

  福建省"漳州110"全称为"福建省漳州市公安局巡特警支队直属大队"，1990年引领全国建立110报警服务台和快速反应机制，实现了打击犯罪、维护治安、服务群众功能的有效整合，赢得了当地党委政府的充分肯定和人民群众的高度信赖，被百姓亲切地誉为"远亲不如近邻，近邻不如漳州110"，推动"110"成为人民警察队伍的标志性品牌。中宣部当时会同有关部门，将"漳州110"作为全国重大典型进行宣传，在全社会引起广泛深刻影响。进入新时代，"漳州110"认真学习习近平总书记关于公安工作系列重要论述精神，坚持党建引领，筑牢忠诚警魂，深化警务机制改革，着力打造"漳州110"升级版，积极拓展建立网格治理"社区（乡村）110"，进一步提升打击犯罪和服务群众的整体效能，有力推进基层社会治理体系建设，不断增强人民群众获得感、幸福感、安全感。

> 把每次接出警当作是处理自己家的事，群众满意是最基本的。

2021年1月10日，可能很多人还不知道，这是一个有特殊意义的日子——第一个中国人民警察节！

"漳州110"

　　1·10，"中国人民警察节"是在国家层面专门为人民警察设立的节日，而"110"这3个数字，对中国每一个老百姓来说，是不管遇到困难还是危险，总能第一个想到并打通的电话，电话背后是一个个有血有肉、关键时刻能救急、危急时刻能救命的人民警察！

　　接下来为大家讲述的这支队伍，就跟110有关，他们用31年的坚守、努力和奉献，护佑一方平安，为全国各地110报警服务台的开通创立了标杆，使"110"这3个数字成为深受全国老百姓信赖的品牌，他们就是福建省漳州市公安局巡特警支队直属大队，简称"漳州110"。

　　他们用"敢为人先、永不止步"的探索精神不断创新机制，在交通状况日益复杂的今天依然保持了这样的记录：5分钟内到场率超过80%，10分钟内到场率基本实现100%，抢劫抢夺破案率100%，群众满意率始终100%。

31年风霜如火，初心不改；31年风雨兼程，壮志如歌。走过31载春秋的"漳州110"是中国200万公安民警"以人民为中心、做人民的保护神"的缩影。

"警察"的前面还有"人民"二字

1990年，福建省漳州市公安局引领全国建立110报警服务台和快速反应机制。7个人、3支枪、1辆三轮摩托车，大家穿上迷彩服，戴上红袖标，就这样，"漳州110"出发了。

1990年10月23日的凌晨，一位孕妇马上要分娩，"漳州110"接到报警后，迅速赶到现场，及时将孕妇送进医院；1990年11月24日深夜，水泥厂的一名女工发现有陌生男子尾随，不敢独自回家，打110报警请求帮助，队里立即指派一名警察护送她回家。

这两次出警让很多漳州老百姓为110报警服务台叫好，却也让很多队员心中有些不是滋味，"警察就是要破大案的，就是要抓坏人的，这些事情怎么是我们去做呢？"

身为警察，到底应该在老百姓生活中扮演什么样的角色？"漳州110"的民警们展开了一次大讨论："假如产妇是你妻子，你送不送？""假如女工是你妹妹，你帮不帮？"在一次次观点碰撞后，大家达成一致观点："警察"的前面还有"人民"二字，打击犯罪是警察的天职，而全心全意为人民服务是人民警察的宗旨。

1991年1月5日，福建省漳州市的老百姓惊奇地发现，

"漳州110"竟然在电视上做起了广告。110给自己打的广告很直白:"漳州市民有困难,需要得到警察帮助的均可拨打110……""远亲不如近邻,近邻不如漳州110"。从那以后,110这个救急又救命的号码迅速深入人心。街头犯罪,打架斗殴,邻里纠纷,110迅速成为漳州老百姓最信赖、拨打次数最多的电话。

1995年,"漳州110"巡警吴荣辉和队友接到报警后立即赶往一个车祸现场,看到一名群众倒在路边,伤势非常严重,额头被撞得凹了进去。"我们把他抬上三轮摩托车,我紧紧把他抱在怀里,队友开车一路向医院狂奔,最后听到医生说把他救活了时,我和队友抱头痛哭。那种从死神手里抢回生命的成就感,那种为人民服务的自豪感,是无以名状的。"

时间在变,戴着红袖标的"漳州110"24小时守护老百姓、始终坚持为人民服务的初心没有变。图侦中队队长王微讲了这样一个故事:110在巡逻的时候,一位90多岁的老奶奶拿着一张小纸条,拉着戴红袖标的民警说:"孩子,你能不能帮我找找这个人,他也有跟你们一样的红袖标。"

民警一看纸条,上面写的是"漳州110"一中队吴海雄的名字。一年前,这位老人在市区迷了路,是正在巡逻的小吴把她送回了家。她拽着小吴要求他写下名字和单位,说要等她的孩子回来后当面感谢。再后来,她在路上只要看到警察,都会把纸条拿出来问:"你认不认识吴海雄?"

不管是老一辈的吴荣辉,还是新时代的王微、吴海雄,令每个戴红袖标的"漳州110"队员最骄傲自豪的,是每当自己走在漳州市街头,老百姓都会对他们点头或者微笑,这些

"漳州110"

动作很简单也很朴素，但在那一刻，队员心里不只是温暖，也更加深刻地理解了"人民警察"不仅是党和国家赋予的一份神圣使命，更是一份沉甸甸的责任。

"再快一秒"的110是人民群众的生命线

快，是110的生命线，面对瞬息万变的案情，出警，贵在快！

"漳州110"创建初期，人手少，装备差，为了能做到第一时间快速反应，第一任大队长想了很多土办法：为了夜间动作快，大家睡觉不脱衣、不脱裤、不脱袜；当时值班室在三楼，跑楼梯下来需要55秒，他还自费买了一根粗竹竿，从一楼竖到三楼，大家沿竿滑下只需要5秒。

硬是靠着这样的土办法，"漳州110"的民警们不停地拼时间,一分钟一分钟地抠,一秒钟一秒钟地省。

第五任大队长李海宁说起十几年前自己刚从警时遇到的一起警情,仍然心惊肉跳。那是一起夫妻吵架的报警,民警们刚接近现场时,就远远地看到一个男子正朝着一名女子挥舞着刀,当时情况十分危急,千钧一发的时刻,民警迅速制服了这名男子。

虽然是有惊无险,但男子挥刀砍人的画面像是开启了循环播放模式,在李海宁的脑海里一遍遍地重现着。每重现一次,都令他脊背发凉、唏嘘不已,"万一再晚那么一小会儿,就那么一两秒钟,一条鲜活的生命可能就在眼前消失了……"

时间,对于很多人来说,也许意味着金钱、意味着效率,然而对于警察来说,时间就是生命,就是肩上的责任,就是百姓的安危,就是生与死的区别。

"漳州110"在1990年建设之初,就建立了打击街头犯罪的快速反应机制。1996年5月,团队又创新探索出路面巡逻加接处警结合的工作模式。进入2000年,"漳州110"在"快"上更进一步,实现了巡逻和指挥分离,把原来的110接警台剥离出来,成立了110指挥中心,形成了以110指挥中心为龙头,以巡特警为骨干,多警种协同作战、有机配合的快速反应机制。

然而,随着城市的快速发展,最让民警们着急的是,很多时候明明已经到了小区里面,却因为楼幢编号的不连贯,在找具体几号楼在哪里时白白耗费大量时间,如何解决这最后的"100米",成了"漳州110"心中最棘手的难题!

没有更好的办法,就用最笨的办法!时任"漳州110"第三任大队长的许佳带领队员们一趟趟去每一个小区里摸底,手工画出警区图,把小区出入口、楼号、楼层标注清楚,人手一份,时时刻刻默记在心。他们硬是用这样的笨法子,做到了在接警的第一时间,迅速判断出几号楼在哪个位置,从小区哪个门进入更快一些。

解决了最后100米,还能在哪个环节上更快一些?随着"漳州110"的发展壮大,民警们又想到了新办法。

2016年7月,他们又建立"四警四化"警务机制,把漳州市区45平方公里细化为11个警区,每个警区的区域变小了,每一个警组巡逻的频率就增加了,出警的间距大大缩短了,很多群众在报警时惊讶地发现,110报警电话刚挂断,24小时巡逻的警察就来到自己身边了!

时至今日,第一时间到达老百姓身边,第一时间解决老百姓的困难,依然是每一位"漳州110"民警持续研究并攻关的命题。

然而,仅仅做到"快"是不够的,真正成为"人民的保护神",110不仅要快,更重要的是还要"灵"。

新形势下的"漳州110"变身"最强大脑"

2020年12月24日早上9点45分前后,漳州市公安局指挥情报中心分别接到3名群众110报警:自家的电动车丢了。

接到报警的同时,"漳州110"图像侦查办公室的民警第一时间调取3辆电动车被盗监控,通过线索整理后发现,3辆电动车为同一个人盗窃。很快,图侦中队民警就在监控中锁定了运输被偷电动车的货车,并通过全程监控控制货车司机,

"漳州110"

要求他第一时间把车运回。

短短两个小时,"漳州110"在接警的同时,图侦中队运用城市监控系统和地面梯队相互打配合,在寻找线索破案的同时,地面警力对犯罪嫌疑人实施抓捕。

如今,有了合成机制支撑、高科技加持的"漳州110"也并没有放弃他们的"神技能",最让人难以置信的是,"漳州110"堪称当地的"活地图",全市1万个监控的角度他们记在脑子里,全漳州每一处街头巷尾,甚至说不上名字的犄角旮旯,他们比导航App还清楚。他们不断地给自己想招儿,不断地苦练,就是为了老百姓打了110,110就能做到"又快又灵"。

31年来,6代"漳州110"人不忘初心,坚守在岗位上,他们"以人民为中心,做人民的保护神"的新时代"漳州110"精神辐射到社会各行各业,影响着越来越多的人。

2017年,"12345市长热线"作为"民生110"开始为"漳州110"分流非警务类警情,让有限的警力用在刀刃上。

还有"芗里芗亲"App,作为"民间110",29万注册志愿者们像"漳州110"一样一起巡防,最多的时候,有1.4万人同时在路面上给"漳州110"做坚强后盾；还有2070支"社区（乡村）110"队伍，老乡们带着"社区（乡村）110"的红袖标，把"漳州110"的服务延伸到每一个社区、每一个村庄。

今天的"漳州110"不再是一支单打独斗的队伍，一心服务人民、一心为了人民的他们也正在从人民中汲取磅礴力量！今天的"漳州110"，就像是一颗"最强大脑"，把"更快更灵"作为"生命线"，把"再快一秒"作为永恒的追求，24小时守护着漳州城，守护着老百姓！

致敬！和平年代牺牲最多、奉献最大的队伍

新中国成立以来，全国仅公安机关人民警察队伍就有1.4万余名民警英勇牺牲，10余万名民警负伤，3700余名民警被评为烈士。在和平年代，公安队伍牺牲最多、奉献最大。

习近平总书记曾饱含深情地说：风里来、雨里去，战严寒、斗酷暑，"白加黑""五加二"。和平时期最辛苦、最劳累、付出牺牲最多、贡献最大的是公安干警。

今天的中国，能成为世界上最安全、发展最快的国家之一，我们决不能忘记"几乎时时在流血、天天有牺牲"的人民警察！

这是一支有着光荣传统和优良作风的队伍，这是一支英雄辈出、正气浩然的队伍。在打击犯罪、保护人民的关键时刻，他们挺身而出、冲锋在前，在重大安保任务面前，他们不怕疲劳、连续奋战。

他们中还有很多人，长期默默无闻，甘当无名英雄，在平凡工作岗位上像老黄牛一样辛勤耕耘，用汗水、鲜血乃至

生命，为国家安全、社会公共安全、人民生命财产安全筑起了一道坚不可摧的铜墙铁壁，用实际行动兑现了"人民公安为人民"的庄严承诺！

他们的忠诚信念，他们的担当精神，他们的英雄气概，是中华民族伟大精神的真实写照。

2021年1月10日，让我们向所有为党和人民利益英勇奋斗的人民警察，致以最高的敬意！

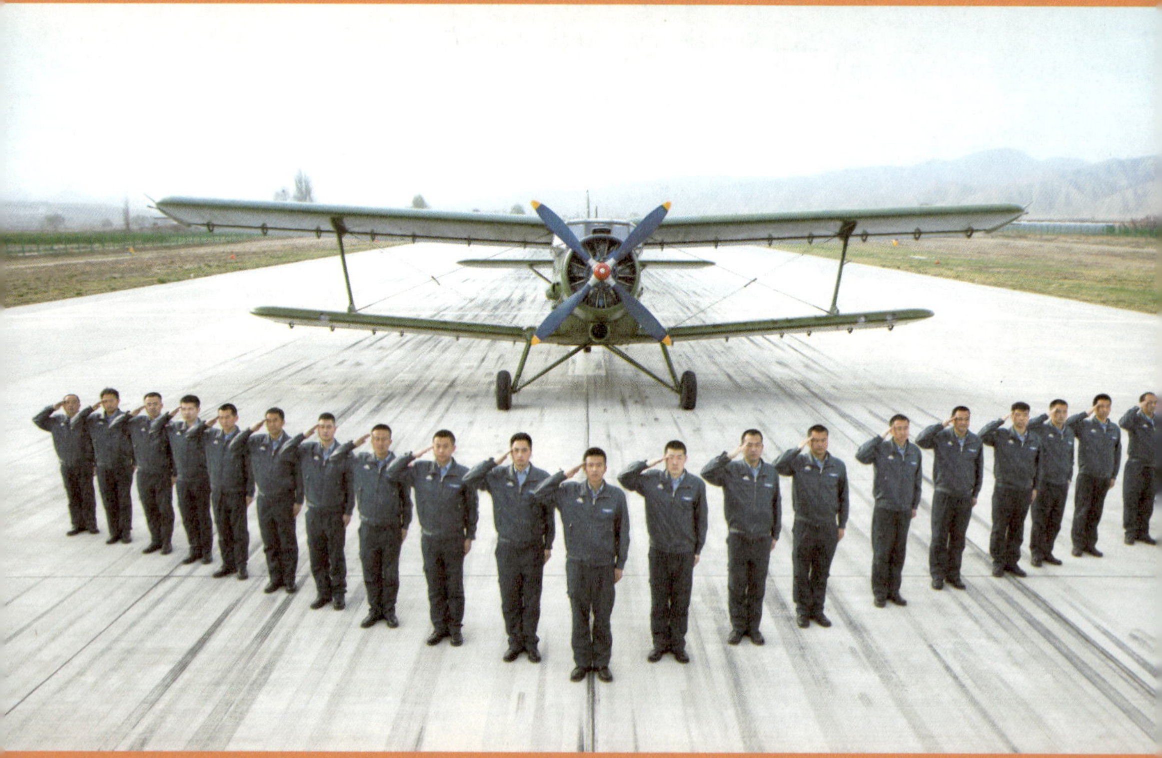

时代楷模 2021

空军某运输搜救团一大队

扫码看视频　扫码看公众号

空军某运输搜救团一大队长期担负飞机播种造林和防风治沙任务，笃定让沙漠变绿洲信念，在加强战备训练的同时，几十年如一日扎根荒漠、播撒绿色，为荒漠地区、沙漠地带筑起重要绿色屏障。党的十八大以来，空军某运输搜救团一大队深入学习贯彻习近平新时代中国特色社会主义思想和习近平强军思想，深入贯彻"绿水青山就是金山银山"理念，坚持飞播为人民，矢志播绿助脱贫，飞播航迹遍布内蒙古、川、黔、陕、甘、青、宁等7省（区）130多个县（市），作业面积2600余万亩，播撒草籽树种万余吨，为坚决打赢脱贫攻坚战、促进地方经济社会发展作出重要贡献。2019年被评为"全国民族团结进步示范单位"，2020年被评为"全国拥政爱民模范单位"，荣立二等功、三等功各1次。

说起空军飞行员，大家想到的一定都是"酷帅"的模样。他们驾驶着最先进的歼击机、运输机、预警机、空中加油机……一飞冲天，傲视寰宇；在航展上飞出炫目的特技动作，让人惊叹不已；在国庆阅兵式中飞越天安门，接受祖国和人民的检阅；战略预警、空中打击、防空反导、信息对抗、战略投送，每一样拿出来都是一曲强军战歌！

然而，人民空军还有一支这样的队伍，他们常年扎根在祖国的西部，开着我国第一代自主研发的运-5型运输机，用一粒粒小小的树种、草籽儿，为祖国播种绿色，为人民播撒希望！

在长达39年的时间里，这支队伍始终战斗在生态扶贫的一线，他们累计将1万多吨种子撒到内蒙古、川、黔、陕、甘、青、宁等7省（自治区）130多个县（市）、300多个播区，作业面积2600余万亩。

从内蒙古腹地腾格里沙漠到黔南的崇山峻岭，从榆林播区到格尔木草原，从川西高原到贺兰沙丘戈壁，他们啃下了一个个被黄沙统治的荒漠，创造了一个个看得见的绿色奇迹，

空军某运输搜救团一大队在祖国大地上播撒绿色

为老百姓铺就了一条条脱贫致富的绿色大道。

他们驾驶着我国最早的运输机，做着最有生命力的事。他们，就是与黄沙宣战，默默无闻在祖国大地上播撒绿色、创造奇迹的空军某运输搜救团一大队！

——

2020年，毛乌素沙地即将在陕西版图消失的新闻不断刷屏。这项中国人民创造的绿色奇迹背后，就有这群空军飞播官兵作出的贡献。

20世纪初，西北地区自然环境沙化严重，位于陕西省和内蒙古自治区之间的毛乌素沙地狂风卷起漫天的流沙，像张着血盆大口的"沙魔"不断向南席卷、扩张，已经逼迫陕西省的榆林城3次南迁。

"沙魔"呼啸着越过城墙之后，整个榆林城犹如茫茫沙海中间的一个孤岛。如果放任不管，这座自古以来就是交通要冲和战略要地的大漠边关很可能会被黄沙掩埋。

空军某运输搜救团一大队飞播作业

响应"为绿化祖国山河作贡献"的号召，1982年，扎根祖国大西北的空军某运输搜救团一大队开启了西部播种造林、治理沙化的飞播任务。

开着飞机播撒种子，这项听着有些新奇甚至还有些浪漫色彩的工作，其实有着常人难以想象的困难和挑战。

飞播作业的地方大多是荒山、野地、大漠、戈壁，风暴沙尘常常是说来就来。第一代飞播人扎根西部大漠时，住的地方连门都没有，经常是早上一起来，脸上、嘴里都是沙子。

一年适合飞播的季节主要在5月到7月，太阳晃得人睁不开眼，飞行员们就用土办法，给机舱的窗户蒙上蓝色的布。他们顶着50多摄氏度的酷暑，挑战身体的极限，一天要飞上十几个小时，为的就是争分夺秒抢播期，赶在雨季来之前把种子撒向大地。

也许有人会问了，运-20这样先进的机型都已列装，为什么飞播造林还要开运-5？运-5是很多军迷口中的"绿色战鹰",它飞行稳定、运行费用低廉,尤其是低空性能非常出色,可以在非常简陋的机场起降,非常适合飞播造林。可能还会有人不解,不就是开着飞机往大地上撒种子嘛,这有什么难的?实际上,为了保证每一粒种子能落到有效位置,飞播作业必须要超低空飞行,加上飞播的地方往往是沙丘、山沟,或者连绵不断的荒山,飞行员必须沿着山势走势不停地调整飞机的姿态。

2014年6月,李铜和辛嘉乘就遭遇了惊心动魄的一幕……

那一天,他们正在陕西秦岭地区飞播,那里山峰数量多、密度大,山里面被薄雾笼罩,能见度只有3公里。

对于航行时速150公里的飞机来说,3公里只有短短1分钟的时间,1分钟后面是什么?有可能是天空,也有可能是山体。

然而,两人谁也没有想到,就在飞播任务即将结束时,危险突然降临!飞机穿过一层薄雾之后,眼前突然三面环山,此时,紧急迫降根本不可能,只有让飞机直线爬升越过大山。

两人屏气凝神把飞机速度压到最低,把飞机上升速度提到最高,最终飞机贴着树梢越过大山,一片蓝天出现在眼前,那一刻,他们才终于长舒一口气。

这样一次次化险为夷的背后,是飞播官兵几十年如一日精益求精、全力以赴的刻苦训练……

二

为了适应各种起降环境,年轻的飞播官兵苦练飞行技艺,他们不断缩短起降距离的极限，不断压低超低空飞行的高度，不断提高飞机飞直线的精度，即便是在大风天，误差也不超过 10 米。

然而，即便训练严格到这样的程度，真的到了实施飞播的现场，年轻的飞播官兵还是会被现实狠狠浇一头冷水。起伏不断的戈壁，说来就来的沙尘暴，飘忽不定的冷热气流，真正的飞播区比训练难得多。

副大队长王玮锴回忆了这样一件事：有一次，飞播大队临时驻地设在了宝鸡市北坡顶部的机场，一般民航使用的跑道是 2800 米，可这里只有 500 米，尽头就是悬崖峭壁，如果起降失败就会直接冲出跑道，后果非常严重。为了适应短跑道起降，官兵们就用白线在训练场画了一个 500 米的跑道，每天就在白线区域里不停地练习起降，从 400 米、300 米，最后缩短到只有 220 米。

从不断地学、不断地练，到一次次开着飞机向大地、向荒漠、向山丘播撒种子，短短两三年的时间，他们看到了震撼人心的一幕，荒山沙土之上嫩苗吐芽，黄沙翻绿，沙漠成林。

这些曾经从航校毕业，无数次憧憬着开战斗机翱翔蓝天，却在西北萧瑟的自然环境中开着运输机播种的年轻飞行员们，在一片又一片的绿色奇迹中，愈发读懂了飞播的意义：很渺小的一个人，在这个地球上留下了那么大面积的绿色植被，让沙漠成林从不可能变为可能，让饱受黄沙之苦的老百姓因为绿水青山过上了好日子，这是多大的骄傲和荣耀。他们，也愈发体会到老一辈飞播人对飞播的挚爱和敬畏，几十年坚守下来的初心和艰辛，"你飞的每一个架次，都要对得起良心，你播撒的每一粒种子,都该在它应该生长的地方"。

然而,飞播的挑战,不仅来自大自然,还有对意志力的考验。飞播的工作这样艰苦、这样危险,为什么在中国,会有一批又一批的飞行队员,做出了相同的选择?为什么一代代飞播人虽经数次转隶、转战多地,但他们为西北添绿装的初心使命始终未变?

三

答案就在这一粒粒小小的种子里,一代代飞播人播撒出去的那一粒粒代表着希望、寓意着生命的种子,早已化作一种精神、一股力量,融入他们的血脉,扎根在一代代飞播人的心底。

提起自己心中的这粒种子,年轻的飞行员高鹏说:"是我的师傅播种的……"

高鹏的师傅名叫张建刚,是大队中参加飞播时间最久、飞播次数最多的老飞播人!最让高鹏由衷钦佩的是,师傅张建刚飞播了整整36年,只请过两次假;最让他深受触动的是,师傅张建刚退休前与飞机告别的一幕。

那一天,太阳快要落山时,师傅完成了他最后一个架次的飞播任务,当所有人都准备退场时,高鹏看到师傅一个人依依不舍地围着飞机,摸了摸机翼,拍了拍螺旋桨,就像在和飞机说:老伙计,我们并肩作战了这么多年,我要先退休了,你还要再和这帮小伙子们继续奋斗在飞播的第一线。

那一天高鹏没忍心打断师傅,当余晖罩在师傅和飞机身上的时候，那温暖的一刻就像是一幅画，师傅并不高大的身影，就像是自己的父亲一样。那一刻，高鹏忍不住红了眼眶，师傅奋斗了整整一辈子，心疼他，终于可以好好歇歇了，但又舍不得他……

在终于要离开的那一刻，张建刚也对高鹏吐露了心中的话："我像你们这样年轻时，甚至不敢告诉飞行学院的老师，自己被分到这个大队，第一次看到这一望无际的茫茫沙海，就在心里想，这样播下去的种子能长吗？"

让张建刚震惊的是，两三年后重飞之前飞播作业的区域时，沙漠上的那一层绿苗苗，让他感动到说不出话来，这一颗颗种子是沙漠的希望，这一片片绿色成为他36年坚守飞播事业的最强大的动力。

更让张建刚没有想到的是，2020年退休后，恩师在电话里对他说："我没想到你能在艰苦的大西北，飞了一辈子，飞到了最高年限，你是我最骄傲的弟子。"

是啊，飞播人能不骄傲自豪吗？因为这一粒粒种子，多少黄沙弥漫的大漠戈壁长出新绿；因为这一粒粒种子，多少家庭改变命运，走出贫困；因为这一粒粒种子，多少孩子、年轻人，也将一个个萌发希望的种子埋在心里，用汗水浇灌，长成参天大树！

四

这些生命力顽强的沙漠种子，有一点点雨就能发芽扎根的沙漠植物，也成为一代代飞播人捧在手里、刻在心里的最宝贵的珍藏!

飞行员王海全,最喜欢的是梭梭树的种子,飞播之前还以为这是草种,几年以后再去看,把他吓了一大跳,整个沙漠上长满了高大的梭梭树。

飞行员高新最喜欢的是沙打旺的种子,这些种子小到就像沙漠里的一粒沙子,却能在沙漠这样恶劣的环境下开花结果。

飞行员石元泰对花棒的种子情有独钟,每到7月份,花棒盛开的片片繁花是沙漠中最美丽的风景。

飞行员许彦龙喜欢带着毛刺、很难播种的沙拐枣,种子上那一根根毛刺,像是太阳的光芒,也更像平凡执着、刚毅锐气的飞播人。

一代代飞播人用种子传播绿色,用绿色传递希望!

从1983年开始一直到2014年,他们用了32年时间,锁住了整个榆林境内的860万亩流沙,将陕西的绿色版图向北推进了400公里,植被覆盖率从1.5%提高到45.2%。

陕西榆林地区由四望沙海、五谷不生的旧貌,变为四望

沙打旺种子

一代代飞播人用种子传播绿色

绿洲、稻谷飘香的塞北江南、陕西粮仓。

飞播可以让沙漠变绿,也可以让梦想开花。

阿拉善盟曾经是内蒙古自治区土地沙化严重的地区。20年前,当地牧民在这块"天上不见鸟,地上不长草,遍地无人烟,风吹石头跑"的土地上艰难生存。极为恶劣的气候条件一度被国际专家认为是不适合飞播的地方。然而,飞播官兵却从来没有放弃过,他们在整整39年里,在这里坚持飞播作业,从未间断,成功飞播造林591万亩,植被覆盖度由飞播之前的5%左右增加到现在的50.4%,创造了将不可能变为可能的奇迹。

飞播种下的花棒在每年8~9月盛开,沙漠上的一片片花海尤为震撼人心;飞播种下的一粒粒树种,已经成为戈壁滩上拔地而起的"绿色长城",守护着一方水土,守护着一方百姓的幸福;飞播播种下的草籽,是沙漠里长出的希望,已经铺成了老百姓脱贫致富的绿色大道。

如今的阿拉善盟旅游接待人次和收入连续10多年保持两位数以上快速增长。每年7月份是飞播林采种期,当地老百姓通过采收已经在这片土地上开花结果的花棒、沙拐枣等种子增加收入。这一粒粒小小的种子,不仅将黄沙变成了绿土,更帮助当地百姓实现脱贫致富,过上了小康生活。

一片沙，因为一把种子而改变；满眼绿，因为一群英雄而耀眼。飞播人翱翔蓝天，心系大地，他们每一次在天空中划过的航迹，都描绘成祖国山川沙漠上的一抹绿。他们用自己的青春、汗水，留住防沙固土的青山绿水，把奋斗的精神化作梦想的图景；他们用自己的灰头土脸换来播区生态的改头换面，把荒芜的大漠变成富足的宝地。

这世上最浪漫的事是什么？我想，是当我们的子孙后代捧着书本、嗅着花香、享受丰饶肥沃土地的馈赠时，我们可以自豪地对他们说："孩子，几十年前我们的脚下还是一片黄沙，是因为有这样一群可爱的人，他们开着轰隆隆的飞机从天空中向祖国大地撒满五彩缤纷的种子……"

播区生态改头换面

350

时代楷模 2019—2021

2021

拉齐尼·巴依卡

1979.04—2021.01

扫码看视频　扫码看公众号

  中共党员,塔吉克族,1979年出生,生前是新疆维吾尔自治区塔什库尔干塔吉克自治县提孜那甫乡提孜那甫村村委会委员、护边员。他2001年入伍,2003年从部队复员后,接过祖父、父亲接力棒,成为红其拉甫边防部队的义务巡逻向导,守卫神圣国土、捍卫祖国尊严,多次冒着生命危险救助巡逻战士,10余年来足迹踏遍帕米尔高原边防一线,一家三代人70年守卫边境的爱国奉献壮举,传遍新疆内外,感动无数军民,曾荣获"全国劳动模范""全国爱国拥军模范"等荣誉称号。2018年当选全国人大代表后,他忠实履行职责,积极建言献策,努力推动民族地区发展进步。2021年1月4日,为解救落入冰窟的儿童,不幸英勇牺牲,年仅41岁。

> 我们是不穿军装的边防战士,我们会用实际行动守护好祖国的边疆。

他叫拉齐尼·巴依卡,41岁,尽管被高原紫外线晒得黝黑,但仍能看出这张棱角分明的面庞格外英俊,尤其是那双深邃清澈的眼睛,明亮得像星星,闪烁着质朴和纯真,透露着执着和坚毅。

拉齐尼·巴依卡

如果不是两个月前用尽生命的那一次托举，这位不穿军装、骑着牦牛和解放军边防官兵一起爬冰卧雪、守卫祖国边境的人大代表，应该已经换上了准备已久的崭新服装，正准备步入全国两会的现场。然而，他明澈的笑容，永远留在了2021年1月4日。一次奋不顾身的救援和那个耗尽生命的托举，成了他留给这个世界最后的姿态。

一

"救孩子，救孩子！"2021年1月4日13时55分，新疆喀什大学校园内的新泉湖旁，一个母亲发出急切的呼救声。正在喀什大学学习的拉齐尼听到呼救声，几乎没有任何迟疑，快速奔向出事的冰面。

然而，正当拉齐尼伸出手，马上就能拉住孩子的瞬间，脚下的冰面突然坍塌，他跌入了冰凉刺骨的水中。

这时，室友木沙江·努尔墩也跑了过来，在冰水中的拉齐尼一边将孩子奋力向上托举，一边朝着木沙江喊："冰太薄，你不要过来，救孩子，快救孩子！"千钧一发之际，木沙江将两米多长的围巾卷起来抛给了拉齐尼。然而，一条围巾根本没法将两人都拖上来。冰水中的拉齐尼托举着孩子的双腿，再一次冲室友大喊："先救孩子！"可危险再次出现，一大块冰层突然崩塌，木沙江也掉进了冰水里。这时，岸上的人们已经闻声赶来，合力营救。

时间一分一秒过去了，天空纷纷扬扬飘起了雪花。这一天，是喀什入冬以来最冷的一天，拉齐尼已经在刺骨的冰水里坚持了十几分钟。由于长时间的托举,他在水中起起伏伏,但始终保持孩子的头露出水面。

消防救援人员赶到后,木沙江、落水儿童和他的母亲相继被救上水面。他们冲着救援人员大喊着:"还有一个人!水里还有一个人!"然而,这时的冰水中,早已看不到拉齐尼的身影……

整整两个小时之后,救援人员才终于在湖底找到了已经浑身冰凉的拉齐尼·巴依卡。可他,再不会醒来……

二

用生命托举生命的拉齐尼永远留在了 41 岁。

拉齐尼牺牲后,他的名字和他"用生命托举"的壮举,在朋友圈刷屏,感动了整个中国。

直到这时,我们才发现,这个腼腆爱笑的塔吉克汉子身上竟还藏着这么多的身份和这么多的故事……

他是两个孩子的父亲,是一位退伍军人,是一名共产党员,是全国劳动模范、全国爱国拥军模范,是全国人大代表,是从爷爷和父亲手里接过神圣职责、一家三代与解放军一起守卫祖国边防的护边英雄!

拉齐尼最后一条朋友圈,是他创作的诗歌《南湖》。"南湖红色的光照亮帕米尔高原,在晨曦中,我祖父凯力迪别克露出笑颜。……他视巡边为自己义不容辞的职责和担当。祖父这种精神是我家的一盏明灯……"

1949 年,他的祖父凯力迪别克是红其拉甫边防连第一名

拉齐尼最后一条朋友圈

护边员!

拉齐尼的家乡提孜那甫村,位于帕米尔高原东南部,半个世纪前,电影《冰山上的来客》的故事就发生在这里。

888.5公里的边境线,与塔吉克斯坦、阿富汗、巴基斯坦三国接壤,平均海拔超过4000米,氧气含量不足平原地区的一半,最低气温零下40摄氏度。

新中国成立之初,红其拉甫边防连在这里成立,担负中巴边境线近百公里的守防任务,守卫着世界上最高的国门——红其拉甫口岸。由于自然环境极为恶劣,边防官兵需要本地牧民作为向导。拉齐尼的爷爷——凯力迪别克·迪力达尔自告奋勇,成为红其拉甫边防连最早的向导,由此开启了拉齐尼一家三代接力护边的历史。

1972年,爷爷再也走不动了,把这项光荣的使命交给了拉齐尼的父亲巴依卡:"不能让界碑移动哪怕1毫米!""我们人在哪里,边防线就在哪里,一定要守好!"

巴依卡接过了父亲的接力棒,背上干馕、水泥和红油漆,牵上家里的牦牛,与边防战士们一起爬冰卧雪,穿越"生命

凯力迪别克·迪力达尔　　巴依卡·凯力迪别克　　拉齐尼·巴依卡

拉齐尼一家三代

禁区",用随身带着的水泥修葺界碑,用红油漆一次次仔细描摹"中国",用双脚踏遍防区的每一寸土地。

　　1998年"八一"前夕,县领导到巴依卡家里慰问,问他有什么困难和要求。那一天,巴依卡郑重说出了他的请求:"我唯一的愿望,就是加入中国共产党。"

　　父亲的话感动着在场的每一个人,也深深触动了当时只有19岁的拉齐尼。那一刻,他理解了爷爷,理解了父亲。一份沉甸甸的使命在他心底生根!

三

　　2001年,拉齐尼穿上军装成为一名武警边防战士,入伍前,部队问巴依卡:"你就这一个儿子,舍得吗?"巴依卡认真地说:"保家卫国是大事,我舍得!"

　　两年军旅生涯,拉齐尼对军人使命有了更深的认识。2003年,父亲身体每况愈下,因为放心不下父亲和边境线,他选择了退役,放弃留在县城工作的机会,回到家乡。

2004年,父亲巴依卡带上了24岁的拉齐尼一起巡边。路上,巴依卡将自己手绘的"巡逻图"交给拉齐尼,并对他说:"我把最珍爱的东西交给你了,这个棒你要接好。"

从此,拉齐尼跟爷爷和父亲一样,成了"不穿军装"的边防"战士"。每次到达点位后,拉齐尼就在石头上刻下"中国"两个字,宣誓国家主权。

吾甫浪沟,塔吉克语意为"死亡之谷"。100多公里的路途,要翻越8座海拔5000米以上的雪山达坂,蹚过80多条冰河,穿行一片又一片乱石滩。因为极为险峻,这条路也成为全军目前唯一一条骑牦牛执勤的巡逻线。

穿军装的拉齐尼

拉齐尼每次到达点位后,就在石头上刻下"中国"两字

2010年9月，拉齐尼与边防官兵们踏上巡逻"死亡之谷"吾甫浪沟的征程！

走到半路时，天上下起了鹅毛大雪。作为向导，他建议大家先安营扎寨，等第二天雪停了再出发。

那天，是中秋节，拉齐尼跟官兵们在大雪中度过了一个难忘的中秋。他说，这是他人生中最骄傲的一天——第一次离开父亲的引导，独自带领巡逻队进入最危险的吾甫浪沟。

在我们心中，驻守祖国边防的解放军官兵都是英雄，而在红其拉甫边防连边防官兵心中，脱下了军装的拉齐尼，是

拉齐尼为边防官兵做巡逻向导

战场上可以为自己挡子弹的战友,更是他们的大英雄!

2011年冬天,临近春节,由于大雪封山,哨所的蔬菜吃完了,食用油也没剩下多少。

可去前哨班的盘山路极其险峻,被称为"生死九道弯"。在这样的天气状况下,汽车根本无法通行。正当连队官兵一筹莫展的时候,拉齐尼突然出现在大家面前,他牵着3头牦牛,给前哨班送来了补给和年货。

那天雪下得特别大,拉齐尼根本看不清哪是路哪是悬崖。他贴着山摸索着往前走,18公里的盘山路,一脚深一脚浅走了4个多小时,走到前哨时,双脚早已冻得失去了知觉……

2014年9月,和边防官兵们去吾甫浪沟的巡逻途中,陪伴了拉齐尼10年的白牦牛摔断了脊椎。无奈之下,巡逻队只能把白牦牛留在原地。抚摸着这位无言战友的脊背,拉齐尼哭得像个孩子,战士们也都湿了眼眶。临走前,拉齐尼和战士们拔了很多草放在白牦牛跟前,希望它能够恢复健康,自己归队。多年来,牦牛成了拉齐尼和边防官兵最值得依靠的战友。边防连官兵巡逻使用的牦牛,是拉齐尼家的。

"牦牛小小的时候我们把它们养大,是我们的好朋友,但牛死了可以买牛,战士们的安全永远是第一位的。"

很多人不理解,为什么这一家三代人宁可舍命,宁可付出一切,也要去护边,也要守卫国土。

拉齐尼讲起了很多年前爷爷常常讲给父亲的那个故事:"解放军第一次来到我们家乡的时候,我们并不知道他们是谁。但是他们免费给我们药,给我们米面,还帮我们修房子。我们从未见过这样的好人。后来我们才知道,他们叫解放军,叫共产党。"

听完拉齐尼的话，我们瞬间理解了他常常挂在嘴边的那句话："没有国家的界碑，没有边防官兵，哪里有我们的牛和羊。"也瞬间理解了拉齐尼的那份执着："只要有我在边境、在界碑前，我绝对不会让任何人侵犯祖国边境！"

四

2018年，拉齐尼当选全国人大代表。每次参加完人代会，他都及时向家乡群众传递党的政策，传递党中央的关心关怀。同时，他也把边疆人民的心声带到北京，为乡亲们解决实实在在的问题。

2020年初，拉齐尼又有了新的使命：担任提孜那甫村村委会委员。当上村干部后，他更忙了，半个月在山上巡逻，半个月在村里办公，在家的时间越来越少。

说起自己的爸爸，女儿都尔汗委屈地哭了："他陪我们的时间特别少，常常一个月都不能回家……"

任职期间，拉齐尼并没有做什么轰轰烈烈的大事，但他尽心尽力帮助村民解决每件小事：为牧民建立文化站；为做好春耕备耕，维修了十几公里的水渠和闸口；为了基建工作，他又亲自带领护边员将近千个重达40斤的铁桩搬上雪山……

他经常笑着说："只要我还有一口气，我就要为国家和人民付出。"

2020年10月20日，在北京京西宾馆，拉齐尼捧回了沉甸甸的全国爱国拥军模范奖牌。他接受采访时，激动地说："这份荣誉不是我一个人的，是喀什地区7600多名护边员的。"

作为全国人大代表，他最关心的始终是建设好护边员队伍，今年准备向大会提交的议案，他早就准备好了。这份他生命中最后的议案，依然是关注护边员队伍的建设。

谈到护边员的生活变化，跟拉齐尼从小一起长大的朋友、同为护边员的麦富吐力红着眼圈说："现在护边员每月收入2600元，享受到国家惠民补贴、草场补贴、社保医保；现在边境房也盖好了，有水有电，网络也基本覆盖了，每个村都有了幼儿园，孩子们能享受到免费教育……"

作为人大代表，他提交的议案现在基本都实现了，然而作为父亲，他却一次次食言了。

女儿都尔汗清楚地记得，1月3日，拉齐尼打来电话，说2月份回家时，一定给她买台电脑，没想到，这竟是与父亲最后的对话……

妻子阿米娜默默地掉着眼泪，她抚摸着为丈夫参加两会准备的崭新的衣服和一顶塔吉克族特色毡帽，她与拉齐尼同年同月同日生，他曾答应她照顾她一辈子，如今却留下她一个人……

还有他的老父亲巴依卡，他曾经对父亲说，为祖国护边40年，一直到走不动，然而，他只完成了16年。

可拉齐尼，兑现了他对党的承诺。2002年，当时只有23岁的拉齐尼，在他的入党申请书中这样写道："尽我所能，为人民、为祖国多做好事。"19年来，拉齐尼用他朴素的人生践行着这句话，直到他生命的最后一刻。

在《时代楷模发布厅》的录制现场，导演组和编导们替"食

拉齐尼的家人与他的衣服一起，拍摄了一张特别的全家福

言"的拉齐尼完成了他曾对自己一双儿女的承诺：带他们到北京看了升国旗，带他们亲眼看到了爸爸开会的地方。

在节目的舞台中央，从没有拍过全家福的一家人，与拉齐尼的衣服一起，拍摄了一张特别的全家福。

拉齐尼的儿子、今年只有 11 岁的拉迪尔，抱着父亲的衣服说："我以后，也想和爸爸一样去部队当兵，退伍回来也在家乡当一名护边员，像爷爷和爸爸一样，成为坚毅勇敢、展翅翱翔的帕米尔雄鹰！"

"这辈子要一直做一名不穿军装的边防战士，永远守好祖国的边境线……"拉齐尼的话犹在耳边。

"花儿为什么这样鲜？鲜得使人不忍离去，它是用了青春的血液来浇灌……"拉齐尼的歌声也犹在耳畔。

一次次翻过雪山、蹚过冰河；一次次冲锋在前、舍生戍边……71 年来，拉齐尼和父辈踏遍边防线上的每一块界碑、每一条河流、每一道山岗，和千千万万爱国爱疆、守边护边的群众一起，为共和国的边境筑起"家家是哨所、人人是哨兵"

的钢铁长城。

拉齐尼,帕米尔高原的雄鹰,尽情地在天空翱翔吧,你一定看见了,14亿中国人就是14亿块界碑,今天,我们每一个人都在接过你手中的火把,守护好祖国的每一寸领土,保护好祖国的每一寸山河!

拉齐尼是一名不穿军装的边防战士

364

时代楷模 2019—2021

2021

东深供水工程建设者群体

扫码看视频　扫码看公众号

　　东江—深圳供水工程（简称"东深供水工程"）是党中央为解决香港同胞饮水困难而兴建的跨流域大型调水工程。20世纪60年代，来自珠三角地区的上万名建设者，响应国家号召，心系香港同胞，不惧艰难困苦，克服重重挑战，一锹一筐、肩挑背扛，开山劈岭、修堤筑坝，以"要高山低头、令江水倒流"的壮志豪情，短短一年时间，建成了全长83公里的宏大供水工程，极大缓解了香港的用水困难。50余年来，共有3万多名工程勘探、设计、施工人员和运行维护人员参与东深供水工程建设运行。他们接力传承，精心守护，先后4次对供水线路进行扩建、改造，使供水能力提升30多倍、水质安全得到根本保障，惠及了沿线各地，满足了香港约80%的淡水需求，成为保障香港供水的生命线，助力了香港经济腾飞，保障了香港民生福祉，支撑了香港的繁荣稳定。

说起香港，我们很多人首先会想到香港的电影。然而，可能很多人不敢相信，1965 年，横扫香港票房，创下当年中西影片最高卖座纪录的，竟是一部名为《东江之水越山来》的纪录片。

这部电影上映之时，很多香港市民看到纪录片里一个只有四五岁的小女孩儿赤着双脚，柔弱的肩上挑着两桶水，颤颤巍巍地艰难前行时，都忍不住默默地擦泪。

因为电影中放映的这无比真实的一幕幕，正是那一代香港人所经历过的最煎熬痛苦的岁月，最不堪回首的心酸记忆……

周恩来亲自拍板，拨付 3800 万引东江水

香港，一座三面环海的城市，也是一座严重缺淡水的城市。

1929 年，在一次严重的旱灾中，曾有 20 万人因为干渴逃离香港。电影《功夫》中，包租婆时不时就给停水，就是那个时期香港的真实写照。

1962年到1963年,香港遭遇了50年一遇的大旱,水库的所有存水,只够350万人饮用43天。

当时,香港已经缺水到什么程度?港英政府出台限水政策:每4天只供应4个小时的水。

为了能多贮存一些水,一家人只能轮流停工停学,全家老小都走上街到公共水管道排着长队接水,每次都有人为了抢水大打出手。

更让人难以想象的是,除了严苛的供水时间限制,水务署甚至贴出节水布告,要求市民每两周洗一次头,为了让学生少出汗,学校甚至停了体育课。

水荒,成了一代香港人的噩梦,发展经济,更是无从谈起。

1963年5月,万般无奈的港英政府通过香港中华总商会和香港九龙工会联合会,向内地发出求援信号。

当时,为了接济香港同胞,同样面对大旱之灾的广东在自身用水也十分困难的情况下,放弃了大片农田灌溉,为香港供水。

然而,舶船取水、行车运水,只能解决燃眉之急。

就在所有人都在思考如何从根本上解决香港的水荒问题时,1963年年底,周恩来总理来到广州,当他得知香港缺水的情况后,迅速作出指示:引东江水供应香港,不惜一切代价帮助香港同胞渡过难关!

周总理拍板拨付3800万:"该工程关系到港九三百万同胞,工程应由我们国家举办,广东省负责设计、施工。"

这3800万的巨额经费,放在20世纪60年代的中国,显得如此厚重和不易,当时,为了保障这3800万,中央甚至不得不暂停了部分其他项目。

这项工程建成之后,之所以被称为一个奇迹,是因为这项工程的难度几乎是超出想象的:唯有令高山低头,让河水倒流,才能引水成功……

这是只有中国人才能创造的奇迹

东江,虽说离香港最近,但从取水口到深圳水库,要经过80多公里,要翻越6座高山。也就是说要将50.5公里的支流,从海拔2米一级级抬高至46米,整个工程相当于建一座大滑梯。

1964年2月20日,东深供水工程正式动工,工程工期只有1年。

开工两个月后,港方人员来看工地,当时,东莞的交通设施差到连卡车都开不进来,看到施工作业基本靠人力完成,所有人都动摇了,不相信1年内能够完工。

英国水利专家甚至撂下狠话:工程完工至少要3年。

然而,当时香港的旱情,别说3年了,连1年都等不了了!为了尽快完成施工,中央和广东省动员了一切力量。

选调全国优秀的技术人员、全国15个城市50多家工厂调整生产计划赶制各种机电设备、铁道部优先运"东深"的物资……

上万名建设者们不管是干部、技术员还是工人,所有人都住工棚、睡草席,吃住在工地,尽管生活环境艰苦,但从上到下每个人都干劲儿冲天!

当时的施工条件更是差到我们无法想象，缺少大型机械设备，工人们就手挖肩扛，甚至连土石方、混凝土的搅拌、浇筑，都是靠徒手来完成；为了查看80多公里的工地，施工现场仅有的交通工具竟然是4辆凤凰牌自行车……

今年已经85岁的王寿永老人回忆起当年的往事仍然激动万分。

他说："真是无法想象，那时候我们施工有多急多赶，接到工程通知，我们设计人员就带着1个背包卷、1个脸盆、几件衣服和1床被子，坐车去了施工现场。"

为了加快工期，施工现场边画图边设计边施工。技术人员画好一张就往工地送一张。

当时，在上万名工程建设者中，还有一个特殊的群体，他们是84名广东工学院农田水利和土木工程系的大四学生。

在那个专业人员奇缺的年代，这些天之骄子们选择延迟一年毕业。

他们打起背包、住进工棚，义无反顾地用自己的汗水、泪水，乃至鲜血和生命，把青春岁月最重要的那篇论文，写在了东深供水的伟大工程之上！

如今已经年逾古稀的何蔼伦，当年还未毕业，她和同学们硬是靠着一把计算尺，圆满完成了厂房的排架、吊车梁设计工作。

还有已经82岁的陈汝基，回忆起当年冒死在暴风雨和一片汪洋中艰难跋涉，及时参与关闭泄洪闸的情形，仍然历历在目、惊心动魄。

然而，让所有同学们痛心的是，就在他们距离完成任务返校只剩下不到两周时，意外发生了……

1964年11月3日，又一场超级台风来袭，为了赶工期，一名叫罗家强的男同学在沙岭工段7米多高的闸墩施工时，在狂风暴雨中不慎跌落，献出了年轻的生命。

转眼，50多年过去了，当年的同学们早已年逾古稀，他们很多人已经退休安度晚年，还有人老骥伏枥发挥余热，更有10多位老师同学已仙逝作古，然而，永远不会随岁月磨砺消逝的，是深藏在他们心中的那份光荣与骄傲。

1965年2月25日，东深供水工程这条供港"生命线"终于建成，奔腾不息的东江水从这一天起，承担起新的历史使命——哺育香港。

短短11个月，从周围到处都是荒山野岭，到让"高山低头、河水倒流"，这项由中国人创造的了不起的世界工程奇迹，背后是党中央的强大支持，是举全中国、全广东省的倾力付出，更是上万名建设者24小时不间断施工的牺牲和奉献！

香港工务司负责人惊叹道："这个工程是第一流头脑设计出来的！"香港中华总商会和港九工会联合会赠送了两面锦旗，上书"饮水思源，心怀祖国"和"江水倒流，高山低首；恩波远泽，万众倾心"。

东江水的到来，极大促进了香港经济社会的快速发展，使香港经济一飞冲天。

一个省为一条河、一个工程付出了太多！

随着香港的快速发展，东深供水工程分别于1974年、

1987年、1990年进行了3次扩建。

有人计算过,如果将工程所用的土石方筑一道宽2米、高5米的堤坝,足以从深圳一直延伸到北京。

3次扩建完成后,新的挑战又浮出水面。

为了加强生态环境保护,彻底改善东江水质,2000年8月28日,东深供水工程四期改造开工兴建,目的只有一个,把清水和污水彻底分离,不允许任何污水浸入清水里面。

要做到这一点并不容易,工程必须将供水系统由原来的天然河道输水,改为封闭的专用管道输水。

为了让香港同胞早一天用上更清洁更健康的东江水,7000多名建设者投入800多个日夜,争分夺秒施工建设;技术人员研究攻克了4项领先世界的核心技术,创下了当时的"世界之最"。

历时近3年,2003年6月28日,东深供水工程四期改造终于完成。

今年已经83岁的林振勋老人回忆起当年按下按钮,工程建成通水的时刻,仍激动万分。

从规划勘测到设计施工,整整6年多的时间啊,东深人终于以又一项堪称世界一流的输水工程,把更晶莹的"生命之源"送到了香港,送到了千家万户。

为了保护工程沿线的水质,广东省更是作出了难以想象的努力和牺牲。

为保护水质不被污染,先后出台了13个法规及文件;深圳市还成立东深公安分局,专门负责守护这条生命线工程,从源头到沿线全面保护;沿线的东莞、深圳地区不计经济损失放弃了很多建设项目，为保护水质作出了巨大牺牲。

"生命之水"背后的骨肉亲情

半个多世纪的时光，让很多记忆渐渐消退，一次次的改建升级，东深供水首期工程已难觅踪影，给"香港送水的人"也换了一茬又一茬。

任凭岁月的风吹雨打，留在这段历史中的那一串串闪亮璀璨的名字，不该被我们遗忘……

2020年11月，正在广州中医药大学读大一的香港"00后"叶子嘉跟随学校组织的交流团，参观东深供水工程纪念园。在这里，他第一次亲眼见到了写在课本里的东江。

纪念园里的老照片记录着东深供水工程的建设历史，叶子嘉近距离从这些照片中，看到了50多年前发生的一幕幕：他们战胜5次强台风的袭击，他们靠着手挖肩挑背扛开山劈岭、修堤筑坝……叶子嘉内心一次次被震撼。

这是他第一次真切地感受到，原来每天打开水龙头就可以用的水，背后竟然有着这样一段令人肃然起敬的厚重历史。

几乎每一个来到纪念馆的人看到眼前无比真实又无比震撼的一幕幕，都会忍不住问自己，上万人奉献和牺牲换来的东江之水，早已渗入香港每一寸土地的"生命之水"，到底流淌着的是怎样的爱与亲情？

叶子嘉说，当他看到纪念园里母亲抱着孩子的雕塑时，就在那个瞬间，他一下子明白了。

为什么无论有多辛苦也要不惜一切代价为香港付出？因

为这是一份血脉相融、难以割舍的骨肉亲情啊!

历尽半个多世纪的风雨沧桑,流淌了56年的"东江之水",累计为香港供水260多亿立方米,相当于一个半洞庭湖的水量,保障了香港约80%的用水需求。

不管时间还要过去多久,东江之水还要流淌多远多长,"东深人"守护香港同胞用水的心,永远不会改变;无论过去、现在还是将来,香港都是祖国大家庭中的一分子,祖国与750万香港同胞血浓于水的骨肉亲情,永远不会改变!

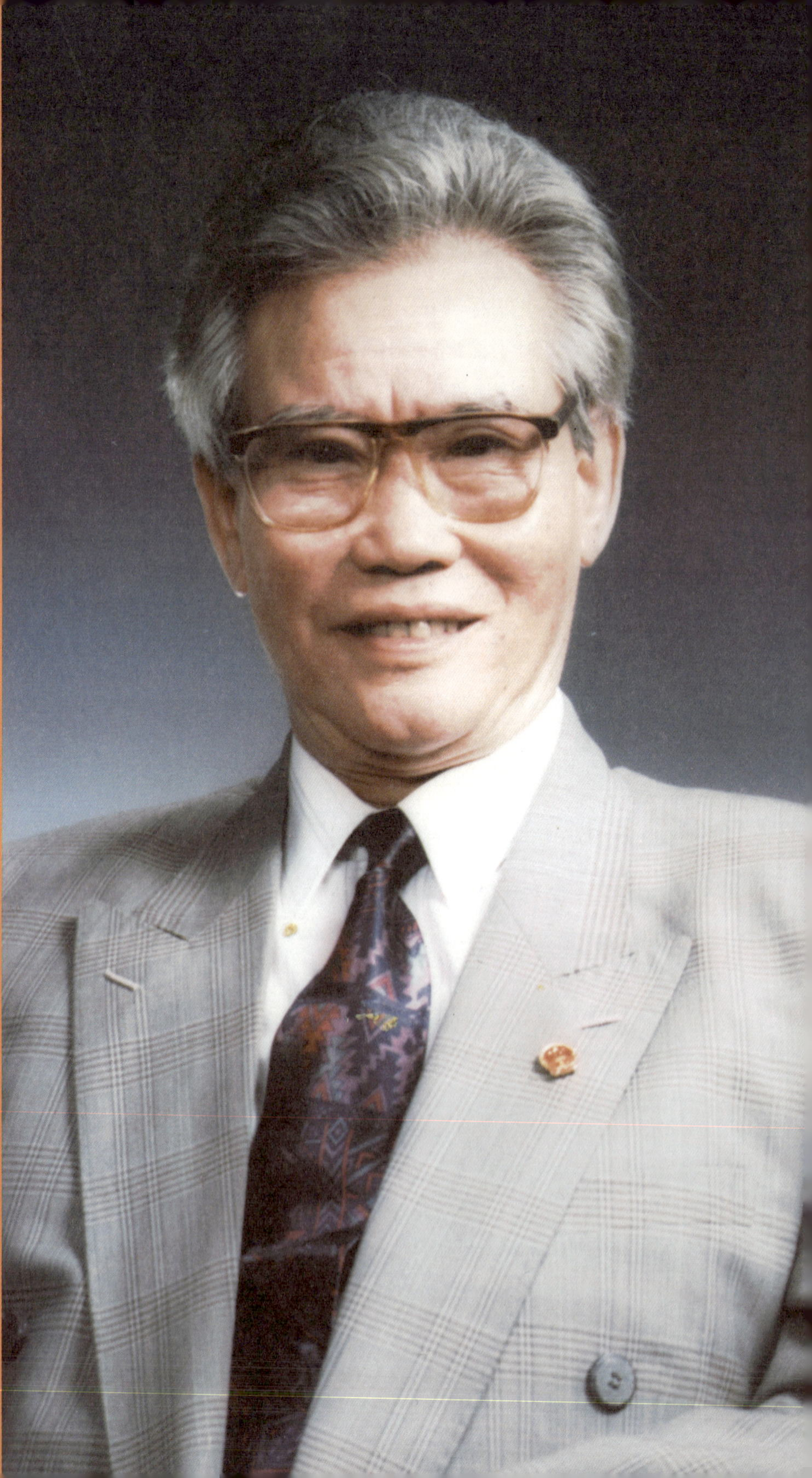

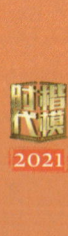

彭士禄

1925.11—2021.03

扫码看视频　扫码看公众号

广东海丰人，中共党员，我国著名的核动力专家，中国核动力事业的开拓者和奠基者之一。他是党的早期领导人、我国农民运动的先驱彭湃烈士之子，年幼时父母牺牲，8岁就被国民党反动派投入监狱，此后颠沛流离，几经辗转到达延安，在党的培养下成长成才。20世纪50年代，他响应党中央号召，隐姓埋名投身核潜艇研制事业，担任第一任核潜艇总设计师，主持了潜艇核动力装置的论证、设计、装备、试验以及运行的全过程，为我国第一艘核潜艇成功研制作出了重要贡献。改革开放后，他负责引进大亚湾核电站，组织自主设计建造秦山核电站二期，引领我国核事业发展实现历史性跨越。曾任原第六机械工业部副部长、党组副书记，原水利电力部副部长、党组成员，中国核工业集团有限公司原科技顾问，是中国工程院首批院士。

照片中这个瘦瘦小小的孩子，有着极为传奇的一生，他两次被关进监狱，多次和死神擦肩而过……

然而，几十年之后，他两次为新中国掀起"核巨浪"，为国家和人民创造了卓越不朽的功勋！

1988年9月27日，中国导弹核潜艇水下发射运载火箭成功，这是继原子弹爆炸成功后，中国于无声的深海之中，牢牢筑起的第二道核盾牌！

9月28日，《人民日报》刊登了长篇通讯《中国核潜艇诞生记》。这时候，很多人才知道，中国第一代核潜艇首任总设计师、中国第一个核动力装置的主要设

小时候的彭士禄

计者，名叫彭士禄。

他，就是照片上那个瘦弱的小男孩儿，他还有另一个身份：中国共产党老一辈无产阶级革命家、中国农民运动先驱彭湃之子！

彭士禄

受尽人间苦难，被老百姓舍生保护的童年

1925 年，彭士禄出生在广东省海丰县，是彭湃的次子。

彭士禄对父母并没有太多印象，只有一张与父亲和哥哥的合影。照片上有父亲亲手写的字："彭湃及他的小乖乖。"

1928 年，在彭士禄 3 岁时，他的母亲蔡素屏不幸被捕、英勇就义。

1929 年，彭湃在上海被捕，在生命的最后时刻，他高唱《国际歌》慷慨赴死。

那一年，成了孤儿的彭士禄年仅 4 岁。

"一个漆黑的夜里，奶妈背着我逃难。"这几乎是彭士禄对人生最早的记忆。

为了躲避国民党反动派的"斩草除根"，贫苦百姓们冒着杀头的危险，保护着这棵烈士留下的根苗。

从那时起，他过起了姓百家姓、穿百家衣、吃百家饭的生活。

8 岁时，彭士禄被国民党当局抓进监狱。

阴森恐怖的牢房里，吃的饭里有虫子，身上爬的有虱子，

1991年，66岁的彭士禄来到曾关押过他的石炮台遗址，他一站在上面就哭了，对身边的人说："当年，我在这里受到了多少拷打。"

敌人不仅逼供让他承认自己的身世，还给养育过彭士禄的"姑妈"实施酷刑。

在监狱里，年幼的彭士禄目睹了曾养育过他的"姑妈"被倒挂着吊起来灌辣椒水，但她宁把牢底坐穿，宁可被杀头，也不供认他是彭湃的儿子……

1935年，因为狱友们的周全掩护，彭士禄终于被营救出狱。这个只有10岁、已经被折磨得双腿无法走路的孩子，硬是一路顺着轨道爬了十几公里，膝盖爬得全部都是血，才终于爬回了潮安养母的家里……

1940年，周恩来总理派人辗转找到了彭士禄，周总理见到彭士禄的第一句话是："孩子，终于找到了你。"

在被安全送往革命圣地延安后，受尽人间苦难的彭士禄才终于结束了东躲西藏的日子。那一年，彭士禄已经15岁了。

每每回忆起自己的童年,彭士禄总是饱含深情地说:"坎坷的童年经历,磨炼了我不怕困难艰险的性格。我对人民永远感激,无论我怎样的努力,都感到不足以回报他们给予我的恩情。"

"只要祖国需要,我愿意贡献一切"

1951年,彭士禄以优异的成绩考取选派留学苏联的名额,前往喀山化工学院化工机械系学习。

1954年1月,他在苏联学习时,美国东海岸发生了一件大事:一个巨大而灵巧的"黑色水怪"转眼潜入太平洋。不久,这庞大的"水怪"幽灵般地游过墨西哥湾,荡过南美洲,横穿大西洋,途经欧亚非三大洲后又回到了美国东海岸。在它下水后的3年多时间里,总航程达到6万多海里,消耗的核燃料"铀"仅有几千克。

这"黑色水怪",就是继原子弹之后再度震惊世界的美国核潜艇"鹦鹉螺"号。

1956年,彭士禄获得苏联颁发的优秀化工机械工程师证书,正当他准备毕业回国时,一次简单但意义深远的谈话,彻底改变了彭士禄的人生轨迹……

正在苏联访问的陈赓大将将正准备回国的彭士禄密召到中国驻苏联大使馆。陈赓问他:"中央已决定选一批留学生改行学原子能核动力专业,你愿意改行吗?"彭士禄几乎是脱口而出:"我当然愿意,只要祖国需要!"

很快,彭士禄被派往莫斯科动力学院原子能动力专业进修深造。正是这段学习时光让彭士禄与核动力结下了一生的缘分。

之后，他没有像他的父亲彭湃一样轰轰烈烈地走向历史舞台的中央，而是像核潜艇一样悄无声息地"深潜"，与共和国的核事业紧紧地连在了一起。

"核潜艇，一万年也要搞出来"

1958年，为打破美苏等国对核潜艇技术的垄断，中央批准研制导弹核潜艇。

这一年，彭士禄学成归国，被分配到二机部原子能所工作。正当他准备大展拳脚的时候，中苏关系出现裂痕。面对复杂的国际形势，毛主席讲出了一句话，气势如虹："核潜艇，一万年也要搞出来。"这振奋人心的一句话，改变的岂止是彭士禄一个人的命运，更是一个国家和民族的命运！

1962年2月，彭士禄被任命为北京原子能研究所核动力研究室副主任，主持核潜艇动力装置的论证和主要设备的前期开发。

彭士禄领导的核动力研究室，面临着前所未有的困难：短缺的办公经费，所里新来的大学生没有一个是学核动力的……很多人都没见过核潜艇长什么样。这个核潜艇怎么干成，更是不知道。

彭士禄鼓励大家，困难中孕育着机遇，我们一步一步来！

当时，先由他和仅有的几个懂一点儿核动力的人，一边自我学习，一边给大家开课。

他还发动大家一起学英语，俄语资料没有了，就改看英文资料。他对年轻人说："要脑袋尖、屁股圆，脑袋尖钻进去，屁股圆能坐得住！"

1964年10月16日，中国第一颗原子弹成功爆炸，消息传到核动力研究室，彭士禄敏锐地意识到，核潜艇研制的春天就要来了。

1965年，代号为"09"的中国第一个核潜艇工程上马。一支几百人的先遣队，静悄悄地来到四川青衣江畔的深山里，开始秘密建设中国第一座潜艇核动力陆上模式堆试验基地。

在四川大山中奋战的日子，是彭士禄一生中最难忘的经历。交通不便，就都吃住在工地上；180天不见太阳，毒蛇蚊虫肆虐，他们依然干劲儿十足。

彭士禄曾回忆："困难时期，我们都是吃着窝窝头搞核潜艇。那时没有电脑，就拉计算尺、敲算盘，那么多的数据就是没日没夜算出来的。"

1970年8月30日，反应堆主机达到了满功率指标，晚上6点30分，起堆试验的指挥长含着热泪宣布，核潜艇主机达到满功率转数，相应反应堆的功率达99%，核反应堆顺利达到满功率。

这意味着，新中国第一艘核潜艇的心脏——核动力终于开始跳动了！核潜艇下水指日可待！

这一天，大家欣喜若狂，放鞭炮庆祝，而这时，总设计师彭士禄却在闷头睡大觉。因为在这之前，他已经连续五天五夜没有好好睡一觉了。

胃被切除四分之三,"就是死了也是值得的!"

1974年8月1日,中国第一艘核潜艇被命名为"长征一号",正式列入海军战斗序列。至此,中国成为世界上第五个拥有核潜艇的国家。

这一年,彭士禄一直在核潜艇制造厂进行最后的调试安装工作。

在一次调试时,剧烈的胃疼令彭士禄汗湿了全身,医生诊断为急性胃穿孔,海军派直升机送海军总医院的外科主任去现场开刀。这一次手术,彭士禄的胃被切除了四分之三,那一年,他才49岁。

88岁时,有记者提到这段往事,问他:"值得吗?"他回答:"值得!搞成功了,特别高兴,我喜欢这个工作,付出的一切都是值得的,就是死了也是值得的!"

核潜艇成功了,一辈子跟核动力打交道的彭士禄,又有了新的使命。这一次国家交给他的,又是一次极为艰难的开拓垦荒……

再一次临危受命,开拓奠基中国核电事业

1983年,彭士禄被任命为大亚湾核电站筹建总指挥。年近花甲之年,他再一次踏上了共和国核电事业的拓荒之路。

那一年,我国外汇储备仅有1.67亿美元,而大亚湾核电站总投资需要40亿美元。既没有足够的建设资金,人才技术

也尚属空白,在这种情况下要建成中国第一座百万千瓦级的商用核电站谈何容易?

面对这一场代表国家的"商业博弈",彭士禄奔波各地筹集资金,参加一轮轮商业谈判,他的各项开创性工作,为大亚湾核电站快速开展建设工作奠定了坚实的基础。

1987年,大亚湾核电站顺利开工,然而为了这一刻操劳了两年的彭士禄却已马不停蹄地赶往下一个任务,当时,他已经被国家委任为秦山二期核电站董事长,负责建设中国第一座自行设计、建造的商用核电站。

在任秦山二期核电站董事长时,他提出了股份制,建立了董事会制度,从核电站主要参数到投资方案,他都一一研究、核算。大到反应堆,小到一个螺丝钉,他都能做到心中有数。彭士禄有个著名绰号叫"彭拍板"。他常说:"对了,

工作中的彭士禄

功劳算你的；错了，责任算我的。"

半个世纪的时间里，彭士禄像一头拓荒牛一样，从引进、消化吸收国际先进技术到自主研发核心技术，打赢了一场又一场核电领域的攻坚战，引领我国核电发展走上了快车道。

然而，在巨大的成就和荣誉面前，彭士禄从不计较得失，更从不提个人要求。

1978年，当他获得全国科学大会奖时，听闻消息的他正在工地上，惊讶地说："我也可以得奖？"

2017年，彭士禄又把自己在何梁何利基金最高奖（科学与技术成就奖）获得的100万港币奖金全都捐赠出来，为国家培养核事业人才。

一造核潜艇，二建核电站，彭士禄一辈子干了两件大事。在他看来，中国的核动力事业发展到今天，绝不是一个人两个人所能及的，而他自己"顶多算其中的一颗螺丝钉"。

2020年11月，在彭士禄离开这个世界前的最后一个生日，心里念念不忘的，依旧是他那句最初的誓言：只要祖国需要，我愿意贡献一切！

2021年3月22日，彭士禄在北京逝世，享年96岁。3月30日，在《英雄核潜艇》的歌声中，彭士禄完成了他最后的心愿：骨灰撒向大海，永远守护祖国的海洋。

从烈士的遗孤到中国核动力事业的拓荒牛，他默默走完了为祖国"深潜"的一生。一辈子太短，短到他只为祖国做成了两件事；一辈子又太长，长到他把生命熔铸进新中国核事业基座上的磐石。

此刻，他或许是那一朵翻腾的浪花，正同他最爱的核潜艇一起深潜，一路远航。

那闪耀的印记，已汇入历史的长河，伴随着中华民族伟大复兴的征程，滚滚向前，澎湃不息！

386

时代楷模 2019—2021

2021

陆军第八十三集团军某旅"红一连"

扫码看视频　扫码看公众号

"红一连"是诞生于秋收起义的红军连队。"三湾改编"时,毛主席亲自在该连建立党支部,并发展了6名党员,开创了我军"支部建在连上"的先河。90多年来,"红一连"矢志不渝听党话、跟党走,先后参加战役战斗300余次,完成非战争军事行动40余次,5次被授予荣誉称号。党的十八大以来,"红一连"坚持用习近平新时代中国特色社会主义思想特别是习近平强军思想建连育人,传承红色基因、铸牢强军之魂,践行初心使命、勇当强军先锋,圆满完成国际维和、抢险救灾、沙场阅兵等重大任务,荣立一等功1次、二等功5次,被表彰为全军首届"践行强军目标标兵单位"。

这是一支无论何时何地，面对灾难和危险永远冲在最前面，救人民群众于水火的队伍；这是一支无论何时何地，为了国家和民族，不惜头断血流，勇往直前、战无不胜的队伍！

为什么中国军人召之即来，来之能战，战之必胜？答案就藏在这支连队里——毛泽东主席亲自建立的全军第一个连队党支部、参加战役战斗300多次，走出14位将军，涌现

出16名战斗英模,从秋收起义、三湾改编,一路披荆斩棘走到了新时代的英雄集体——陆军第八十三集团军某旅"红一连"!

党指挥枪,
人民军队历史上的伟大创举

1927年9月,攻打平江、浏阳、醴陵失利,秋收起义部队连遭重创,由最初的5000余人锐减至1500余人。消极的情绪如同罗霄山深处的雾气,在这支疲惫不堪的队伍中蔓延。

贺龙后来回忆说:"那时候的军队,就像抓在手里的一把豆子,手一松就会散掉。"

一个月前,在八七会议上提出"枪杆子里面出政权"的毛泽东此时思虑最多的是:如何把枪杆子牢牢抓在党的手上?怎么才能凝聚起这支队伍?

在江西省九陇山下的小山村,秋收起义部队短暂休整,也就在这时,整个队伍中唯一一个没有逃兵的连队吸引了毛泽东的目光。

昏暗的油灯下,毛泽东与连队党代表何挺颖彻夜长谈,思想火花碰撞迸发,连队一级没有党的组织,党的影响没有渗透到队伍中去;党员太少,又没有捏在一起,形不成力量,党支部不能只建在团一级,而要建到连队去。

1927年10月15日,在湖南省炎陵县叶家祠小小的阁楼里,几条长板凳、靠墙方桌上一盏菜油灯、桌面上悬挂着的入党誓词和3个外文字母"C·C·P"(中国共产党)。当晚,

6名年轻的战士跟随毛泽东，许下了一生中最重要的誓言：牺牲个人，努力革命，阶级斗争，服从组织，严守秘密，永不叛党。这6名年轻的同志，这6名由毛泽东亲自组织发展的新党员，他们高举右手的那一刻，标志着人民军队掀开了崭新的篇章——这是人民军队建立的第一个连队党支部。

支部建在连上，是人民军队历史上的一个伟大创举！从此，连队一级有了党组织，"党指挥枪"的原则在基层落地生根。有了党的领导，"红一连"的红色基因从此扎了根。

剑锋所指、所向披靡的"红一连"官兵们从血战湘江到平型关大捷，从辽西会战到解放海南岛，历经300余次战役战斗。扛着"百战百胜""英勇连"的旗帜，从秋收起义的硝烟中走来，走进了新时代。

党旗所指，战旗所向，"红一连"没有完成不了的任务

"红一连"的官兵并未躺在先辈们的荣誉上停滞不前，激战长江、挺进汶川、驰援玉树、出国维和……他们接过那面浸染着无数革命先烈鲜血的战旗，始终勇当先锋，党指向哪里，他们就战斗在哪里！

这是一支随时准备奔赴战场、执行任务的连队，更是一支94年赓续党的红色血脉，传承党的光荣传统，特别能吃苦、特别能战斗的连队。

在新时代的强军路上，"红一连"的官兵们深深明白：成绩和荣誉属于过去，唯有苦练打赢本领，才能再次扬威沙场。

张鲁豫

张鲁豫,"红一连""射击模范班"的一名战士。第一次参加连队射击比武时,他打出了连队垫底的成绩。然而,谁也没有想到,短短几年后,张鲁豫从"菜鸟"步枪手历练成为全集团军最优秀的狙击手之一。

他在自己的笔记本扉页上写了四句话:"练别人练不了的功,受别人受不了的苦,守别人守不了的寂寞,享别人享不了的荣誉!"

别人休息的时候,他看书学理论,把每一次射击的弹道、风速、距离等数据全部记笔记做分析,射击动作不行,他就把身上挂满水壶负重练习卧姿、立姿、蹲姿各种据枪姿势。

为了成为一名优秀的狙击手,张鲁豫跟自己死磕,在抗毒虫训练中,他咬紧牙关,稳定情绪、调整呼吸,眼神聚焦远方的靶标。

2019年7月,在全集团军狙击手比武中披着厚重伪装衣的张鲁豫,顶着38摄氏度高温,经过5个小时奔袭,战胜了各路高手,拿下了第一名的成绩。张鲁豫捍卫了"红一连""横竖都是一"的使命，将"红一连"党员立身为旗的担当写进了自己的奋斗青春，写进了"红一连"奋进新时代的篇章。

2017年6月，"红一连"官兵从豫中平原一路移防到数百公里外的关中大地。建连94年来，连队历经21次调整移防，然而，无论部队番号怎么改，驻地如何变，"红一连"跟着党中央、坚决听党话的初心永远不变。

打赢，是党和人民赋予的使命和任务，更是"红一连"时刻牢记的目标。到达新驻地不久，连队率先研究新体制、新编制，争先练技能、练合成。

"红一连"更是把铁心向党的决心意志落实到当兵打仗、带兵打仗、练兵打仗和随时准备打仗的实际行动中。

近年来，"红一连"先后探索山地通道作战班排编组、多能射击"6步法"等多种战法训法，革新激光模拟校射系统、震动头盔等训练辅助器材，在打赢的路上奋勇争先。

党员才有的"特权"是
新时代"红一连"的亮剑精神

很多人好奇,94年岁月,近一个世纪,时代在变,任务在变,"红一连"赓续的红色血脉为什么历久弥坚？在连史陈列馆灿若星海的满墙英烈中，我们找到了答案。

在辽沈战役中，"盘肠英雄"姜东海腹部中弹，他毅然把肠子塞回去，用手托着继续战斗；"英雄司号员"李云桃，在右手被打掉三个指头的情况下，忍痛与敌人顽强拼搏，保护了战友生命；"英雄射手"那庆文，在被敌燃烧弹烧着的

柯昌水

情况下，始终坚持战斗，直至壮烈牺牲……

在"红一连"，无论是在革命战争时期，还是今天的和平年代，每一位英雄都是一种精神，每一位党员都是一面旗帜。在"红一连"，每一批入伍的新战士都有一个很强烈的感受：党员有别人没有的"特权"！

柯昌水是"红一连"有着15年军龄的老兵。2008年汶川地震，"红一连"前往救灾点行进过程中，当时还是新兵的柯昌水看着身边和自己差不多大的战友冲在最前头，忍不住向班长申请："我是山里长大的，有经验，让我去探路吧。"班长一口回绝："太危险，他们是党员，让党员先上。"

有一次为了帮老乡抢救物资，4个党员刚下到地窖，一阵强烈的余震，木头、土房子一下塌了下去，瞬间把他们埋在了地底下。所幸一根木棒立在墙边，他们躲在墙角才幸免于难。班长脸上的血不断地往外冒，可他随手在地上抓了一把干灰抹在脸上止血，便立刻投入了战斗。

目睹了这一切的柯昌水内心被深深震撼了，看着党员们一次次冲到最危险的地方，他坚定地告诉自己：我也要成为一名党员。

在"红一连",抗洪抢险,汹涌湍急的洪水党员第一个跳;联合军演,未知海域党员第一个下;抗震救灾,党员带头扒开废墟救人……

任务来临,党员不当主力谁当主力?挑战面前,党员不挑重担谁挑重担?困难时刻,党员不冒风险谁冒风险?危急关头,党员不去冲锋谁去冲锋?"我是党员我先上"就是"红一连"的党员"特权",更是新时代"红一连"的亮剑精神!

无论是谁,无论何时何地,只要走进"红一连"这个红色的熔炉,就能感受到这股强大的来自信仰的力量,而这力量也会在每个人心中生根发芽,引领着后来者前仆后继,砥砺奋进。

"枪听我的话,我听党的话",党的十八大以来,"红一连"坚持用习近平强军思想建连育人,用红色基因熔铸忠诚本色,用优良传统砥砺打赢硬功,用初心使命永固战斗堡垒,六次抢险救灾,在没有硝烟的战场,他们抢出一条生命线;两次国际维和,在社会局势动荡、武装冲突不断的异国土地上,他们圆满完成任务。

"红一连"党支部先后 8 次被表彰为全国全军"先进基层党组织",被中央军委授予"党支部建设模范连"荣誉称号。

2021 年 7 月 27 日,中共中央宣传部决定授予"红一连""时代楷模"称号,号召全社会向他们学习!

从秋收起义、三湾改编一路走来,"红一连"和井冈山点燃的那无数星星之火,点燃了中国革命的熊熊烈火。

94 年赓续红色血脉,一代代"红一连"官兵,一代代英勇无畏的中国军人，早已将生命和使命一同融于用鲜血和生命铸就的灵魂里，铸造进一把把无坚不摧的钢刃里，浸染到鲜红的党旗和猎猎飘扬的八一军旗里。

听，这是中国军人无畏冲锋的嘹亮军号，这是中国军人永葆革命本色的铮铮誓言！

让我们向最可爱的人敬礼！

396

时代楷模 2019—2021

2021

李桓英

扫码看视频　扫码看公众号

　　1921年8月生于北京,中共党员,世界著名麻风病防治专家,首都医科大学附属北京友谊医院医生、北京热带医学研究所研究员。20世纪50年代初,她曾在世界卫生组织工作7年,为了新中国的卫生健康事业,主动舍弃国外优厚条件,毅然回国投身到麻风病防治工作,长期奔波在云、贵、川等偏远山区,曾经4次遇险(2次翻车、2次翻船),两侧锁骨和肋骨都摔断过。她推广的"短程联合化疗"方法救治了数以万计的麻风病患者,她提出的垂直防治与基层防治网相结合的模式,被称为麻风病"全球最佳的治疗行动",为我国乃至世界麻风病防治工作作出了突出贡献。曾荣获国家科技进步奖一等奖、首届中国麻风病防治终身成就奖、何梁何利科技进步奖、全国五一劳动奖章、全国医德楷模,2019年荣获"最美奋斗者"称号,2021年入选"3个100杰出人物"。

> 我出生在北京，我是中国人，我的归属就是我的国家，我必须把最好的年华献给祖国！

> 如果我能活到 100 岁，还有 5% 的人生可以跟党走，我会为医学事业继续奋斗。等到举行葬礼的那一天，希望我的身上能盖上鲜红的党旗……

刚过 100 岁生日的她，并不为我们所熟悉，但她作出的努力，在中国卫生健康事业发展史上写下了重要的一笔，她为国家、为人民所作出的贡献，更值得我们感谢和铭记！

新中国刚成立时，全国有数以万计同胞遭受着一种古老传染病折磨，患病的人若得不到及时诊断和治疗，便极易引发畸形和残疾，看起来极为恐怖。在旧中国，患了这种病的人都会受到严重的歧视，这就是麻风病。

1958 年，37 岁的她瞒着同在美国生活的家人，舍弃国外

李桓英

优厚条件，只身一人回到祖国。在这之后长达半个多世纪的岁月中，她每一天都在忘我地工作，硬生生把一个个与世隔绝的"麻风寨"变成了幸福村。

她，就是李桓英！

从37岁到100岁，为了实现"没有麻风病的世界"的目标，几十年没能在父母身边尽孝。半个多世纪过去了，李桓英说的最多的还是那句话：我从未后悔过自己的选择……

"我要把最好的年华献给祖国"

1921年，李桓英出生于北京一个官宦家庭。她的祖父李庆芳是清廷最后一批公派赴日留学生，他的父亲是第一批被选派到德国的留学生，八九岁时李桓英跟随父亲在柏林生活。

1939年，李桓英听从祖父建议，考入了上海同济大学医学院，选择了以治病救人作为终身职业。然而就在第二年，

李桓英一家在柏林

祖父李庆芳为了解救30余名八路军战士，被日军囚禁40多天，悲愤而终。

只有18岁的李桓英，跟随着上海同济大学一路躲避着日军轰炸的炮火，颠沛流离数千里，先后辗转多地，才终于在四川宜宾李庄继续学习。

在西南崇山峻岭之间，拳拳报国的种子早已经蕴藏于她的心底。1946年，从上海同济大学毕业的李桓英，前往美国约翰斯·霍普金斯大学公共卫生研究院，攻读细菌与公共卫生硕士。1950年7月，凭借着优异的成绩，年仅29岁的李桓英成为世界卫生组织的首批官员。

在世卫组织工作的7年时间里，李桓英先后深入到印度尼西亚、缅甸等国，为防治性病和雅司病等疾病的蔓延付出了无数辛劳。可李桓英的内心却始终有着一个解不开的结：那就是一个人的归属问题。

1955年10月，钱学森冲破美国重重阻挠回国的新闻给了李桓英很大的触动。一个愿望在她心里愈发强烈：我出生在北京，我是中国人，我的归属就是我的国家，我必须把最好的年华献给祖国！

1958年，37岁的李桓英作出了人生中最重要的选择——回国。她瞒着在美国定居的父母，拒绝了世卫组织的高薪续约，只身一人从缅甸飞往英国，又辗转几个国家抵达苏联，最终从莫斯科回到了她日思夜想的祖国。

这个从北京来的女医生很亲切

刚回国的李桓英被分配到中央皮研所，主要开展性病防治工作。短短几年之后，在李桓英以及众多医务工作者的共同努力下，1964年，中国正式宣布：基本实现了对性病的控制和消灭。这引起了全世界的瞩目。而在此时，另一种可怕的传染疾病仍在肆虐，那就是人人闻之色变的麻风病……

在云南省勐腊县罗索河的对岸聚集着大大小小数十个村庄，它们长期与世隔绝，只有乘船横渡才能够到达这里。

这些村落不是世外桃源，而是当地人闻之色变、避之不及的地方，因为在这里生活的有患了麻风病的人。

1979年3月，在一条泥泞的小路上，李桓英第一次走进了这座孤独而神秘的村庄。村民们自觉地与她保持着距离，李桓英却主动握住了他们被麻风病折磨变形的双手，她掀开他们的衣服仔细查看着皮肤溃烂流脓的地方，她给村民们脱鞋检查，直接把自己的手伸进村民的鞋子里，检查鞋底皱不皱、硌不硌脚……

李桓英为村民脱鞋检查

李桓英这次"麻风村"之行，开启了她人生中另一个选择：倾尽自己的一切，付出所有的年华和精力，为麻风患者驱逐病魔！

"如果治不好我还会给你找新药"

1983年春天，李桓英再次从北京出发，来到云南省西双版纳傣族自治州勐腊县的"麻风村"。这一次，她带着"利刃"而来，为期两年的"联合化疗"方案试点将在这里展开。

李桓英把实验室搬到了"麻风村"，每天把药送到患者手上，亲眼看着他们服下。

可意外却发生了，患者皮损加重，皮肤着色、小便颜色也红了……

村民们慌了，免费的药物被扔进了水里。李桓英急了，她知道这是药物治疗的正常现象。她开始挨家挨户做工作，甚至拍着胸脯向所有村民保证，"如果治不好我还会给你们找新药，我每年都来，治不好我就再找新药"。

这一句简单的许诺背后，是李桓英待上一辈子都要治好村民们的准备和决心。日子一天天过去,按时服药的村民们麻风病的症状开始逐渐消退。1985年,李桓英重返"麻风村",眼前的景象让她至今难以忘怀。村里的患者全部治愈,"短程联合化疗"完全达到预期效果。1990年4月13日,在这一年的泼水节,摘帽的"麻风村"有了新的名字——"曼喃醒村",在傣语中是新生的意思。

40年来,李桓英跑遍了云、贵、川,几乎每一个"麻风村"都有她的匆匆步履,也有在偏僻难行的深山里,即便遇到过两次车祸、两次翻船,也没有停下奔波的坚定身影。

李桓英治愈麻风病患者

很多"麻风村"和外界几乎没有路相连,只能身体倒悬在河面上坐索道过去,很多人看照片都害怕,李桓英却很乐意坐。谁敢相信,这些都是李桓英在60岁、70岁、80岁时干的事,一直到94岁,她仍在云南一线奔走。

37岁只身一人回国,回忆起当初的选择,李桓英说:"联合国待遇再高,美国的生活再好,人,不是靠金钱活着的。"57岁投身麻风病防治,为麻风病患者坚守和奉献了40余载,李桓英说:"这是我选择的生活,我很满意,我不后悔!"

李桓英坐索道去"麻风村"

"我回国不后悔,麻风干一辈子不后悔,但是如果不入党,我可能会很后悔!"

2016年9月,北京友谊医院党委收到了一封特殊的入党申请书。申请人正是刚刚获得首届"中国麻风病防治终身成就奖"、已经95岁高龄的李桓英。她说:"在多年的社会生活和医疗工作中,我深刻领悟到中国共产党是全心全意为人民服务的党。我虽已进入耄耋之年,但愿意以党员的身份为麻风事业奋斗终生!"

2016年12月27日,满头银发的李桓英高举着右手,站在一群年轻的新党员中间,面对着党旗庄严宣誓:"我志愿加入中国共产党……"

李桓英摸着胸前的党徽微笑着说:"如果我能活到100岁,还有5%的人生可以跟党走,我会为医学事业继续奋斗。等到

李桓英入党宣誓

1964年，李桓英父母回国看她

举行葬礼的那一天，希望我的身上能盖上鲜红的党旗……"

　　李桓英的家中摆着一张照片，1964年，在李桓英回国的第六年，父母千里迢迢赶来看她。她与父母留下了这张合影，却拒绝了与他们一起飞回美国，没想到这是他们此生最后的见面！

　　还有一张是2015年，她94岁最后一次去曼喃醒村时，被村民们热情地包围在一起的合影。那一天，每一个人脸上都挂着最幸福、最灿烂的笑。再去一次云南，再去看看曼喃醒村的村民，一直是李桓英最大的心愿。

　　当村民们看到李桓英在视频中亲切地对他们说："有机会我来曼喃醒来看望你们时"，很多人双手合十，满眼含着泪水喊着：李医生、李妈妈……

　　40年了，曼喃醒村村民们那一声声饱含着感激和想念的

2015年，李桓英去曼喃醒村看望村民

呼唤，那一双双带着虔诚祝福的合十的双手，让我们特别动容，让我们不由得想起那句话：她把人民放在心上，人民就永远把她记在心里！

就在2021年8月17日，李桓英迎来了她100岁的生日，整整一个世纪的岁月对她来说，从来不是漫长的，因为她从来没有后悔过回到祖国的人生抉择，她把自己的每一年、每一天都献给了祖国的麻风病防治事业，更把她所有的温柔与坚强都留给了这片土地上她挚爱的人民！

初心可鉴超凡风骨，热爱可抵岁月漫长！谢谢李桓英，谢谢她用一生实践告诉我们，人可以这样活着！让我们一起致敬这位伟大的女性，祝她健康幸福、福寿绵长！

邱军 孙丽美

邱 军
1981.09-2021.01

孙丽美
1977.05-2021.08

扫码看视频　扫码看公众号

  邱军生前系甘肃省华池县人民政府副县长（挂职），中国化学工程集团所属东华科技股份有限公司项目管理部党支部书记、副主任。在脱贫攻坚战进入攻城拔寨的关键时刻，他积极响应习近平总书记号召，主动请缨到条件艰苦的革命老区挂职，坚持扶贫、扶志、扶智相结合，千方百计引进扶贫项目、因地制宜发展特色产业，推动华池县整体脱贫，受到当地干部群众广泛赞誉。2021年1月8日，不幸病逝在工作岗位上，把生命献给了华池这片红色热土，年仅39岁。被追授为"全国脱贫攻坚先进个人""中央企业优秀共产党员"。

  孙丽美，生前系福建省霞浦县松山街道古县村党支部书记。她十七年如一日扎根农村基层，时刻把群众安危冷暖放在心上，任劳任怨、苦干实干，不断增强基层党组织凝聚力，大力发展乡村集体经济，着力解决群众急难愁盼的具体问题，带领群众把落后的古县村建设成为美丽乡村，被当地村民视为知心人、贴心人、领路人。2021年8月6日，在防抗台风工作中，为保护群众财产安全，不幸因公殉职，年仅44岁。被追授"全国三八红旗手""福建省优秀共产党员"。

2020年12月1日,空军军医大学西京医院的重症监护室传出一张纸条。看到纸条上颤抖的笔迹,很多人忍不住哭了:"把自评报告交宋部长","明年牛产业要做大,菊花产业要做强"……最后的话,他留给了妻儿:"好想一家人一起吃顿饭,我去买,给你们做……"

纸条的主人名叫邱军,在距离挂职期满还有最后40天的时候,病倒在工作岗位上。纸条上这些歪歪扭扭的字,成了这位"80后"扶贫干部留给这世间最后的嘱托……

2021年8月6日,第九号台风"卢碧"来袭,冲在抢险一线的村党支部书记孙丽美突然被洪水卷到涵洞里面。在生命的最后时刻,孙丽美对来救她的同事大喊:"不要下来,不要下来!"没来得及留下更多的话语,洪水就没过了她的头顶……

邱军离世时,只有39岁,孙丽美牺牲时,只有44岁,他们虽相隔2000多公里,却都干着扶贫这同一项事业,他们更有着同一个名字——共产党员！

他们奔波忙碌的身影不同，却都是为了同一个目标

2018年12月，37岁的邱军从中国化学工程所属东华公司来到甘肃省庆阳市华池县担任挂职副县长一职。

华池县是孕育了南梁精神的革命老区，抱定"没有比脚更长的路，没有比人更高的山"的信念，邱军几乎每天都奔波在大山里，一路走着看着，一股强烈的责任感涌上心头，"贫穷不该是革命老区的代名词"。

在上任短短一个多月的时间里，邱军马不停蹄地走访调研了华池县15个乡镇、111个行政村。在与老百姓打交道的过程中，他学会了华池方言，手里的扶贫笔记更是记得密密麻麻。

邱军

邱军（左一）带领贫困户建奶牛饲养场

　　邱军将扶贫战役的第一枪，瞄准华池县大片的天然草场。经过充分论证，他大胆提出：建奶牛饲养场，开展规模化养殖。老百姓没有钱，邱军去争取产业扶持资金；没有养殖知识，邱军张罗着组织养殖培训；没有销路，邱军亲自跑市场。

　　就这样，他带领162户贫困户依靠牛产业发起了"牛财"。

　　紧接着，邱军的目光又被华池一座座荒山吸引，他再次找到了一剂扶贫"良方"——建钢架大棚，发展沙棘产业。不到半年的时间，62座钢架大棚拔地而起。沙棘育苗和金丝皇菊种植产业在村里落了地。

　　有了好的产业、特色产品，如何让"山货"出山？2020年，邱军又做起了网络直播，卖力地向网友推荐华池特产。就这样，在钢架种植大棚中，在新盖的养殖场里，在推销特产的直播间中，都能看到这位搞项目管理出身的副县长的身影。

　　凭着一腔热情和一双脚板，邱军从一个"外村人"变成了一个"村里人"。而在相距2000公里以外的福建省宁德市霞浦县古县村，刚上任的村支书孙丽美正面对着千头万绪的工作和村里百姓的质疑。

2018年，41岁的孙丽美高票当选古县村的党支部书记。她刚上任时，古县村甚至连路灯都没有，孙丽美当选后，很多人议论纷纷：那么多任书记都没搞定的问题，她一个女书记能行吗？

孙丽美迈出的第一步，就是拆除堂哥违规建起的蔬菜网套厂。拆违先从"自家人"拆起，她打出的第一张牌，就让村里人刮目相看。

古县村村民以种菜为业，孙丽美上任后，带领大家建蔬菜冷库，对接农业开发公司，争取资金进行水利修复和农田改造，成功破解了蔬菜储藏难、销售难、灌溉难的问题。

2021年8月，就在孙丽美牺牲的前一晚，她想的还是村

孙丽美

里的发展规划：年底前硬化一条 215 米的土路；开发后山的 100 多亩荒地，用于建设现代农业项目……没有豪言壮语，只有默默奉献。

邱军和孙丽美，他们忙碌的身影虽然不同，但都是为了同一个目标：绝不落下一个贫困家庭，绝不丢下一个贫困群众！

他们心里装着的都是老百姓，唯独没有自己

2018 年年底，刚到华池的邱军来到贫困户张应芬家。了解到她上高三的女儿刘荣艳因为精神压力太大无法正常学习，他专程跑到学校开导她，帮助她顺利考上大学。

2020 年，张应芬的儿子刘国荣高考，邱军又一次忙前忙后。一天打了好几个电话，帮着填报志愿。刘国荣被常州大学录取后，邱军看他连双像样的鞋都没有，又自掏腰包，给他买了一双皮鞋、一双运动鞋和一个行李箱。

当张应芬和儿子听说邱军收藏在购物车的新鞋一直没舍得买，直到他被送进医院，穿的还是那双修了两次的旧皮鞋时，母子俩泪如雨下……

就是穿着这双旧皮鞋，邱军到城壕镇调研脱贫攻坚 52 次，走遍了全镇 1134 户贫困户；就是穿着这双旧皮鞋，邱军一趟趟跑前忙后，组织了华池县千余名贫困青年参加技术培训，有了一技之长；就是穿着这双旧皮鞋，他一次次跑学校看望师生，组织单位给孩子们捐赠图书……

邱军（后排左六）组织单位为孩子们捐书

在华池县挂职扶贫的两年多时间里，邱军与家人相聚的次数屈指可数，他发的65条朋友圈里，其中64条是关于扶贫的，只有一条留给了自己刚刚出生的儿子。

在这条朋友圈下，邱军的统一回复更是感动了所有人：脱贫攻坚胜利在望，乡村振兴后继有人……短短的一句话，饱

邱军
2020年6月16日22：08，老婆大人辛苦，顺利顺产七斤男婴，母子平安。感恩眷顾，好字凑齐；感谢亲朋关心，特报喜讯。初次见面，百看不厌；寒来暑往，来日方长；惟愿平安快乐，加油少年，奔跑吧，后浪！

2020年6月17日 09:10

邱军　2020年6月17日 11:28
脱贫攻坚胜利在望，乡村振兴后继有人，感谢大家关心

邱军朋友圈

邱军　孙丽美

含了一位父亲、一位扎根山区的扶贫干部最大的愿望、最深的期许。

而在远隔千里的福建宁德市霞浦县古县村,当村民们为"阿美"整理遗物时,她的一双特殊的鞋让在场所有人顿时心疼落泪……

2019年4月,孙丽美右脚肌腱断裂,当时正值G228国道项目土地征迁,医生建议她休养3个月。可做完手术只休息10多天,孙丽美就又出现在了村里……

原来,为了能回村里上班,孙丽美特地上网定制了一双大了两码可以固定脚踝的鞋子。

那些日子里,孙丽美穿着这双特殊的鞋,一瘸一拐地往

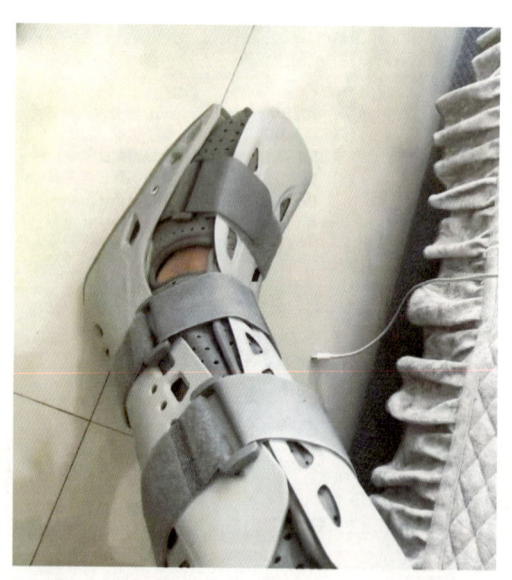

孙丽美右脚肌腱断裂仍坚持工作

山上跑，一天跑了十几户人家，挨家挨户地做调查。每一户村民的种植品种、土地性质，全部一一详尽记录。村民们心疼她又红又肿的脚，可她心里想的是必须把工作做细做实，村民们签下征地协议书的那一刻才都能够安心、放心。

很多村民一说起孙丽美，都不约而同提到村委楼二楼便民服务窗口的第一个位置。为了离村民更近一些，孙丽美上任第一天，就把自己的办公桌搬到了服务窗口。

在任上的三年时间里，她把便民服务窗口当成自己的家，村民办事随到随办，谁家有难处随叫随到。

跟邱军一样，翻看孙丽美的朋友圈，几乎每条都跟扶贫有关，跟老百姓有关。

悠悠百姓事，枝叶总关情。透过这些点滴，我们可以想

孙丽美将办公桌搬到服务窗口

象邱军和孙丽美是如何走遍脚下的土地，如何走进每户人家、走到老百姓的心里。他们虽然战斗在不同的岗位，但始终都把老百姓的冷暖放在心上，挂在心头。

他们倒下时身影不同，却有着同样的壮烈和英勇

2020 年 11 月，就在华池县脱贫攻坚的最后阶段，邱军的身体出现了问题，住院后，他的病情愈发加重，甚至连话都说不出来。2020 年 12 月 1 日，刚做完手术的他向护士要来纸和笔，写下了他留给这个世界最后的嘱托。

邱军离开的时候，才 39 岁。或许，他是带着些许遗憾走的，盼着给妻儿做顿饭的简单愿望，终究没能实现。那双心仪已久的皮鞋，妻子帮他买来了，可由于他的身体已经发肿，终究没能穿上……

但邱军应该也是带着安慰走的，来到华池的这两年，他的脱贫蓝图一一变成现实。2020 年年底，在生命的最后时刻，他等来了华池县 56 个贫困村全部脱贫，实现整县脱贫的历史时刻！

这张照片，是孙丽美留给这个世界最后的画面。

2021 年 8 月，台风"卢碧"来势汹汹，6 日下午，孙丽美与同事已经成功将低洼地区的群众转移到安全地带，但不放心村里农田的孙丽美又带着三名同事再一次冲进了雨幕中。

他们冒着生命危险，踩在水泥桥的礅子上清理堵塞了涵

台风"卢碧"来袭,孙丽美带领同事清理水泥桥涵洞淤积物(孙丽美留给这个世界最后的画面)

洞的淤积物时,孙丽美突然被湍急的洪水卷到桥下,河水瞬间没过了她的胸口。

孙丽美留下的最后一句话是冲着跳下来营救她的汤辉大喊:"不要下来!不要下来!"

回忆起这生死离别的瞬间,汤辉泣不成声:"我就看着她,在我的视野里面消失掉,再也拉不到了……"

孙丽美的生命永远定格在了44岁。她的牺牲,留给家人、村民们太多的遗憾和伤痛……

这张全家福是孙丽美全家最后的合影。

她曾答应丈夫和儿子,有时间一家人去武夷山玩。可如今,丈夫和儿子再也等不来她完成这一约定;古县村的父老乡亲们,也再不能在便民服务窗口看到她的笑脸、忙碌的身影……

孙丽美全家合影

可"阿美"曾为之奋斗的古县村,已然是改头换面。人均年收入从三年前的 1.8 万元提高到 2.4 万元。"阿美"最记挂的那条 215 米的泥土路已经开工硬化了,古县小学门口沿河的护栏也要开始建设了……

这就是邱军和孙丽美的故事,他们都是我们身边平凡的人。他们是普通的丈夫和妻子,是孩子的父亲和母亲,更是把老百姓当亲人,用脚步丈量民情、用实干赢得民心的中国几百万一线基层干部中的一员。他们把自己的青春、自己的热情,全部投入到为人民服务的路上,直到生命的最后一刻留给世界的仍然是冲锋的背影……

**他们把老百姓放在心上，
老百姓永远把他们记在心里**

2021年6月，邱军一岁的儿子收到了一份特殊的礼物——两双精美的绣花小布鞋。

张应芬一个人坐车走了1000多公里，从甘肃华池赶到了安徽合肥。

张应芬为邱军儿子准备的生日礼物

她要赶在邱军儿子一岁生日时，送上自己的这一份心意……

古县村村民自发悼念孙丽美

2021年8月7日傍晚，古县村村民自发来到事发的水泥桥处，为孙丽美献上黄白菊花。"阿美，你在那边好好休息。""她真的为我们村做了很多很多事，是村子的好女儿。"

孙丽美已经牺牲20多天了，但"阿美"这两个字，仍然是每一个古县村村民不能提及的痛……

邱军走后，妻子找到了这样两张照片：一张是邱军的父亲，一张是十几岁时的邱军。父亲曾在派出所工作，也当过村支书。邱军常说，他很崇拜父亲，想成为像父亲那样的人，能够用自己的力量帮助别人。

孙丽美走后，她81岁的老父亲时常一个人拄着拐杖站在门口。一说起这个让他骄傲的女儿，这位古县村的老村支书，顿时老泪纵横："她身为共产党员就该冲锋在前。为了公家的事，她走了，走得值……"

年轻的邱军和孙丽美都兑现了自己的诺言，他们成了父辈那样的人——

邱军（左）与父亲（右）

生于斯，长于斯，死于斯，吾国吾土、吾家吾乡，故乡的泥土就是初心的归处……

如今，中国已经庄严宣告在中华大地上全面建成了小康社会，历史性地解决了绝对贫困问题，而全国近300万战斗在最前线的扶贫干部、第一书记仍然以"敢教日月换新天"的担当精神、"不破楼兰终不还"的攻坚精神、"俯首甘为孺子牛"的奉献精神为老百姓点亮幸福明灯，为乡村振兴接续奋战！

他们用奋不顾身拼搏的赤诚，把自己全部的心血洒向了脚下这片多情的土地……

424

时代楷模 2019—2021

2021

吴蓉瑾

扫码看视频　扫码看公众号

中共党员，上海市黄浦区卢湾一中心小学校长、教师。她传承红色基因、培育红色传人，依托中共一大纪念馆，十余年来累计培养了近千名小学生党史讲解员，在学生心中播撒理想信念的种子，坚定了他们从小听党话跟党走的决心。她扎根基础教育、潜心教书育人，矢志探索教育教学规律，不断创新德育方法手段，真情守护学生身心健康，有力促进了学生们德智体美劳全面发展。她推动教育公平、促进均衡发展，与郊区小学合作共建，为偏远地区培训教师，以实际行动推进优质教育资源均等化，在努力办好人民满意的教育上作出了突出成绩，荣获国家级教学成果二等奖、上海市教书育人楷模等。

> 情感教育从爱开始，升华到一定高度了就是中国人的家国情怀，就是爱国爱党。

还记得上学时，老师为你写过的评语吗？看完这位上海小学老师写给孩子的评语不禁感叹，这一段段带着爱的评语背后藏着教育最本质、最深刻的意义……

在一位请病假孩子的作业本上，这位老师留下了这么一段话："宝宝病好些了吗？你几天没来，看着你空空的座位老师真有点儿想你了……"

第二天，小朋友又只写了一句话："今天可以折手工纸，真高兴。"老师回复道："今天为什么可以折手工纸呀？是不是该交代一下呢？这样句子就长了一点点……"

还有一个小朋友写了跟妈妈去大剧院看芭蕾舞剧，老师不仅逐字逐句点评，还写了自己的看法和感受，最后，她甚至还用有些自责的语气写道："也许老师给小良写的话太深了，小良能看懂吗？"

相信大家看完这一段段饱含着无限深情，像是与孩子们交心、聊天一样有来有回的亲切评语，感动和敬佩都会油然而生：这位老师的内心深处对孩子饱含着多少爱与尊重，才能化成这样字字深情的话语？

用爱的表达走进孩子心里

写下这些评语的老师名叫吴蓉瑾，是上海市黄浦区卢湾一中心小学校长。她开始这样为孩子们写充满了爱的评语，源自20年前的一次挑战……

2002年，在教职工大会上，时任校长程华提出要在全校挑出一个班级开展情感教育课试点。

提议一出，原本安静的会场顿时炸了锅。什么是情感教育？情感教育课又要怎么去开展？想到很多孩子们共情能力弱，又不善于表达自己的情感，当时只有24岁的年轻班主任吴蓉瑾第一个站起来说："我愿意！"

情感教育的第一步应该往哪儿走呢？她与学生们做了一个大胆的尝试，每天把自己想说的话分享在作文里，她还与孩子们约定，这些情感交流的文字叫作"晴雨表"，可长可短，老师不给评分只作评语。

慢慢地，孩子们发现，不管在作文本上写什么内容，全部都能够得到吴老师的回应。

孩子们一天天地写，吴蓉瑾一篇篇地回，经常比孩子们写的还要长很多。评语中有细致入微的写作指导，有像亲人一样的关心体贴，更有像朋友一样的心情分享……在有来有

吴蓉瑾对孩子们进行情感教育

往的交流中，孩子们开始吐露自己的真情实感。

直到今天，吴蓉瑾还记得一个叫"小雨点"的孩子，她在卢湾一中心小学只有几个月，却因为突发疾病离世。孩子走后，妈妈来到学校，说在孩子的床底下、书柜里发现了很多小纸条，一打开写的都是"妈妈我爱你"。

吴蓉瑾很受触动，她找出了小雨点的"晴雨表"，发现里面夹着一个个叠好的五角星，上面用淡淡的字写着："吴老师，请打开！"当她打开五角星，瞬间哭成泪人，每一个五角星上面都写着："吴老师我爱你！"

那一刻，吴蓉瑾突然明白，当我们向孩子表达自己的真情实感、表达自己的爱时，孩子其实也在用自己的方式，表达着他的爱。

用实实在在的爱的行动为孩子种下爱的种子

一本又一本的"晴雨表",记录了太多她与孩子们的情感交流。可是吴蓉瑾很快发现,情感教育课仅仅停留在交流上是远远不够的。

班上有一个叫"小鱼"的女孩,因为头发上、身上总有一些味道,同学们都不愿意跟她玩儿。

观察到同学们对"小鱼"的嫌弃和冷漠,吴蓉瑾开始反思自己,情感教育这颗爱的种子,必须用实实在在的行动种到孩子们心里。

看着缩在角落的"小鱼",吴蓉瑾决定再上一节特殊的情感教育课。她给"小鱼"买了很多漂亮的小发夹,给她买好闻的洗发水,还给她梳好多漂亮的小辫子。

从那之后,吴蓉瑾多了一个新习惯,她经常会把班上一部分家长出差、家里老人身体又不太好的学生带回家,给他们做饭、补习。

2019年的一天,平时特别爱喝咖啡的吴蓉瑾突然发了一条朋友圈:"戒咖啡打卡第一天。"同事们都很不解,后来大家才知道,是因为一个学生不喜欢吃饭,严重影响了健康。吴蓉瑾就与她约定:"我喜欢喝咖啡,我把它戒了,你尽可能把不想吃的东西再多吃一口,咱们俩一起坚持。"

就这样,为了跟孩子的这一份美好承诺,她坚持戒咖啡打卡了400天的时间。这个不爱吃饭的孩子也在这400天的约定中变得健康自信、积极明媚。

为了每一个孩子，吴蓉瑾拼尽全力，甘之如饴。她的一次次爱的行动，孩子们都看得到，更能亲身体会得到、感受得到，爱，就像一颗颗投进水里的小石子，在每个孩子心里泛起的涟漪一圈圈变大，用爱去传递更多的爱！

在孩子童年的时候把这颗红色的种子种下去

2004年，吴蓉瑾开始担任学校领导职务，她面对的学生也从一个班级，扩大到一个学校1300多人。

怎样让爱的教育深入到每一个孩子，引导他们爱自己、爱他人、爱社会，直到逐步具有家国情怀？

2005年10月，吴蓉瑾带领学生们来到中共一大会址参观学习，她发现"认真听的孩子不多，孩子们的眼神是散的"，作为校长的吴蓉瑾顿时陷入强烈的担忧中：如果一个中国孩子不了解中国的历史，不了解中国共产党的奋斗史，那是多么可悲的一件事情！

那一刻，吴蓉瑾想到，如果等到初中、高中，孩子基本形成价值观、人生观的时候，再去给他们讲这些历史那真的是太晚了，一定要在孩子童年的时候，将这颗红色的种子种下去。

想到这些，她一刻也坐不住了，她要创办一个孩子们都能听懂的红色小讲解员社团。让孩子自己查资料，自己钻到历史中，用孩子自己的语言去讲解。

2006年的暑假，小讲解员们迎来了自己在中共一大会址的第一次单人讲解，回忆起那天的场面，吴蓉瑾说："我非常紧张，但孩子们很从容自信。有一个情景我至今难忘，一位老先生一边拍照一边悄声夸赞着，'这样的故事可以一代代传下去，祖国的江山未来有人'！"

如今，吴蓉瑾陪着一任又一任的小讲解员走过了16个春秋，孩子们的讲解稿增加了英文版、快板版、连环画版。

2021年是建党100周年，当很多来参观的人听到孩子们沪语的讲解时，无不感慨万千，就在100年前，就在1921年7月的那个晚上，就在仅18平方米的小客厅里，正是一个个乡音汇聚成一个最响亮的声音：中国共产党万岁！

"情感教育从爱开始，升华到一定高度了就是中国人的家国情怀，就是爱国爱党。"吴蓉瑾把红色种子种在孩子们的心尖，静待开花⋯⋯

教育的本质就是一个字——爱！

当了17年的校长，做了27年老师的吴蓉瑾，仍然每天7时40分准时出现在学校门口，微笑着迎接她最爱的孩子们。她就像是一台"永动机"，手机永远24小时开机，无论是谁都能第一时间找到她，有任何问题也都能第一时间回复。

她每天忙得只睡4个小时，但是为了让孩子们多睡一会儿，她努力推动卢一小学"推迟上课一刻钟"；为了增强孩子们的体质，她跑遍了学校周边的体育场馆，开设了40多项运动课程。

学生们毕业时，她亲手给每个孩子写小卡片。

她的微信通讯录有好几千人，有好多已经毕业很久的孩子都还在，只要有任何烦恼、任何困难向她倾诉，不管她自己多忙多累，一定是第一时间回复。

吴蓉瑾为什么可以每天如此不知疲倦、永葆激情地工作？原来，在吴蓉瑾的背后，也有一个又一个爱的故事。

她6岁上小学时，因为父母工作忙、单位远，是陈佩玉老师一直陪伴她到傍晚、到天黑，甚至是入夜……老师给予的陪伴，让她感受到了极大的爱与温暖。

16岁时，她上了大学，是张晓春老师一大段一大段的评语，教会了她鼓励与包容；26岁，她成为一名老师，是程华校长手把手地教她学会了细致与尊重。

"曾经被别人点亮，现在要去点亮别人。"当了校长之后，吴蓉瑾经常对老师们说："如果不爱孩子就不要当老师。老师，就要承担起身上的这份责任，就要把这份责任融入血液里，化作满腔的深爱孩子、尊重孩子、呵护孩子的情感，陪他们走好人生中最关键的这段路程。"

努力让每一个孩子成为适应社会、身心健康、具有幸福能力的人，是吴蓉瑾最大的心愿。她用自己细腻的爱，去拥抱每一个彷徨孩子的内心，她一次次俯下身子，慢慢走到孩子们的心中。

整整27年，吴蓉瑾把爱与尊重灌溉在孩子们的心尖，她更用自己全身心的投入，影响了一批又一批的老师们，同时，也让我们看到了教育的本质就是一个字——爱！

全国妇联授予吴蓉瑾"全国三八红旗手"称号；中共中央宣传部向全社会宣传发布吴蓉瑾的先进事迹，授予她"时代楷模"称号。

念念不忘，必有回响，若有光芒，必有远方！在中国这片尊师重教的土地上，有千百万个吴蓉瑾，他们每天都在将爱的种子种下，用爱，呵护每一个孩子的成长，用爱，点亮一个个少年的梦想，用爱，成就教育生长的力量！

434

时代楷模 2019—2021

2021

王红旭

1986.12—2021.06

扫码看视频　扫码看公众号

　　重庆万州人,生前系重庆市大渡口区育才小学教师。他传承家风、担当使命,赓续一家三代从事教师职业优良传统,积极投身教书育人的光荣事业,培养学生健全人格和强健体魄,体现了新时代教育工作者的崇高追求和使命担当。他以德立身、潜心施教,在基层小学默默耕耘、无私奉献,关心学生健康成长,关爱学生学习生活。他胸怀大爱、见义勇为,2021年6月1日,在重庆大渡口长江边勇救两名落水儿童不幸牺牲,献出了宝贵生命,用短暂一生诠释了为人师表、行为世范的深刻意义。逝世后,他被追认为中共党员,追授"全国优秀教师"等称号。

> 有了这个证就有了一种责任,在需要的时候就得站出来。

有一位父亲,抛下3岁的儿子,留下一个冲刺的背影;有一位丈夫,来不及与妻子道别,留下"拉我一把"的呼喊,再没有回来……

他,就是王红旭。如果不是3个多月前那一次义无反顾的冲刺,这位眼睛会笑的体育老师,一定会跟他最爱的学生们,跟他同为老师的爷爷、奶奶、父母、妻子,一家三代人共同庆祝刚刚过去的教师节。

然而,他那次奋不顾身的百米冲刺,竟成为他留给孩子们最后的背影……

他把生的希望,留给了两个素不相识的孩子

2021年6月1日晚,一段惊心动魄的视频在重庆人的朋

2021年6月1日救人当天，王红旭陪儿子玩耍

友圈快速传递：湍急的江面上，13名市民组成一道"人链"，手挽着手、呼喊着，延伸至滚滚江心，将一个溺水的孩子托举传递……这天是儿童节，很多家长带着孩子在万发码头沙滩上玩沙戏水，下午快6时时，一声惊慌的呼救声打破了这份欢乐。

当时，王红旭和妻子正带着3岁的儿子在沙滩玩耍，听到有人呼救"孩子落水"，还没等其他人反应过来，他就已经冲出了人群，冲向岸边，一头扎入了江水中。

王红旭奋不顾身的一跃唤醒了岸上所有的人。很快，一条救命"人链"迅速结成，在这条"人链"的尽头，只露出头的模糊身影，就是王红旭。

然而，孩子落水的位置水况极为凶险，顶着江心的乱流，

救命"人链"的尽头是王红旭

王红旭逐渐靠近落水的女孩，不到一分钟，落水的女孩被成功救回到岸边。

这时候，岸上的人着急地喊：水里还有一个男孩！王红旭不顾自己已经筋疲力尽，再一次进入了激流之中。他几度沉浮才终于抓住了男孩。由于水流太急，尽管距离"人链"只有两三米，但任凭他用尽全身力气还是不能靠近"人链"。当所有人替王红旭捏了一把汗时，只见他突然把男孩托举起来，用尽了最后的力气把孩子推了过去！这一推，男孩得救了，筋疲力竭的王红旭却因为受到江水反卷力作用，一下子被激流卷入江中。

回忆起生死一瞬，当时离王红旭最近的救人英雄许林盛噙着泪水说："最后一刻，如果王红旭不托举男孩，大家一定可以抓住他，但他把生的希望，留给了素不相识的孩子。"

"爸爸、爸爸……" 3岁的儿子站在江边呼唤着王红旭。13人手挽着手的救命"人链"一直坚持站在江水中。政府动员了最大力量搜救英雄王红旭。搜救一直持续到第二天下午4时，然而，重庆市民在焦急中等来的，却是王红旭已经牺牲的噩耗……

只有35岁的王红旭就这样离开了，3岁的儿子再也唤不回爸爸，他办公桌上的那块秒表，再也等不来主人，学生们体能测试的成绩单上，再也不会出现王红旭的签字……

爱生如子，是他作为一个老师的本能

有人不解，王红旭为何能那么义无反顾地冲出来、跳入江中。好友曾晶动情地说："你们不了解他，他是那种在操场上听到学生呼叫都会立即冲过去的老师，更何况是看到在江水中挣扎的孩子呢？这也许就是一个老师的本能吧。"

1986年，王红旭出生在重庆市万州区余家镇一个教师家庭，爷爷奶奶、爸爸妈妈都是扎根农村的乡村教师。爷爷站在三尺讲台上40多年，直到发病离世前一刻，还站在讲台上给学生上课；奶奶长期担任村小教师，每个下雨天她都要把孩子们一个一个背过河……他的父亲母亲接过接力棒，继续扎根山村教书育人。自打王红旭记事起，家里就经常有很多哥哥姐姐。那时候，小小的他总也想不明白：为什么妈妈爱她的这些学生，胜过爱自己这个儿子。

直到2004年，王红旭参加完高考，郑重地选择了重庆师范大学，跟长辈们一样选择了将教师这一职业作为自己终身事业时，他才理解了爷爷奶奶经常对爸爸妈妈说的那三句话："教良心书，不误人子弟。教清廉书，不歪门邪道。教公平书，不厚此薄彼。"

2009年大学毕业后，王红旭终于成了跟爷爷奶奶、父亲母亲一样的人。孩子们也特别喜欢这个亲切、有爱，一笑起来眼睛眯成一条缝的体育老师，更喜欢亲切地喊他一声"旭哥"。

余颖老师至今还清楚地记得，王红旭刚来学校当体育老师时，经常买满满两大袋子零食，说是给孩子们的奖励。"那时他才刚上班不久，月工资就那么点儿，我就突然觉得，这个小伙子一定是一个好老师。"

王红旭确实是一名好老师。2021年已经上高三的谢林巧，曾在重庆市第五届运动会获得100米和200米短跑的冠军。2011年，育才小学的运动会上，王红旭在一群学生中间发现了谢林巧的短跑天赋。为了能让她坚持田径训练，他一次次跟巧儿妈妈沟通："让孩子再试一试。如果没成绩，再放弃也不晚！"王红旭对谢林巧视如己出般的关怀最终打动了她的妈妈，谢林巧和田径队的同学，听着旭哥"各就各位"的哨声，站在了白色起跑线上……

王红旭

2015年，王红旭老师带队参加大渡口区第三十六届中小学生田径运动会

冉羽佳参加区运动会时，因为太紧张比赛没有取得名次，但是在她跑过终点的那一刻，王红旭第一个冲过去，兴奋地把她高高举起来。那时，他一点儿也不像一个体育老师，而是像爸爸一样，发自内心地去鼓励自己的孩子！

在王红旭任教的12年里，他对待田径队里的每一个同学，都像操心自己的孩子一样关心呵护他们的一切。孩子们都说："他就像朋友一样关心我们，心里藏着的小委屈、小秘密，不跟父母说但会跟他讲。"

"旭哥，你的心愿实现了……"

为了教孩子，王红旭可以付出自己所有的心血，为了救孩子，王红旭完成了自己人生中最后一次冲刺……

而这不是他第一次见义勇为。他的妻子陈璐希说，早在

2006年就读大学时，王红旭就考取了救生员资格证。"他说，有了这个证就有了一种责任，在需要的时候就得站出来。"大三暑假那年，在游泳池当救生员时他就救过人；2008年，在嘉陵江边，他救过一个落水的小男孩……

父亲多次跟他说，要注意自己的安全，他却有自己不同的看法："危急关头哪有时间想这些，如果是自己的孩子遇到了危险，你会走着去还是跑着去？你跑着去的时候会不会担心自己摔倒？"儿子的一番话，让从教40多年的父亲颇为感动和欣慰，"儿子长大了，他是一个称职的老师，他是一个善良有担当的人"。

成为老师之后，王红旭内心还有一个一直想要实现的愿望，那就是跟爷爷奶奶、爸爸妈妈、妻子一样，成为一名中国共产党党员。

2019年10月25日，他在入党申请书中这样写道："作为一名教师，我渴望成为党的大家庭中的一员，愿为各族人民的利益奋斗终身！"

2021年5月6日，王红旭被吸纳为入党积极分子。谁也没想到，仅仅20多天后，他就用震撼整座城市的英勇壮举，兑现了对党的铿锵誓言！

6月4日，送别英雄的日子。一大早，重庆数千名市民自发挤满了道路两旁，大家眼角噙着泪水，呼喊着他的名字，为这位感动了一座城、温暖了一座城的英雄送别……

"他是舍身救人，救了两条小生命，牺牲了自己，值得。"说起自己的孙子，86岁的奶奶不停抹着眼泪……

"他名字中的'旭'字是我起的，希望他以后能像旭日

重庆市民送别王红旭

一样发光发热，温暖周围的人。"母亲强忍悲痛地说，"他不负这个'旭'名。"

学生谢林巧在给王红旭的信中写道："老师，你是改变我人生命运的人！三年前要不是你把我留下来，我可能不会再练田径。我绷了很久没有哭，我知道你肯定不希望巧儿哭，但是我现在真的绷不住了，真的想你！"

6月24日，中共重庆市委批复同意追认王红旭同志为中共党员，妻子陈璐希哭着说："旭哥，你的心愿终于实现了，现在，你已经是一名党员了……"

为人师表、行为世范，心之所向、生命以赴。最后的冲刺，是他留给孩子们最深刻的一堂课，带笑的眼睛，是他留给孩子们永远的祝福。

王红旭的一生太短了，短到都来不及看着孩子们长大，可他的陪伴又很长很长，他心里装着的所有的爱，早已变成一道永恒的光，宛如一团烈火，恰似一束光焰，永远地为孩子们指引方向、照亮前路……

时代楷模 2019—2021

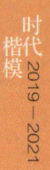

444

刘永坦

江苏南京人，中共党员，中国科学院院士、中国工程院院士、哈尔滨工业大学教授，雷达与信号处理技术专家、我国对海探测新体制雷达理论和技术奠基人。他胸怀祖国、服务人民，始终致力于我国对海远程预警技术研究和装备发展，为祖国筑牢"海防长城"；他追求真理、勇攀高峰，率先在国内开展新体制雷达研究，带领团队成功建成了我国首部具有全天时、全天候、远距离探测功能的对海新体制雷达；他学为人师、行为世范，坚守学术道德和科研伦理，甘为人梯、奖掖后学，把为学、为事、为人统一起来，培养了一大批科技领军人才。荣获2018年度国家最高科学技术奖，2019年被评为"最美奋斗者"，2021年被授予"全国优秀共产党员"，入选"3个100杰出人物"。

中国的海岸线长达18000多公里,从1840年到1940年的100年间,西方列强和其他国家从海上入侵我国达到479次,入侵舰船达到18000多艘次……历史一次又一次警示我们:没有强大的海防,就没有稳固的国家安全。

1982年,中国签署《联合国海洋法公约》,使我国拥有了12海里的领海权和200海里的专属经济区。可我们都知道,地球是圆的,直线传播的传统雷达信号一旦超出几十公里的范围,就根本无法看到地平线以下的目标。所以,一旦有敌机起飞,当我们能从海平面发现它们时,敌人就已经打过来了……

200海里怎么管?中国的海疆怎么守?面对这样严酷的事实,20世纪80年代,一位科学家从零开始、艰难探索,誓为祖国的万里海疆装上"千里眼"。他带领团队用了近40年的努力,一次次冲破国外技术封锁,硬是为祖国筑起一道可以让雷达波贴着海平面"跑",彻底打破地球曲率限制,让原先看不到的飞机、舰船,甚至是超低空飞行的隐身战机全部一览无余、尽收眼底的"海防长城"。

他，就是国家最高科学技术奖获得者，我国对海探测新体制雷达理论和技术奠基人，成功研制出我国首部具有全天时、全天候、远距离探测功能的对海新体制雷达，已经85岁的两院院士刘永坦教授！

1936年12月，刘永坦出生在南京一个书香门第。父亲是工程师，母亲是教师。然家国蒙难，民何以安，刘永坦出生仅仅一年后，惨绝人寰的南京大屠杀就发生了。从还是个婴孩开始，他便与父母一起辗转各地不停逃难。几年的逃难之路，让在他很小年纪就亲历和目睹了山河破碎、国破家亡，日本的飞机轰炸过后，满是同胞尸体被鲜血染红的江面，像刀刻一般，深深印在他幼小的记忆里。

刘永坦至今还记得，一家人终于逃到重庆之后，母亲坐在油灯下教他读《满江红》时的满腔激愤；父亲一次次挥着拳头怒喊：为什么我们只能眼睁睁看着日本飞机投弹？都是因为我们国家太弱了，连自己的飞机也造不了！他牢牢记得父亲对他说的话："你们把书念好了，将来就能够实现强国的愿望，国家强大起来了，老百姓才不会这么受欺负。"从此，"把书读好报效祖国"成为少年刘永坦唯一的志向。

1953年，刘永坦高考考出优异成绩，正在犹豫报考哪所大学时，他在《新华日报》上看到一篇文章——《哈工大——红色工程师的摇篮》。一心想要报效祖国的刘永坦，看到"红色工程师的摇篮"这几个字，顿时心潮澎湃、激动不已，"这不就是自己一直追求的理想吗"？怀着当一名"红色工程师"的志向，17岁的刘永坦背上行囊，从温暖的南国踏上了前往祖国东北的列车……这一走，他便把整个人生献给了新中国的国防事业！

1978年，已是哈工大副教授的刘永坦以优异的成绩通过选拔，成为改革开放后第一批出国进修人员。在英国，他看到了我国雷达技术与国外的巨大差距。

"中国必须要发展新体制雷达！"1981年，刘永坦带着建造中国人自己的"新体制雷达"的宏愿踏上回国的路，只是谁也没有想到，从1981年踏上这条路，刘永坦这一走竟然就是整整40年……

当时正处于改革开放初期，为了能争取科研立项，刘永坦一趟趟地跑北京，详细阐释新体制雷达的优越性、可行性。一些专家认为："既然美国、英国都没有这种新体制雷达，我们中国为什么要花巨资研究？""这是完完全全从零起步，甚至极有可能几十年下来都没有任何成果……""如果研究不能成功，国家所投入的巨额资金岂不打了水漂？"面对领导和专家的种种疑虑，刘永坦没有放弃，他一趟趟地跑，一遍遍地解释、演示。

1982年秋天，转机终于出现——新体制雷达项目终于得到了相关单位的认可，尤其是受到为"两弹一星"作出重大贡献的陈芳允院士的高度重视。

为了能让项目尽快立项，刘永坦带领团队经历了夜以继日的推导论证、奋笔疾书，终于在1983年完成了一份20多万字的《新体制雷达的总体方案论证报告》。

当时没有计算机、没有打印机、没有雪白的A4纸，这一份一笔一画在稿纸上手写出的长达20万字的报告完成后，第一时间被送到了航天工业部科技委员会，并顺利通过专家们

刘永坦和陈芳允

的评审。正是在刘永坦的不懈坚持下，中国的新体制雷达创新之路终于正式拉开了帷幕。

刘永坦带领团队，经过 800 多个日夜的努力，经过数千次实验、获取数万个测试数据，1986 年 7 月，新体制雷达研发的理论体系破冰确立。

在很多人看来，这个攻关项目可以结题报奖了，刘永坦却说："只有理论突破还远远不够，我们真正需要的不是'纸上谈兵'，而是具有实际意义的雷达实验站！"

可从一份理论报告到真正变成一套完善的系统，这将又是一次从零开始的艰苦探索。已经 50 岁的刘永坦选择再一次重新出发、破冰前行！

作为主帅，刘永坦承担着比别人更加繁重的任务，常年的超负荷工作，让他患上了严重的腰椎间盘突出。他强忍着病痛，终于在 1989 年，带领团队在山东威海建成了我国第一个新体制雷达站。

然而，对于 54 岁的刘永坦来说，这只是攻克新技术难关的开始。他和团队驻守在这片荒滩的目标只有一个,就是捕捉那一道特殊的雷达信号——目标回波!

一次次令人沮丧的是,刘永坦和团队接收到的全部都是海浪的回波,要想从数以亿计海杂波中锁定目标,简直就是现实版的大海捞针。在之后9个月的时间里,他们每一天几乎都是在实验和设备调试中度过。

1990年4月3日,荒芜的海滩一扫往日的寂静,屏幕上出现了一个小小的光点,当他们确定这就是新体制雷达技术探测到的海上远距离目标时,大家激动地抱头痛哭,一行行热泪是期盼太久的喜悦,更是一场酣畅淋漓的释放。

这项成功让刘永坦斩获1991年国家科技进步奖一等奖,当年当选中国科学院学部委员(院士),1994年当选中国工程院首届院士。

年近花甲,功成名就,很多人以为他该歇歇了,刘永坦却没有停,因为他的目标不是出名,更不是获奖,他心里清楚得很,仅仅这样一座小实验站还远不足以服务整个国家的海防。

此时已经54岁的刘永坦,又一次默默地给自己定了一个新的目标:为国家研制出一套能真正布置在我们国防海防线上的可供实用的装备工程!他选择了再次挑战荆棘坎坷,选择了一条世界上无人走过的路!

为了在中国的海岸线上创建新体制雷达工程,刘永坦带领团队转战到条件最恶劣、最艰苦的环境之中。可他们谁也没有想到,他们遇到了前所未有的困难,而且这一干,竟又是20个春秋……

在新建的大型雷达站基地里,迎接刘永坦和他的团队是当头一棒:目标淹没在了更复杂的电离层杂波当中,之前在威海实验站验证成功的方法遇到了严峻的挑战!

几经分析研究,刘永坦和团队终于发现,威海的小型雷达实验站与新建的大型雷达站地域不同,雷达站距离赤道的位置越近,受到的电离层干扰也就越严重。

刘永坦心里比任何人都更痛苦、更焦急。一连数个夜晚彻夜无眠,他一次次分析、研判当下的情况,发现能走的只有一条路,就是要做大幅调整改动!

面对这条异常艰难的路,刘永坦从未动摇过自己的信念,无论付出多大的代价,都必须从头再来!因为他知道,没有强大的海防,就没有稳固的国家安全!关键核心技术更是等不来、买不来,必须靠我们自己去突破。

当时,横亘在他们面前最大的难关,是如何减小电离层杂波的影响,这是国际上公认的难题。如果这个技术难关攻破不了,雷达就会变成"睁眼瞎",之前十多年的努力也将功亏一篑。

在这场没有硝烟的战役中,刘永坦和团队20多名成员一起,住在偏僻海边,拼着、搏着、战斗着!他们每天三班倒,日夜奋战,面对一个个技术难题,一项项攻关,一次次实验,一次次失败,一次次推翻,又一次次调整方案……

一年又一年过去了,2011年秋天的一天,从没有想过放弃,更没有打过退堂鼓的他们终于极大消除了电离层影响,实现了海空兼容稳定探测。这意味着刘永坦团队终于成功研制出了我国首部具有全天时、全天候、远距离探测功能的对海新体制实装雷达，实现了国家海防预警科技的重大原始创新，使我国成为极少数掌握远距离实装雷达研制技术的国家之一。

为了这一刻，刘永坦和他的团队，又足足奋斗了20年。在这漫长的岁月里，他们送走了自己最好的青春年华，在这漫长的岁月里，刘永坦已是白发苍苍的古稀之年。这次实验成功之后，刘永坦站在海边，望着浩瀚、汹涌的大海，长长地吁了一口气，他终于完成了多年来的宏愿，也完成了父亲对他的嘱托，"为中国人做点儿事"。

把新体制雷达的核心技术牢牢地掌握在中国人自己手里，把"战争的眼睛"牢牢掌握在中国人自己手里，这，就是刘永坦执着40年，为祖国干成的一件事，为中国人做成的一件事！

2019年1月8日，在人民大会堂，当83岁高龄的刘永坦接过2018年度国家最高科学技术奖获奖证书时，会场上响起雷鸣般的掌声。在这场万众瞩目的大会上，刘永坦谦虚地说："我只是一名普通的教师和科技工作者，这份殊荣不仅属于

刘永坦荣获2018年度国家最高科学技术奖

刘永坦和妻子冯秉瑞设立永瑞基金

我个人,更属于我们团队,属于这个伟大时代所有爱国奉献的知识分子。"

2020年8月3日,他和妻子冯秉瑞教授相互搀扶着走进哈尔滨工业大学行政楼,将国家最高科学技术奖800万元奖金全部捐出,用于哈工大电子与信息学科人才培养。

他不止一次地说过:"我们团队的特点就是不服输,不怕别人卡我们脖子,往前走,自主创新。"即便到今天,85岁的他,在走过了新体制雷达40年的研发路后,还想要新体制雷达小型化,更加广泛实用。

"我们怎么才能使国家强大呢?那就是每个人都要按自己的努力去做。我觉得我做自己这个项目本身就带来了很大的精神上的愉快,对一个知识分子来讲,做这些事对国家有意义,我觉得这是最大的报酬。"刘永坦院士的这段话,让我们看到了一个科学家的家国情怀,更像一盏明灯照亮了我们每个人的内心:把每一个或大或小的、强大我们国家的想法付诸现实,就是最幸福的!

454

时代楷模 2019—2021

时代楷模
2021

张连印

扫码看视频　扫码看公众号

山西左云人,中共党员,河北省军区原副司令员。他1964年入伍,在党的培养下,经过部队的淬炼,从吃百家饭、穿百家衣的放牛娃,成长为军队高级干部。在40年的军旅生涯中,他铁心跟党走,一心谋打赢,把全部青春献给了国防和军队现代化事业。2003年退休后,他毅然回到家乡,绿化荒山、防风治沙,改善生态、造福村民,即使身患癌症,依然奋斗不止,18年来,带领团队共植树1.8万余亩、200多万株,为左云县环境改善和京津风沙源治理作出了突出贡献。他不图名不图利,为了造林倾尽积蓄,将生态建设成果全部无偿交给集体;他建设党性教育基地,面向干部群众和青少年开展党史学习教育,身体力行弘扬党的优良作风,宣讲党的光辉历史,受到当地群众高度赞誉,被誉为"新时代的甘祖昌""穿军装的杨善洲"。先后被表彰为"全国离退休干部先进个人""全军先进退休干部"。

> 我是退休了,没职务了,可我的党员身份还在,对老家最大的回报,就是叫后人免受风沙之苦。

> 病魔总是不断折磨我们的身体,也让我们变得更坚强。作为军人,战争年代轻伤不下火线,和平年代更应该不怕困难,不屈不挠,战胜自我。

张连印(左一)和老乡在一起

可能很多人想不到，照片中这位面容黝黑、席地而坐的老汉，真实身份是一位共和国将军。

他叫张连印，曾任河北省军区副司令员。然而，这位从军40年、指挥过千军万马的将军，却在自己退休那年，作出了一个令所有人都难以置信的决定：带着老伴儿离开城市，掏出自己全部的积蓄，誓将老家的5000亩荒山秃岭全部都种满树。

城里回来的将军想要在几代人都种不活树的荒山上造林。亲戚和乡亲们都议论纷纷，说他是在"干傻事"、是"一时兴起干不长"。

然而整整18年过去了，张连印从刚退休时的浑身是劲儿、意气风发，变成了一身泥土、黑瘦黑瘦的农村老汉，而他麾下的千军万马，已然变成脚下千亩"荒山"之上的百万棵油松、樟子松、云杉、新疆柳……一行行、一列列，笔直挺拔、整齐威武。

从山村的孤儿成长为共和国的将军

2003年，从河北省军区副司令员位置上退休的张连印每天待在家里，白天浑身不自在，夜里辗转反侧睡不着觉。

一天晚上，心里空落落的他翻出家里的老影集，一张张泛黄的老照片把他带回了家乡……

1945年，张连印出生在山西省左云县张家场村的一户贫农家庭，4岁时父亲去世，6岁时母亲改嫁，他与年老体弱的爷爷奶奶相依为命。

在乡亲们的帮助下张连印才得以入学读书。可短短几年后，奶奶因病去世，爷爷卧床不起，离初中毕业只差一个学期，学习成绩一直优异的张连印选择了退学回家。

当时，校长、班主任还有乡亲们，都想帮助他把学上完，张连印感激地对大家说："爷爷病重，我必须回去照顾他。"回村后，他伺候卧床的爷爷，扛起了整个家，可是时间不长，爷爷还是撒手人寰。

只有13岁的张连印彻底成了孤儿，在巨大的苦难面前，又是乡亲们把他拉了起来，牙缝里挤出的粮食、自家舍不得吃的馍馍、沙枣都被悄悄塞进了张家的土屋。1964年，村里又把参军名额给了他这个吃百家饭、穿百家衣长大的孩子。

每次回忆起自己当兵离乡的场景张连印都忍不住泪流满面：村里的男女老少给我系上大红花，把一个个还热乎的馒头、鸡蛋塞进我的口袋，像送自家孩子一样一遍一遍地嘱咐，"平安，到了部队一定要好好干，给咱张家场人争气"。

在乡亲们的锣鼓声中，19岁的张连印离开张家场村，走向了广阔的天地。

在军营这个大熔炉里，他在每一个岗位上都拼了命地学，一路从普通的战士成长为共和国的将军。

"没有乡亲们，我就活不到成年，没有党的培养，我也走不到今天。"一想到这些，张连印眼泪簌簌地掉了下来，他摩挲着一张张已经发黄的老照片，一个隐隐约约的想法，在心头愈发变得清晰起来……

回 归 故 乡

张连印的老家山西左云县地处京津风沙源治理区。村里有一句顺口溜:"一年一场风,从春刮到冬。"土地荒漠化十分严重,视野里罕见绿色,大风一刮,飞沙走石。

回归故乡!张连印心里的想法愈发坚定:"我是退休了,没职务了,可我的党员身份还在,对老家最大的回报,就是叫后人免受风沙之苦。"

没有丝毫的迟疑,张连印和妻子带着全部的30万积蓄,回到了老家。但将军上山种树这件事还是在小小的张家场村掀起了轩然大波。

老家的亲戚们说:你一个退休司令员,国家给你这么好待遇非回来遭罪折腾。以前的村支书也有意见:我当几十年支书都种不活,你一个部队当官的就能栽得活?村民们更私底下议论纷纷:张连印是不是想借家乡土地资源发财?

为了打消村民疑虑,张连印给村里立下了军令状:不要林权、不要地权,退耕还林的补助全部交给村民,植树造林的成果无偿交还集体。

张连印的军令状震撼到了所有人。之后,他更拿出军人雷厉风行的作风,修路、通电、打井、修渠、整地、育苗,还没见到苗木成活,自己攒了一辈子的30万积蓄已经花光,巨大的开销让这位一辈子不低头的将军不得不开始四处求人借钱。

虽对父亲不理解,但儿子还是毫不犹豫地拿出了10万元,刚结婚的女儿把新房抵押了20万,替父亲还了贷款,小女儿也掏出了自己3万元的转业费和订婚时公婆给的2万元,战友们也纷纷帮忙。

2004年春天,张连印再次穿上了作训服,他和妻子每天天不亮就起床,抱着树苗和植树工人一起在一座座荒山秃岭上摸爬滚打,饿了就泡碗方便面,中午顾不上休息又接着干。乡亲们被张连印夫妇感动了,在家的剩余劳力都扛着铁锹跟着他们夫妇一起上山栽树。

2004年的五一假期,张连印的女儿张晓梅第一次回村看望父母,本想着劝劝父亲的她,一下车就被眼前的一幕惊住了。

迎面两个身着迷彩服、拎着水桶的人老远就朝她招手,走近了,她才认出来是父亲母亲。两人脸上被晒得又黑又红,身上、头发上全都是土,母亲嘴上起满了水泡,父亲手上裂开一道道皱纹,指甲缝都塞满了泥土,张晓梅心疼得直掉眼泪。

走进父亲盖的几间"指挥所",阴暗潮湿的屋子,像地板一样硬的床,可父亲似乎毫不在乎,而是高兴得像个孩子一样,异常兴奋地拉着她说:"晓梅,你看看这个树苗,等过几年再回来肯定就长老高了。"那一刻,女儿一下子明白了,父亲,他一定会干到底!

很快,第一批10000棵树苗全部被种到了山上。然而,正当所有人都信心满满、满怀期待的时候,意想不到的事发生了……

"到底是土不行，还是树不行？"

半个月之后，10000棵树苗没吐出新芽，而是整片整片都黄了。看着漫山遍野打蔫儿的树苗张连印心如刀剜，平时很少落泪的他老泪纵横。

所有人都劝他、安慰他，咱这里的地就是种不了树，放弃吧。张连印偏是不信这个邪，乘汽车从左云县来到太原，几经辗转找到了知名治沙专家桑金海。

看到眼前背着半麻袋土、灰头土脸的老将军，桑金海被深深震撼了，当即就答应去左云县实地考察！

专家的到来让张连印抓住了机会，从选择树苗到如何栽

张连印

种，从春季怎么抗病虫害到冬季如何抗寒，张连印刨根问底，不放过任何一个细节。

技术得当、把关严格，张连印种植的第二批树苗成活率大大提高。可还容不得他松口气，这年冬天，眼前的景象让他大吃一惊：树苗被羊拱得东倒西歪，啃得残缺不全，看到自己的"战士"受了伤，张连印的心一阵阵地痛。他到牛羊倌家串门唠家常，中秋给他们送月饼，下雨给他们送雨衣、送胶鞋……

张连印细心的关怀，感动了村里的羊倌们，之后，啃苗事件再也没有发生过。

日子一天天过去，树苗在这片饱含着希望的土地上默默地生根发芽。张连印至今仍然记得，半年之后再一次站上山头，昔日的荒山秃岭上有了成片的绿色："那个树长得绿油油、胖嘟嘟，成就感油然而生，我特别骄傲地跟我老伴说，'你看，这都是咱们栽活的树……'"

从 2004 年到 2010 年，张连印种植 3000 多亩树苗。张家场的树绿了，天蓝了，水清了，人们都觉得张连印已经该回家休息享享清福的时候，没想到新的情况又出现了……

一边与癌细胞拼杀，一边与荒漠风沙战斗

照片中被人搀扶着的老人就是张连印，当时，他刚刚做完疝气手术，为了不耽误种树的黄金期，他瞒着医生偷偷赶回了林场。而更鲜为人知的是，此时的他已经是一名抗癌 4 年的癌症患者。

张连印刚手术完就回林场

2011年，66岁的张连印被查出肺癌，右部肺叶被切除后，他开始了长达5个月的化疗，呕吐、晕眩、剧痛，头发大把大把地掉……

每次儿女问他能不能受得住，他都坚强地说："咱们当兵的这点儿疼怕什么！"

2012年初，张连印的病情逐渐好转，家里人终于松了一口气，可刚从鬼门关绕了一圈的他倔脾气又上来了："我必须要回去种树，我当初承诺要种5000亩地，现在还差500多亩地没种完，咱当兵的，不能说话不算话！"

就这样，不顾医生和家人的反对，张连印又回到了张家场，当老乡们看到被癌症折磨得脱了人形的老将军，穿着宽大晃荡的迷彩服，白天扛着铁锹上山挖坑植树，晚上回到屋里的土炕上输液治疗，都心疼不已……

2014年5月，张连印种树5000亩的目标成功完成，可他的病情却进一步恶化，被诊断为肺癌骨转移。想到自己承诺的30年归还林权地权还有好多事情没有完成，这位倔强的老将军不顾自己已是癌症晚期，一边与癌细胞拼杀，一边与荒漠风沙战斗，每月都要往返500公里外的石家庄取药。

提起自己的老父亲,女儿张晓梅说,有一次,我们知道他要回来取药,想着吃一顿团圆饭,可左等右等也等不到人,后来一打电话才知道,为了赶时间他取了药就回去了,坐了一晚上的硬卧。

儿子张晓斌看着已是又黑又瘦的父亲,不顾大腿根磨破了皮、流着血,也要坚持在山上干活,心疼地哭了好几次。2015年,在部队已是正团级职位的张晓斌,作出了自主择业回老家的选择,与父亲一同担起种树的重任,并把这份责任延续下去……

从保卫祖国的将军,到保护环境的卫士,40年戎马生涯,张连印把根扎在祖国的万里疆土,把全部青春献给了国防和军队现代化事业,18年植树造林,他又把汗水洒在家乡的黄沙泥土,把全部心血浇灌给1.8万亩林田、205万株树木。

张晓斌(左一)与父亲张连印(右一)共同担起植树造林重担

张连印和妻子一起种下 500 棵沙地柏

    2021 年是建党 100 周年，张连印收获了两大荣誉和一份甜蜜。七一前，他收到了党中央颁发的"光荣在党 50 年"纪念章，不久，他又被中宣部授予了"时代楷模"称号。而那份甜蜜是属于他和妻子的，2021 年 8 月 16 日，是他们结婚 50 周年的纪念日，金婚这一天，张连印送给了妻子一份独有的浪漫——一起种下了 500 棵沙地柏。

    现如今，抗癌 10 年的张连印奇迹般地保持着不输当年的活力，扭秧歌、办展厅、作报告，走路比年轻人还快，精气神儿比年轻人还好。

    说起未来的打算，76 岁的老将军话语铿锵：我要站好最后一班岗，继续当好生态建设的宣传员、绿化荒山的战斗员、森林树木的护卫员……

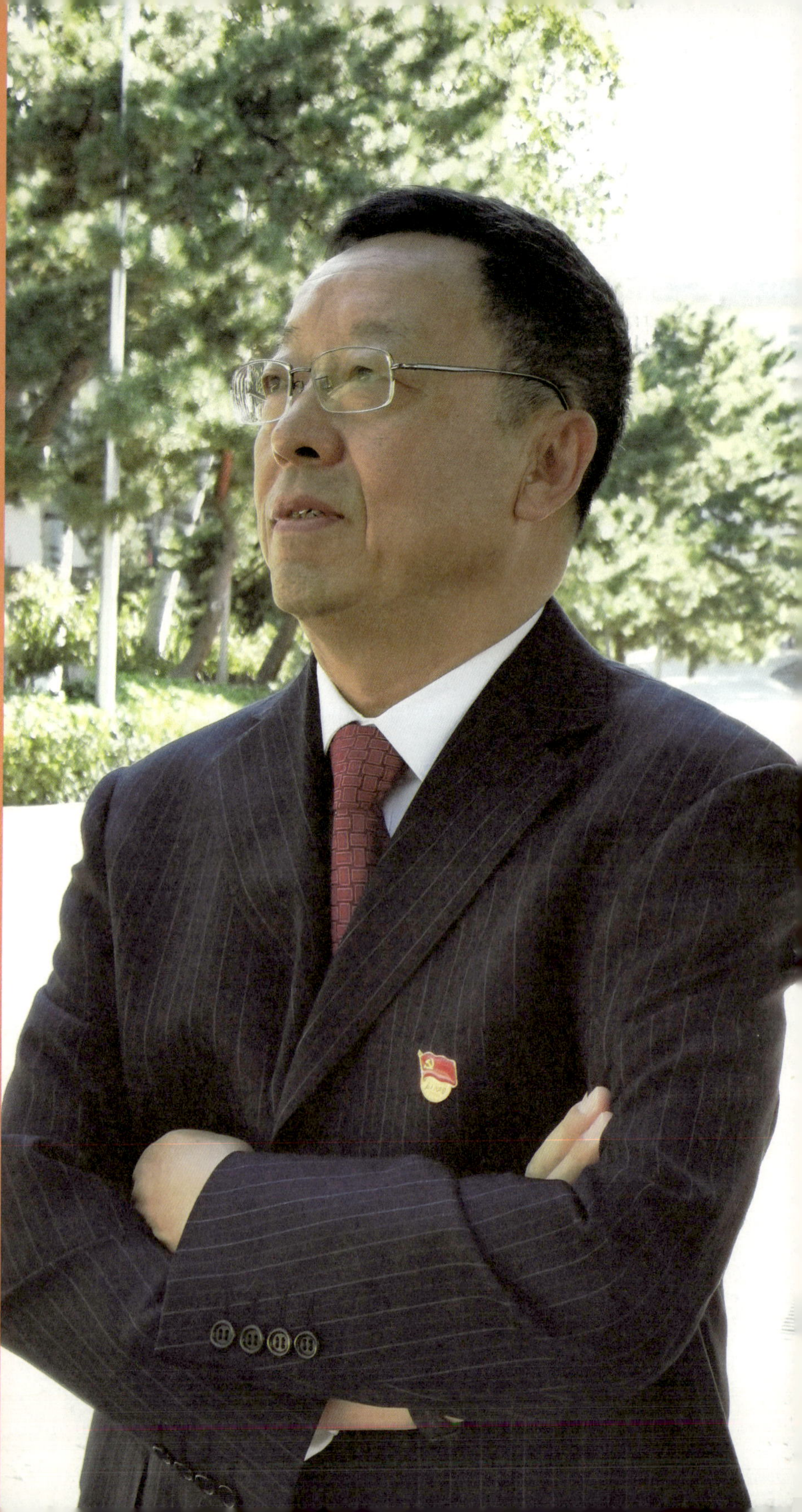

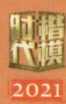

肖文儒

扫码看视频　扫码看公众号

山西朔州人，中共党员，现任国家安全生产应急救援中心副主任兼总工程师。他参加工作38年，一直从事矿山安全生产和应急救援工作，从一名普通的救护队员做起，练就了精湛的矿山救护技术、高超的应急救援本领，成长为一名杰出的矿山救援指挥专家。他先后参加、指挥和指导矿山、隧道、山体垮塌等事故灾难救援700多起，多次冒险深入矿难现场，科学制定救援方案，成功解救被困群众1000多名，在陕西王家岭煤矿特大透水事故、辽宁阜新万达煤矿透水事故、山东栖霞笏山金矿重大爆炸事故等多起重特大矿山事故救援中发挥了重要作用。他牵头或参与制定矿山救护、培训管理、资质认证等多项制度规程，为提高我国矿山安全生产的科学化、专业化、智能化、精细化水平，增强防灾减灾救灾能力、维护社会公共安全、保护人民生命财产安全作出了突出贡献。先后荣立个人二等功、三等功各1次，荣获"最美应急管理工作者"称号。

> 如果大家都不干,那井下被困的那些人怎么办?那些人背后的家人怎么办?逃生是人的本能,但总要有人站出来,扛下去!

"麻烦再送一部电话,做(作)为备用,联系不到你们我们就找不到党了。"从井下传上来的、曾让无数人泪目的纸条,相信大家都还记忆犹新。

就在2021年年初,1月10日下午,一条新闻牵动了全国

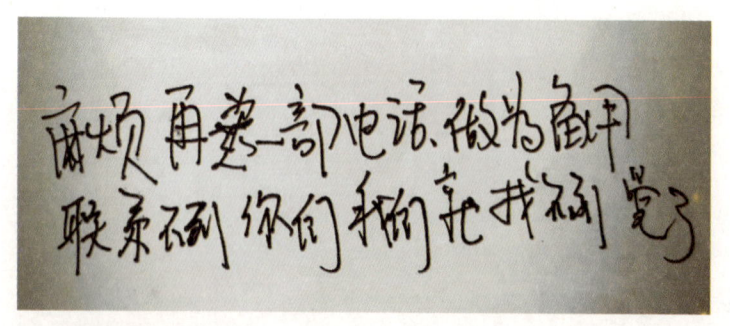

井下传来的纸条

肖文儒（右二）在救援现场

人民的心：山东省栖霞市笏山金矿突然爆炸，正在井下作业的22名矿工，被埋在了井下600多米的深处。

那段时间，很多人每天守着电视中的救援进展，焦心地数着日子，希望他们都能挺住。

1月24日，在爆炸发生的第14天，一名矿工成功升井！接下来的4个小时，11位被困矿工获救。在掌声和欢呼声中，很多人激动落泪。

在这场被称为"教科书式的应急救援"中，我们如果仔细观察电视转播镜头，就能经常看到一位戴着眼镜、穿着厚重棉服的人。

他，就是肖文儒，应急管理部国家安全生产应急救援中心副主任兼总工程师。从事应急救援工作38年来，肖文儒指导事故灾难救援700多起，助力救出被困人员1000余人，被应急救援队员称为"定海神针"。

得知山东省笏山金矿发生爆炸的消息,已经59岁的肖文儒,随应急管理部前方工作组第一时间赶往现场。

两条生命通道,上演了教科书般的救援奇迹

到了现场,肖文儒发现救援难度远比想象中大:爆炸位置离地面大概600多米,唯一的出入通道被堵得严严实实,如果不能尽快清理出一条逃生通道,井下矿工的生命危在旦夕。

一场与死神赛跑的战役一触即发,肖文儒果断向指挥部建议:在建立逃生通道前,通过钻孔输送给养维持被困人员的生命。

打通钻孔这条生命通道

打通钻孔这条生命通道，就是在和死神抢时间！可谁也没有想到，就在创造生命通道的第 4 天，进度最快的 2 号钻孔发生了卡钻。

现场死一般的寂静。就在这时，肖文儒提出：对进度第二的 3 号钻孔进行测偏。测到 500 多米的时候，发现它已经偏离了井下巷道 7.4 米……此时，其他钻孔打通巷道至少需要 3 天，而人员被困已经整整 6 天了。

就在所有人陷入绝望时，肖文儒突然说了一句话："可以马上纠偏！我已经提前调集了专业纠偏队伍，他们一两个小时就能够到达现场。"所有人都没想到，肖文儒超前部署的纠偏力量，给井下的被困人员抢出了极限时间。

很快，新调来的高性能钻机和定向技术开始对 3 号钻孔进行纠偏透巷工作。

1 月 17 日 13 时 56 分，当 3 号钻"哗"一下终于钻透时，现场所有人都激动地鼓掌、拥抱，这意味着几天几夜的坚持，终于打通了与被困矿工的联系通道！

开始敲击钻杆时，所有人心都悬在了嗓子眼儿，第一次敲，没动静，第二次、第三次还是没动静，当绝望感涌上现场所有救援人员的心头时，肖文儒坚定地喊："敲，继续敲！"当敲到第 9 下的时候，突然传回一点点微弱的声响！"他们还活着！"

生命通道打通后，营养液、药品、衣物源源不断地顺着钻孔送往地下，被困人员通过钻孔传回来了两张纸条，"望救援不停，我们就有希望。""联系不到你们我们就找不到党了。"这两张纸条让所有救援人员百感交集。

没有什么比敲击管道之声更扣人心弦，没有什么比被困矿工传上来的纸条更令人激动不已。

1月24日，矿难发生后的第14天，主井通道终于贯通，取得联系的11人全部获救！

肖文儒的超前预判、沉着指挥，为这场"地心营救"中的每一步都上了"双保险"。然而，在瞬息万变的关键时刻敢于决断，肖文儒靠的是整整38年来直面生死、直面灾难的积累……

"逃生是人的本能，但总要有人站出来，扛下去！"

1983年，21岁的肖文儒从山西省雁北地区煤矿学校毕业后，分配到大同矿务局矿山救护大队。当时的煤矿井下生产条件艰苦，大小事故时有发生，在一次又一次的战斗之后，年轻的肖文儒真真切切地认识到了矿山救援实战的残酷。

有一次，一个煤矿采空区着火，肖文儒带领队员们冒着接近人体极限的高温打密闭墙，他们披着稻草编织的袋子，从头到脚全部用水浇透，抱着砖头来来回回数十趟往火里冲。眼前是火海，衣服上却裹着冰水，肖文儒真正体会到了冰火淬炼的滋味……

1987年11月30日，一个煤矿发生火灾，井下热浪翻滚，在黑暗的巷道中，队友因为走错了方向，不幸牺牲在了井下……

这是肖文儒第一次直面死亡，牺牲的队友是他亲密无间的战友，他们在同一间办公室工作，每天朝夕相处。队友的牺牲，给他的内心留下了阴影，然而，短短一年后，还未从队友牺牲的阴霾中走出的肖文儒又遭遇了丧亲之痛——身为刑警的四哥，因公牺牲，年仅29岁。

母亲坚决反对他继续从事这个"把脑袋别在裤腰带上"的职业。肖文儒也第一次对是否继续坚持这份职业产生了动摇。"怕，怎么会不怕。经常做梦梦见自己在救援现场突然坠落……"

可就在他迷茫之际，一位80岁老太太的一句话点醒了他。

1990年，原大同矿务局雁崖矿突发井下中央变电站着火事故。肖文儒立即带领队员深入井下救援，他们穿过有毒有害气体，成功将被困人员救出。

成功升井后，有一个老太太见人就问："哪个是肖队长？"当老太太找到肖文儒时，立马要给他下跪，老人哭着对他说："是你救出了我的儿子！"

那时的肖文儒还不到30岁，那一声声谢谢顿时让他悟透了救援工作的意义，"如果大家都不干，那井下被困的那些人怎么办？那些人背后的家人怎么办？逃生是人的本能，但总要有人站出来，扛下去！"

逆向而行，向险而奔！然而，肖文儒的内心愈发坚定他就愈发深刻地认识到：如果没有科学的救援技术，不仅救不了受困者，连队友们都将置身于危险之中！

每一个精准的判断，都源于对科学的敬畏

2017年10月，辽宁省阜新市万达煤矿发生井下透水事故，

83名矿工被困在井下,当时,已经是矿山救援中心总工程师的肖文儒第一时间奔赴现场。

当听到局部瓦斯达到4%时,所有人的第一反应是惊讶。4%意味着什么?一个火花,一根铁丝的碰撞,哪怕衣服的摩擦都可能发生爆炸!此时,现场所有人的目光都集中到了肖文儒的身上。

肖文儒没有轻易作出判断,而是坚定地对大家说:"我要下井去看看!"面对所有人的劝阻,他只说了一句话:"事故现场瞬息万变,我自己下去看看才能作出科学的研判分析。"

下井实地勘察后,肖文儒发现情况远比想象的更为复杂,水若不及时排出,83名矿工可能随时因为瓦斯浓度过高而窒息死亡;可若加速排水,又随时可能引起瓦斯爆炸……

在直面生死的关键时刻,肖文儒作了一个大胆的决定:排水与稀释瓦斯浓度同步进行。这样的操作任凭谁心里也没有底,83个人,出了问题怎么办?为了给大家吃一颗定心丸,肖文儒当场拍着胸脯说:"别怕,出了问题我负责!"

时间一分一秒地过去,肖文儒一边指挥调整回风系统,一边优化稀释瓦斯方案。所有人都屏气凝神,眼睛死死地盯在瓦斯监测仪上。

20多分钟之后,瓦斯监测仪终于停止了报警,浓度下降到了1%以下。最终,83名矿工成功获救,救援人员无一人伤亡。

在一次次千钧一发的关键时刻,面对生与死的考验,肖文儒的敢于拍板、担当作为,让很多人由衷地夸赞:老肖的

肖文儒

胆子是真大!

这样的精准判断出现在多次救援中,作为指挥者和决策者,肖文儒深知,临场的每一个抉择,每一个精准的判断,每一次从没人干过、书本上没有见过的超常规的操作,其实都源于对科学的敬畏,源于长年累月的经验积累,更源于他所投入的超乎寻常的心力与毅力。

肖文儒有一个习惯,每一次救援回来,都要完整地分析事故原因,复盘整个救援的过程,对每一个细节都要研究再研究! 38年来,他记下的笔记有几十本。

他不断总结应急救援经验,组织起草了《矿山救护队资质认证管理规定》《矿山救护培训管理规定》,用制度织密救援人员的"安全网";由他主编的,浓缩了他38年救援经验的《矿山事故应急救援典型案例及处置要点》更是被广大救援队员誉为应急救援的"宝典"。

一本本笔记、一册册书籍,是他用了38年,为这支队伍建设留下的财富；一堂堂课程、一句句叮嘱，是他与所有救援队员约定好的，为了人民的生命，以生命赴使命的逆向奔赴！

为了人民的生命安全不惜一切代价，穷尽一切手段

很多人不知道，肖文儒的心脏放了3个支架，在很多人看来，快要退休的他应该做好退居二线的准备了。

可他一刻也不舍得离开一线。

2017年6月，四川茂县突发山体垮塌，他不顾自己血压升高，就着凉水服下降压药依然坚守在现场。

2021年4月，新疆丰源煤矿透水事故，他风餐露宿奋战了一个多月才从救援现场撤离。

整整38年，在这个险象环生的战场上，有一点，肖文儒从来没有变过，那就是始终坚持"生命至上、向险而行"；但也有一点，肖文儒是变化的，那就是从事应急救援工作，他和战友们心底的那份信心和底气！

肖文儒曾无比骄傲地说："现在全世界最好的救援设备都在我们中国，我们的队伍已经是世界第一流的！去年，国外发生一起重大事故灾害，需要用到一个大型盾构机，全世界找遍之后发现，一共两台，都在中国！"

在中国，面对事故灾害，没有"救，还是不救"的选择，只有不惜一切代价、想尽一切办法、穷尽一切手段，做到"科学救援、安全救援"！

近年来，我国安全生产形势持续稳定好转，生产安全事

故持续下降。2020年，取得了新中国成立以来生产安全事故次数和死亡人数历史最低、重特大事故次数和死亡人数历史最低的历史性成绩。截至2021年10月，全国已连续25个月没有发生特别重大事故。

始终坚持"人民至上、生命至上"，这是肖文儒给应急救援人做出的表率，更是中国人在应急救援这张世界考卷上写下的中国答案！

时代楷模 2019—2021

潘东升

1964.09-2021.09

扫码看视频　扫码看公众号

福建平潭人，中共党员，生前系福建省公安厅党委委员，福州市人民政府副市长、市公安局局长。他从警37年，始终忠诚履职，拼搏奉献，作为普通民警，他勤勉敬业、吃苦耐劳、屡立战功；走上领导岗位后，仍坚持奋战在工作一线，维护公平正义、守护一方平安。他自觉践行人民公安为人民的根本宗旨，坚持和发展新时代"枫桥经验"，探索科技兴警举措、推进公安"放管服"改革，解决群众"急难愁盼"问题、提升社会治理水平。他从严管理队伍、强化纪律约束，维护民警权益、推行"暖警工程"，锤炼干部过硬作风、凝聚民警信心力量。他严守党纪国法、带头廉洁自律，生活艰苦朴素、注重家教家风，把毕生精力献给了人民公安事业，用一生赤诚践行了共产党员的崇高信仰。2021年9月，因长期超负荷工作，积劳成疾，不幸牺牲，年仅57岁，被追授"全国公安系统一级英雄模范""福建省优秀共产党员"称号。

> 作为人民警察，就是要打击犯罪，护一方平安。

> 只要大家依法依规，秉公执法，组织就是你坚强的后盾。

> 只有个人干净，才有做人的底气、干事的硬气、当警察的正气。

  2021年9月24日晚，福建省福州市副市长、公安局局长潘东升，在终于忙完手头工作后，抓紧时间给妻子打了个视频电话，然而，就是这一通被各种工作事务打断了8次的通话，成了潘东升与妻子最后的话别……

  第二天，潘东升在一场重要会议安保维稳的工作岗位上突发疾病，经过几个小时的全力抢救，但他再也没能醒来……

翻开潘东升这一周的日程安排，我们不禁泪目。这位57岁的局长，在牺牲前的7天里几乎是连轴转无眠无休：35场重要活动、基层调研、部署节日安保工作、到重要场馆检查安保事项。

9月18日是他的生日，凌晨2点他在一线指挥核查警情；就在病倒的前两天，他还在城区看望慰问一线医务人员，调研检查疫情防控工作……

"党员干部就应该冲到一线"

1964年，潘东升出生在福建平潭的一个海岛渔村。4个兄弟姐妹中，他排行老二，从小跟爷爷长大。潘东升小时候就非常聪颖，经历过旧社会苦难的爷爷一直教育他：要发愤图强，要好好读书，这样才会有出息，才能成为对国家对社会有用的人！

1980年，只有16岁的潘东升以优异的成绩考上了福州大学计算机系软件专业。在20世纪80年代，正是国家信息化起步的时候，说学计算机软件这样稀缺专业的大学生是天之骄子一点儿都不夸张，但毕业时潘东升毅然选择成为一名人民警察！

"加入公安队伍，就要准备好站着进来、躺着出去。什么是躺着出去？就是时刻准备着，为党为人民牺牲一切！"这是在1984年，20岁的潘东升第一次穿上警服参加新警培训时，教官对他们说的一句话。

在之后整整37年的时间里，潘东升把这句话深深烙在心里。无论身为普通民警还是领导干部,在抢险救灾、重大安保、大要案侦办等急难险重关头,他总是冲在一线。

2016年5月8日,三明市泰宁县池潭村突发泥石流,近10万立方米倾泻而下的土石,瞬间将十几名工人掩埋。

时间就是生命,接到警情后,身为三明市公安局局长的潘东升第一时间奔赴现场。冒着倾盆暴雨,站在仅有两米多宽的山路中央,潘东升手持扩音器,一遍遍声嘶力竭地大喊着:"除救援车辆之外,其他车辆一律不得通行!"

在救援的五天四夜里,他与救援人员、参战民警并肩战斗,每天只休息两三个小时,饿了,吃碗泡面、垫个馒头;困了,在车上眯一会儿。在没过膝盖深的泥浆中,他跑前跑后,沾满了泥浆与汗水的衣服湿了又干、干了又湿。潘东升的言行

2018年4月9日,潘东升(前排左一)在一线指导首届数字中国建设峰会安保工作

感染着现场每一名救援人员。

正是他的果敢坚决，正是他的一线指挥，为救援赢得了宝贵时间，也带动了救援工作有序开展。

民警们说："潘局最常说的一句话是'党员干部就应该冲到一线'。"从泥石流的抢险救灾中心，到抗击"尼伯特"台风的救援一线，再到台江排尾重大火灾现场……身为局长的潘东升一定是冲在最前面，永远是与民警们一起并肩作战！

"作为人民警察，就是要打击犯罪，护一方平安"

2016年6月，潘东升刚调任福州市公安局局长，他在调研中发现，福州市区"两抢"案件高发，而且多是抓捕难度极大的飞车抢夺。从警多年的潘东升深知，这种路面抢夺对老百姓的幸福感、安全感伤害最大。

"作为人民警察，就是要打击犯罪，护一方平安。严打'两抢'，提升破案率！"潘东升当即提出，抽调刑侦、图侦等多个警种精英骨干建立合成侦查中心，誓以最快的速度，最高的效率，对暴力犯罪进行根本性打击！

然而，"合成"在当时还是一个新颖的理念，想要融合不同警种成立合成侦查中心，无论人心还是制度，都可谓困难重重。

可潘东升却十分坚定，他一次次向各级领导汇报请示，在他的坚持与推动下，由56人组成的福建第一个合成侦查中心成立了。

合成侦查中心能否"药到病除"？

2017年5月31日晚10时,一位女性在自动取款机取钱时,被嫌疑人持刀抢劫。收到警情后,各警种第一时间同时开展工作,侦查员对周边进行调查访问,图侦员开展视频侦查,专业技术警种开始技术研判分析……不到10个小时,犯罪嫌疑人即被抓获。

合成侦查中心成立后,再不是一个警种几个警察单打独斗,而是一群人、一整套专业队伍共同分析研判,锁定目标。与2015年相比,2021年1月至10月,福州全市"两抢"破案率由35.2%上升至100%,案发量下降了96.9%。

为了守护好老百姓的幸福安宁,潘东升以深厚的专业素养,锲而不舍的决心,毫不手软的作风,对犯罪行为给予最坚决打击。

2017年下半年,福州警方陆续接到群众报案,因为深受"套路贷"之害,有人卖房还清债务,有人甚至被逼跳楼自杀……

潘东升在会上掷地有声地说:"这种新型犯罪丧尽天良,公安机关一定要为民除害,绝不手软!"但是,当时打击套路贷困难重重,面对法律滞后、取证困难的情况,潘东升亲自坐镇、亲自指挥。

涉黑组织经济实力雄厚,社会背景复杂,手段残忍,办案时,有些民警难免会有所顾忌。潘东升坚定地说:"你是共产党员吗?是共产党员就得干!只要大家依法依规,秉公执法,组织就是你坚强的后盾。"

专案组经过缜密侦查,一举成功打掉了涉案10亿、成员近70人的套路贷涉黑团伙。

自从2019年扫黑除恶专项斗争开展以来,潘东升带领福州公安打掉涉黑组织35个、恶势力犯罪集团（团伙）169个！

"要牢记'人民警察'的前面是'人民'二字"

2014年，潘东升来到三明市公安局任职后，发现很多骑电动车的市民不戴安全帽，他就一直对民警们说，"处罚不是目的，一定要帮助群众把安全帽戴好"。

三明市市民邹满生至今还清楚地记得，2015年夏天，他骑摩托车出来忘戴安全帽，让他意外的是，执勤民警不但没有扣分罚钱，而是拿过来一个安全帽让他戴上。

"我一个江西人在三明打拼了30多年，那一瞬间我就觉得这个城市很温暖，这位公安局局长心很细、很贴心……"

潘东升局长（左三）着力提升群众出行通畅度

2016 年，福州市早晚高峰时段，平均车速仅有每小时 24 公里。潘东升非常清楚，若能提升老百姓出行的通畅度，就是直接提升生活的幸福度。

学计算机出身的他提出了给全市的信号灯画一张"智能地图"。在他的推动下，"智慧交管平台"上线，福州市 80% 以上路口实现绿波通行，老百姓切切实实感受到了出行的便利。

为给老百姓解决实际的困难，潘东升的目光又放到了老百姓非常头疼的"办证难"的问题中，为了能推动建立一个串联所有民生数据的"省市一体化云平台"，他拎着包跑各个职能单位，一家一家地阐述解释。

2021 年，"省市一体化云平台"系统上线，努力实现了让群众"一趟不用跑、最多跑一趟"。

潘东升常常说，群众的事，再小也是大事！

2019 年 1 月 24 日，潘东升局长（左二）在福州市公安局信访室接待来访群众

他创新推出了"办不成事"窗口，亲自和群众面对面，处理智能化系统难以解决的问题。

2018年2月，在局长接待日，市民林少珍见到了潘东升。她着急地说："我为的就是一件事，想把我身份证上的出生日期改回来。这直接影响了我的退休金。"

其实，林少珍并没有抱太多希望，身份证年龄写错这件事，多年来一直未能解决。但让她没想到的是，潘东升对她说，一定能解决。短短一个月，她就拿到了新的身份证。

从未谋面的两个人，因为一顶安全帽发生了情感的连接；只见过一次的两个人，因为一张身份证建立了信任。潘东升一次次带给人民群众的温暖，一次次为老百姓办实事好事，其实就是他心怀百姓的温度，就是他时刻牢记"人民警察"的前面是"人民"二字的初心！

"干净是对党最大的忠诚"

潘东升一直讲："只有个人干净，才有做人的底气、干事的硬气、当警察的正气。"

他不抽烟，也不参加应酬，多次在福州市公安局的大小会议上，向全市3万多民警辅警表态："你们无论在哪一个应酬上看到我，都可以直接上来打我两巴掌！"

工作中的潘东升从严治警、铁面无私，但是对待基层民警却充满温情、心细如发。他大力推进实施暖警工程，解决警察的职级晋升，提高警察待遇，推进民警补充医疗保险工作……

他常说,"民警都是我的家人"。民警们说起潘东升,年龄相仿的说他像兄弟,年纪小的说他像父亲……

在自己的家人眼中,潘东升更是一个好丈夫、好父亲。妻子袁秋榕说:"再晚他也会回家吃饭,经常牵着我的手在小区散步。"儿子潘键民说:"尽管早出晚归,经常加班,可是爸爸非常爱这个家,常年如一日单位和家里两点一线。"

然而,长期的高压高强度工作严重透支了潘东升的健康。2018年6月26日,他接受肺部手术,切掉的肺有半个拳头大小。术后仅7天,他就出现在警情分析会上……

2021年9月10日,福建发生本土疫情。潘东升第一时间带队研究处置涉疫警情,快速侦办涉疫案件,开通涉疫物资运输快速通道,检查隔离医疗场所巡防勤务,看望一线医护人员……

9月25日,疫情慢慢控制住了,潘东升却累倒了。

他牺牲的消息传开后,悲痛萦绕着福州城。出殡当天,数万老百姓早早等候,有的人手捧白花,长跪不起;有的人拉着自带的横幅,哽咽地喊着"潘局,一路走好"……

一个人深爱一座城,一座城送别一个人。无数认识或不认识他的老百姓,在朋友圈里用自己的方式,送别这位一心为公、鞠躬尽瘁的人民公仆、人民警察。

潘东升走后大家才发现,他那个用了30多年,早已磨破了边的钱包里,放着一张泛黄的照片,那是他儿子5岁时一家三口的合影;他的衣柜里,除了警服还是警服,白衬衣的衣领都磨破了,背心是让妻子一次次缝补过的,唯一 一套崭新的西装,是今年要参加儿子婚礼才买的……

在一次主题党日活动的留言簿上,大家看到潘东升写下这样一行字:永葆对党的无限忠诚!

直到他离开了,大家才终于认识到,在指挥调度中心最后一排那把空空如也的椅子上,再也看不到潘局长,再也看不到他坐在那儿,看着大屏幕上滚动的警情摘要,皱着眉头若有所思的样子……

37年,潘东升用一生的奋斗,用他的正直与善良、用他的热血与生命,兑现了自己对党、对这身警服、对人民警察这一庄严称谓的铮铮誓言!

一切为了人民,一生别无所求。

时代楷模 2019—2021

2021

海军航空大学某基地舰载机飞行教官群体

扫码看视频　　扫码看公众号

　　海军航空大学某基地舰载机飞行教官群体担负着培养舰载机飞行人才的艰巨任务。该群体始终牢记党和人民的期望重托，矢志投身舰载机飞行人才培养事业，以战领训、为战育人，探索出一条具有我军特色的舰载机飞行人才培养新路，为部队培养输送了一大批舰载机飞行员。群体中6人荣立一等功、数十人次荣立二等功，涌现出全国优秀共产党员、中国青年五四奖章获得者、全军备战标兵个人等先进典型。

> 不管付出多大代价，舰载机上舰的前进脚步决不能停，我愿意成为第一个人。

> 只有我们这一代人把标准建立起来，新一代飞行员才能站在更高起点上去和世界一流海军抗衡。

2012年11月23日，中国渤海某海域发生了一件惊心动魄的大事……

上午9时08分，伴随着巨大的发动机轰鸣声，英雄试飞员戴明盟驾驶的歼-15战机从海天之间呼啸而来。眨眼间，舰载机两个主轮在接触到航母甲板的瞬间，战机尾钩牢牢挂住拦阻索，稳稳地画出了一个巨大的"V"字。时速200多公里，只有200多米的甲板，最后要非常精准地挂在一个点上，说是在"刀尖起舞"毫不夸张。

歼-15稳稳降落在辽宁舰的这一刻，意味着中国航母舰载机飞行员实现了从"0"到"1"的突破,更意味着中国航母正式开启了真正具备战斗力的新征程!

在这激动人心的时刻,远在南海一线作战部队的海军航空兵飞行员张超正与战友们一起围在电视机旁激动得热泪盈眶;而远在几千公里外的北京,飞行员孙宝嵩、王勇、杨勇等人,正在接受航母舰载机飞行员选拔的体检。

从那一天起,一项伟大的历史使命和一个意义深远的时代重托,落在他们肩上。

从零开始,成为真正的舰载机飞行员;从零开始,用最短的时间把自己打造成舰载机"种子"教官,为中国航母培育更多的"刀尖舞者"。这,注定是一场史无前例的"拓荒

舰载机飞行员

之旅"……

就算付出生命的代价，也要飞向更远的海、更深的蓝

舰载机飞行员是世界上公认的高危职业之一，被称为"刀尖上的舞者"。选择成为"刀尖上的舞者"，孙宝嵩、王勇、杨勇、张超、艾群……他们当然明白其中的危险。

陆基飞行，战机减速后才稳稳降落，舰载飞行，舰载机却要在时速200多公里瞬间减至0，近似于一场"人为坠机"。不仅之前的飞行经验用不上，每个人都十分清楚，若想从千里之外瞄准像一张邮票般大小的航母，并精准地挂上拦阻索，这需要在降落的数十秒内完成上百个动作，而做到这一切的前提，只有一个字：练！

正当整个团队信心百倍地朝着真正在航母上起降的梦想越来越近时，他们却突然遭遇了一段至暗经历。

2016年4月6日，在歼-15战机训练任务中，曹先建所驾驶的战机突然失去控制。生死关头，他的本能反应是挽救战机，几次操作无效之后，错失了逃生时机，他重重地砸在了海面上。这次事故导致曹先建腰椎爆裂性骨折，胸椎、尾椎等严重损伤。现实没有留给队友们太多时间去悲伤，带着沉重的心情，他们再次投入紧张的训练之中。可谁也没有想到，短短21天之后，一场更大的灾难突然降临……

2016年4月27日，张超驾驶战机着陆时，机头突然失控上仰，飞机瞬间离开地面。危急时刻，张超想的同样是挽救

张超

战机，但不幸以身殉职。

王勇是眼睁睁看着张超摔在自己眼前的，艾群更是无法接受这一事实，"每天我们两个兄弟一起出门，突然有一天只有我自己回到宿舍，却没把弟弟带回来……"

眼看着就要发起最后的冲锋，可现在一切都变成了未知数。曹先建和张超的遭遇如乌云一般笼罩着团队。团队停飞一个多月了，如果任由负面情绪蔓延，队伍将很难再站起来。

"不管付出多大代价，舰载机上舰的前进脚步决不能停，我愿意成为第一个人。"在相关部门完成技术调查和论证后，团队骨干孙宝嵩决定带头飞行。他驾驶战机冲上云霄，推杆，调整弓角，飞机沿着标准下滑线呼啸而过。

这次飞行，重新点燃了团队的信心！

"张超倒在了成功前的最后几步上，我们必须完成他没能完成的使命！"2016年8月，战友们带着张超的遗物，驾驶着歼-15在辽宁舰起飞！那一天，他们成功通过了航母起降着舰资质认证；那一天，他们终于成了合格的舰载战斗机飞行员；那一天，张超的室友艾群走下悬梯后泪流满面，他从口袋掏出张超生前用过的手电筒，激动地说："兄弟，我

曹先建

们着舰了。"更让大家备受鼓舞的是，身负重伤的曹先建，在经历419天的康复和训练之后，创造了只有中国军人才能创造的奇迹，他以顽强的毅力和绝不服输的战斗品质，成功在辽宁舰起落，与战友们继续并肩作战。

忠诚、无畏，披荆斩棘，共和国第一批舰载战斗机飞行员们，创造了属于他们的历史与荣光，他们即将开启的是另一段伟大光荣的新征程！

"时代选择了我们，我们决不能辜负这个时代"

2018年4月12日，中央军委在南海海域隆重举行新中国历史上规模最大的海上阅兵。那一天，48艘战舰整齐列阵，76架战机搏击海天，10000余名官兵雄姿英发。中央军委主席习近平在阅兵式发出了"全面建成世界一流海军"的动员令。

飞行教官团队组建大会上，王勇从戴明盟手中接过沉甸甸的军旗。张超的战友们，这群"刀尖舞者"们明白，共和国要他们成为在刀尖上领舞的人，他们就必须把自己锻造成王牌中的王牌，刀尖上的刀尖！

组建之初,他们坚持边训练、边总结,每天下了训练场就上另一个"战场":丁阳、曹先建等教官"客串"训练参谋,从最基础的训练计划开始逐级完善;祝志强、罗胡立丹、杨勇等教官担任课目负责人,逐个专业攻关破难;王勇、艾群等教官针对桥梁、风车、电线杆等可能危及低空飞行安全的障碍物,逐一进行标注,精准测算每个数据,终于形成一条安全科学的低空航线……

为确保编写教范资料的科学性和准确性,他们常常为了一个数据而一次次激烈争论,甚至吵得不可开交。为了精确测算出飞机的极限性能和数据,他们更是亲自挑战边界条件的飞行。

"只有我们这一代人把标准建立起来,新一代飞行员才能站在更高起点上去和世界一流海军抗衡。"正是靠着这股咬定目标不放松的韧劲,正是靠着搏击海天的血性担当和"拎着脑袋干事业"的英勇无畏,他们在短短几年的时间里,先后制订多种大纲教范,规范组训流程,开展培养模式研究,攻关空域精细化管理等重难点任务,将一个个"首次"和"第一"写进航母舰载飞行事业的大事记里:舰载战斗机飞行员培养时间大幅缩短,舰载战斗机飞行员生长路径、培养链路全面贯通,飞行员教官群体闯出了一条属于中国自己的舰载机人才发展之路。

升空就是作战,起飞就是迎敌

教官丁阳经常挂在嘴边的一句话是:"练兵备战容不得

半点儿马虎,我们练的标准只有一个,就是完美!"最让丁阳感动的是,为了无限接近完美的目标,学员们都非常努力,早上四五点钟,模拟器前面就经常排长队了,还有人晚上抱着被子过来"飞"的。模拟机油门连接处的部位,正常使用周期是三年,但在这里几个月就得换一次。不止丁阳,很多教官都非常感慨:我们为舰载机事业拼尽全力的时候,年轻人同样也在拼命地练,拼命地追。

王勇是学员们口中出了名的"黑面教官",学员在飞行上的任何问题,哪怕是毫厘偏差也难逃他的眼睛。

2019年,在陆基着舰的一次训练过程中,学员张宇亮手上一个下意识的细微动作,被王勇严肃地指出来:"在战斗中,毫米级的偏差,可能造成的就是灾难性的后果!"

王勇

孙宝嵩

之后,张宇亮迎来了人生的第二次高考——昼间航母起降资质认证。接过认证证书的那一刻,王勇拍拍他的肩膀,说:"欢迎加入尾钩俱乐部!"然而,王勇比任何人都更清楚,"成为舰载机飞行员还不等于战斗员",从能上舰到能真正打仗,还有很长的路要走。

飞出"战味",必须将实战思维融入每个课目、每个架次、每个动作中。在训练过程中,大家始终坚持一个理念:"升空就是作战,起飞就是迎敌!"

在一次航线课目训练中,一名学员驾驶战机刚起飞不久,海上雾气越来越浓。想到实战不会有预演,学员们必须学会处理突发情况,孙宝嵩当即决定改换训练课目,下令"转入复杂气象训练课目"。

近年来,钻山沟、低空突防……这些实战化课目,相继出现在训练场上。在一步步迈向打赢的征程中,教官们不断播撒着实战的"种子",在"刀尖"磨砺"尖刀",在"和平"准备"战斗"!

从陆基到舰基,从单机到编队,从近海到远海,今天,

舰载机起飞

中国的舰载机飞行人才队伍以一种加速度的方式壮大发展着，航母"尾钩俱乐部"的照片墙上，从最初的 5 张照片，到现在密密麻麻挂满整面墙。在这条饱含汗水、泪水、血水的追梦之路上，这个群体日益年轻化。

把使命扛在肩上，让梦想照进现实，这群飞行教官如同利箭一般，正带领着越来越多的"刀尖舞者"守护在海空一线，翱翔在远海大洋，不断向新的领域发起冲锋。

向海而兴，背海而衰，碧蓝的大海见证了他们一路走来；不忘初心，砥砺前行，即便前路充满艰险，他们仍无所畏惧、勇往直前！

让我们记住这群在海天之上乘风破浪的身影，他们是书写奇迹的舰载战斗机飞行教官群体，是为战育人的奋斗团队，更是叱咤海天的"飞鲨勇士"！